Strukturkrisenkartelle im deutschen und europäischen Kartellrecht

Deutsches und Europäisches Wirtschaftsrecht

Herausgegeben von Jürgen F. Baur

Band 19

PETER LANG
Frankfurt am Main · Berlin · Bern · Bruxelles · New York · Oxford · Wien

Robert Jürgens

Strukturkrisenkartelle im deutschen und europäischen Kartellrecht

PETER LANG
Europäischer Verlag der Wissenschaften

Bibliografische Information der Deutschen Nationalbibliothek
Die Deutsche Nationalbibliothek verzeichnet diese Publikation in der Deutschen Nationalbibliografie; detaillierte bibliografische Daten sind im Internet über <http://www.d-nb.de> abrufbar.

Zugl.: Köln, Univ., Diss., 2006

D 38
ISSN 1617-352X
ISBN 978-3-631-55296-4

www.peterlang.de

Meinen Eltern

Vorwort

Wirtschafts- und Strukturkrisen sind in über 50 Jahren bundesrepublikanischer Geschichte immer wieder aufgetreten. Nach einer Zeit des Aufschwungs folgten Rückschläge bei der Erzeugung und der Beschäftigung. Beispiele für solche Umbrüche sind vor allem in der Stahlindustrie, der Bauwirtschaft und in der Textilindustrie zu finden.

Nicht bei jeder Krise handelt es sich jedoch um eine Strukturkrise. Es ist zu differenzieren, ob es sich bei dem in Schwierigkeiten befindlichen Wirtschaftszweig um eine konjunkturelle oder um eine strukturelle Krise handelt. Eine Konjunkturkrise liegt vor, wenn ein Konjunkturaufschwung in absehbarer Zeit nicht erwartet werden kann, eine Strukturkrise ist hingegen gegeben, wenn Erholungsaussichten wegen veränderter Strukturdaten nicht zu erwarten sind.

Sowohl das deutsche als auch das europäische Wettbewerbsrecht bieten während einer Strukturkrise rechtliche Möglichkeiten, um mit Hilfe einer engen und zeitlich begrenzten unternehmerischen Zusammenarbeit im Rahmen eines Strukturkrisenkartells dieser Situation zu begegnen. Von dieser Möglichkeit wurde jedoch sowohl auf deutscher als auch auf europäischer Ebene bislang nur selten Gebrauch gemacht. Gegenstand dieser Arbeit wird es daher sein, die rechtlichen Rahmenbedingungen eines Strukturkrisenkartells und die Anwendungspraxis nach deutschem und europäischem Recht zu untersuchen und Gründe dafür zu suchen, warum es bislang nur wenige Strukturkrisenkartelle gegeben hat. Insbesondere anhand der bislang unveröffentlichten Akten des Bundeskartellamts sollen zudem die Schwierigkeiten untersucht werden, die bei der praktischen Durchführung von Strukturkrisenkartellen entstehen können, und herausgefunden werden, inwieweit die bislang praktizierten Strukturkrisenkartelle erfolgreich waren. Schließlich soll in einem Vergleich zum europäischen Recht und der Darstellung der Folgen der Kartellrechtsreform im deutschen und europäischen Recht untersucht werden, in welcher Form Strukturkrisenkartelle auch zukünftig zulässig sind.

Bonn, im Januar 2007

Stand der Bearbeitung: Juni 2005

Inhaltsverzeichnis

Abkürzungsverzeichnis

a. A.	andere Auffassung
a. F.	alte Fassung
a.a.O.	am angegebenen Ort
ABl.	Amtsblatt der Europäischen Gemeinschaften
Abs.	Absatz
AG	Die Aktiengesellschaft
Alt.	Alternative
Amtl. Begr.	Amtliche Begründung
Art.	Artikel
Aufl.	Auflage
BAnz.	Bundesanzeiger
BB	Der Betriebs-Berater
Bek.	Bekanntmachung
Beschl.	Beschluß
BGBl. I bzw. II	Bundesgesetzblatt Teil I bzw. Teil II
BGH	Bundesgerichtshof
BKartA	Bundeskartellamt
BT-Drucks.	Bundestags-Drucksache
Bull.	Bulletin der Europäischen Gemeinschaften
bzw.	beziehungsweise
CMLR	Common Market Law Review
Corp.	Corporation
d. h.	das heißt
DB	Der Betrieb
DIHT	Deutscher Industrie- und Handelstag
DIN	Deutsches Industrie-Norm
Diss.	Dissertation
e. V.	eingetragener Verein
ECLR	European Competition Law Review
ECU	European Currency Unit
EG	Vertrag zur Gründung der Europäischen Gemeinschaft in der Amsterdamer Fassung
EGKS-Vertrag	Vertrag über die Gründung der Europäischen Gemeinschaft für Kohle und Stahl
EGV	Vertrag zur Gründung der Europäischen Gemeinschaft in der Maastrichter Fassung
ELRev.	European Law Review
Entsch.	Entscheidung
Erw. Gr.	Erwägungsgrund

EU	Europäische Union
EuG	Europäisches Gericht erster Instanz
EuGH	Gerichtshof der europäischen Gemeinschaften
EuR	Europarecht
EuZW	Europäische Zeitschrift für Wirtschaftsrecht
EWG	Europäische Wirtschaftsgemeinschaft
EWR	Europäischer Wirtschaftsraum
EWS	Europäisches Wirtschafts- und Steuerrecht
f.	Folgende
F.A.Z.	Frankfurter Allgemeine Zeitung
ff.	Fortfolgende
FIW-Schriftenreihe	Schriftenreihe des Forschungsinstituts für Wirtschaftsverfassung und Wettbewerb e.V., Köln
FK	Frankfurter Kommentar
FKVO	Fusionskontrollverordnung
Fn.	Fußnote
FS	Festschrift
GbR	Gesellschaft bürgerlichen Rechts
GK	Gemeinschaftskommentar
GmbH	Gesellschaft mit beschränkter Haftung
GVO	Gruppenfreistellungsverordnung
GWB	Gesetz gegen Wettbewerbsbeschränkungen (Kartellgesetz)
h. M.	herrschende Meinung
Hs.	Halbsatz
i.d.F.	in der Fassung
i.d.R.	in der Regel
i.S.d.	im Sinne des
i.V.m.	in Verbindung mit
IP	Information à la presse (Pressemitteilung der Kommission)
JITE	Journal of Institutional and Theoretical Economics
KG	Kammergericht
Kommission	Kommission der Europäischen Gemeinschaften
lf. Nr.	laufende Nummer
LG	Landgericht
lit.	Buchstabe
LKartB	Landeskartellbehörde
m. w. N.	mit weiteren Nachweisen
Mio.	Millionen
MM	Managermagazin

n. F.	neue Fassung
NE	Normen- und Typenempfehlung
Nr.	Nummer
OHG	Offene Handelsgesellschaft
OLG	Oberlandesgericht
qm	Quadratmeter
RabelsZ	Zeitschrift für ausländisches und internationales Privatrecht, begr. von Rabel
Rat	Rat der Minister der Europäischen Gemeinschaften
RE	Rechnungseinheit
RG	Reichsgericht
RIW	Recht der Internationalen Wirtschaft
Rn.	Randnummer
Rs.	Rechtssache
Rspr.	Rechtsprechung
S.	Seite
s. o.	siehe oben
s. u.	siehe unten
Slg.	Sammlung der Rechtsprechung des Gerichtshofs der Europäischen Gemeinschaften
sog.	sogenannt
Sp.	Spalte
SRICL	Swiss Review of International Competition Law
st. Rspr.	ständige Rechtsprechung
str.	streitig
S.Z.	Süddeutsche Zeitung
t	Tonne
TB	Tätigkeitsbericht des Bundeskartellamts
Tz.	Textziffer
u. a.	unter anderem; und andere
u. U.	unter Umständen
Urt.	Urteil
v.	vom
VE	Verrechungseinheit
Verb. Rs.	Verbundene Rechtssachen
Verfg.	Verfügung
Veröffentl.	Veröffentlichung
vgl.	vergleiche
VO	Verordnung
Voraufl.	Vorauflage
VwVfG	Verwaltungsverfahrensgesetz

WB	Wettbewerbsbericht der Kommission (Jahr, Seite)
WiR	Wirtschaftsrecht
WO	World Economy
WRP	Wettbewerb in Recht und Praxis
WuW	Wirtschaft und Wettbewerb
WuW/E	Wirtschaft und Wettbewerb/Entscheidungssammlung
z. B.	zum Beispiel
z. T.	zum Teil
ZGR	Zeitschrift für Unternehmens- und Gesellschaftsrecht
ZHR	Zeitschrift für das gesamte Handelsrecht und Wirtschaftsrecht
Ziff.	Ziffer
ZIP	Zeitschrift für Wirtschaftsrecht und Insolvenzpraxis
zit.	zitiert
zutr.	zutreffend

A. Deutsche Strukturkrisenkartelle

Das deutsche Kartellrecht findet seine Grundlage im Gesetz gegen Wettbewerbsbeschränkungen (GWB) vom 1. 1.1958[1].

I. Kartellverbot und Ausnahmen

Das GWB beginnt in § 1 GWB unter Berücksichtigung des Grundsatzes des freien Wettbewerbs mit einem generellen Kartellverbot. Demnach sind Vereinbarungen zwischen miteinander im Wettbewerb stehenden Unternehmen, Beschlüsse von Unternehmensvereinigungen und aufeinander abgestimmte Verhaltensweisen, die eine Verhinderung, Einschränkung oder Verfälschung des Wettbewerbs bezwecken oder bewirken, verboten.

Auch eine unternehmerische Zusammenarbeit zur Bewältigung einer Strukturkrise fällt als wettbewerbswidrige Vereinbarung oder wettbewerbswidriger Beschluß grundsätzlich unter das Kartellverbot. Die Wettbewerbsbeschränkung liegt bei einem Strukturkrisenkartell in der Produktions- und Angebotsbegrenzung seiner Mitglieder für bestimmte Erzeugnisse; flankierende Preis- und Quotenregelungen kommen hinzu[2].

Das GWB sieht in den §§ 2 bis 6 und 8 GWB spezielle Einzelfreistellungen vom Kartellverbot vor, während § 7 Abs. 1 GWB eine Generalklausel zur Freistellung nach dem Vorbild des Art. 81 Abs. 3 EG enthält[3].

Bei den Einzelfreistellungen wird zwischen sog. Anmelde-, Widerspruchs- und Erlaubniskartellen unterschieden. Anmeldekartelle werden allein durch ihre Anmeldung bei den Kartellbehörden wirksam. Widerspruchskartelle hingegen werden kraft Gesetz nach einer Anmeldung wirksam, sofern die zuständige Behörde nicht innerhalb einer bestimmten Frist widerspricht. Erlaubniskartelle bedürfen schließlich nach erfolgter Anmeldung der Freistellung durch die Kartellbehörde. § 6 GWB sieht für Strukturkrisenkartelle einen Erlaubnistatbestand vor. Ein Strukturkrisenkartell wird daher wirksam, wenn es auf Antrag durch Verfügung einer Kartellbehörde vom Verbot des § 1 GWB freigestellt wird, § 10 Abs. 1 S. 1 und S. 2 GWB.

II. Voraussetzungen eines Strukturkrisenkartells nach § 6 GWB

Der Begriff „Strukturkrise“ findet sich weder im Gesetz noch in den ersten Gesetzesmaterialien[4]. Er hat sich jedoch eingebürgert als begriffliche Abgrenzung zur „Konjunkturkrise“, zu deren Überwindung ein Kartell allenfalls unter

---

[1] Zuletzt geändert durch Gesetz vom 22. Dezember 1999 (BGBl. I S. 2626).

[2] *Kirschstein/Hohls,* WuW 1983, 933 (937).

[3] Vgl. Amt. Begr. BT-Drucks. 13/9720, S. 1.

[4] Vgl. Amtl. Begr. BT-Drucks. 2/1158.

den Voraussetzungen des § 8 GWB erlaubt werden könnte[5]. Interessanterweise sah noch der Regierungsentwurf für das GWB von 1952 statt eines Strukturkrisenkartells ein Konjunkturkrisenkartell vor, das Unternehmen der Erzeugerstufe bei einem vorübergehenden Absatzrückgang für eine verhältnismäßig kurze Zeit genehmigt werden sollte[6]. Der wirtschaftspolitische Ausschuß entschied sich jedoch gegen die Einführung eines solchen Konjunkturkrisenkartells, da er in einem Konjunkturkrisenkartell kein geeignetes Mittel zur Erleichterung von Anpassungsvorgängen sah[7]. Stattdessen entschied man sich dafür, die Bekämpfung von Konjunkturkrisen der Wirtschaftspolitik zu überlassen oder in Ausnahmefällen einer Ministererlaubnis nach § 8 GWB[8]. Ein Kartell sollte hingegen ausnahmsweise für den Fall eines „auf nachhaltiger Änderung der Nachfrage beruhenden Absatzrückgangs" zugelassen werden, der das grundlegende Tatbestandsmerkmal des § 6 GWB darstellt. Dieses Tatbestandsmerkmal umschreibt der Begriff Strukturkrise. Da das Gesetz den Begriff Strukturkrise nicht verwendet, kann dahinstehen, unter welchen Voraussetzungen in wirtschaftswissenschaftlicher und –politischer Literatur der Begriff Strukturkrise verwendet wird. Es ist jedoch anzumerken, daß der wirtschaftswissenschaftliche Begriff der Strukturkrise umfassender ist[9]. Seine Verwendung im Zusammenhang mit § 6 GWB darf nicht zu falschen Vorstellungen über die Reichweite dieser Ausnahmevorschrift führen[10]. Daher wird in der Literatur durchaus zutreffend bemerkt, daß die Bezeichnung Strukturkrise für die Voraussetzung „auf nachhaltiger Änderung der Nachfrage beruhenden Absatzrückgangs" unglücklich ist[11].

1. Unternehmen i. S. d. § 6 GWB

Nach § 6 GWB können nur „Unternehmen der Erzeugung, Herstellung, Bearbeitung oder Verarbeitung" vom Verbot des § 1 GWB freigestellt werden. Diese Begrenzung ergibt sich aus der Zielrichtung der Norm. Mit Hilfe eines Strukturkrisenkartells sollen Kapazitätsanpassungen ermöglicht werden. Als Adressaten kommen daher nur Unternehmen in Betracht, die zur Erstellung ihrer Leistungen in technische Produktionsanlagen investiert haben.

---

[5] *Hassel*, S. 349.

[6] Begründung zu § 2 des Regierungsentwurfs, BT-Drucks. II/1158, S. 31f.

[7] Bericht des wirtschaftspolitischen Ausschusses, BT-Drucks. II/3644, S. 16.

[8] Ebenda.

[9] *Bierling/Christl*, BB 1960, 844 (845).

[10] *Bierling/Christl*, BB 1960, 844 (845).

[11] So *Kiecker* in Langen/Bunte, § 6 Rn. 4.

(a) *Keine Begrenzung auf Sachleistungen*

Eine Begrenzung des § 6 GWB auf die Erbringung von Sachleistungen, wie dies von einigen gefordert wird[12], erscheint jedoch nicht zwingend. Eine solche Auslegung des Wortlauts ist zu eng[13]. Eine Begrenzung auf Sachleistungen mag zwar für die Bereiche der Bearbeitung und Verarbeitung zutreffen, nicht jedoch für den Bereich der Erzeugung. Es lassen sich nicht nur körperliche Gegenstände erzeugen, sondern beispielsweise auch Energie, weshalb etwa eine Anwendung auf Gas- und Elektrizitätserzeuger angebracht erscheint[14].

(b) *Keine Einbeziehung von Handelsunternehmen*

Eine Einbeziehung von Handelsunternehmen ist mit dem Wortlaut der Norm nicht mehr zu vereinbaren. Dies unterstreicht auch die Gesetzesbegründung zum Entwurf des GWB von 1952, aus der hervorgeht, daß die Anpassung des Handelsapparates an die volkswirtschaftlichen Erfordernisse uneingeschränkt der allgemeinen marktwirtschaftlichen Entwicklung überlassen bleiben sollte[15].

(c) *Keine Einbeziehung des Dienstleistungssektors*

Auch eine Einbeziehung des Dienstleistungssektors ist mit dem Wortlaut der Norm nicht vereinbar[16]. Zwar sieht eine Auffassung diesen Bereich vom Begriff der Erzeugung erfaßt[17]. Daß aber eine solche Interpretation des Wortlauts nicht gewollt ist, zeigt der sonstige Wortlaut des Gesetzes, der durchweg zwischen Waren und gewerblichen Leistungen, unter die auch Dienstleistungen fallen, unterscheidet, wie z.B. § 1 GWB a. F. und §§ 14, 19 Abs. 2 GWB n. F.[18]. Zwar wird zutreffend darauf hingewiesen, daß auch im Dienstleistungssektor durchaus Überkapazitäten entstehen können, wie z.B. die Entstehung eines „Bettenberges“ im Beherbergungsgewerbe einer bestimmten Region in Deutschland durch die verstärkte Buchung von Pauschalreisen in Billigländer[19]. Die Einbeziehung des Dienstleistungssektors in den Anwendungsbereich des § 6 GWB ist jedoch Sache des Gesetzgebers und darf nicht durch eine unzulässige Ausdehnung des Gesetzestextes erreicht werden.

---

[12] *Bunte* in FK, § 6 Rn. 18; *Müller-Henneberg* in GK, § 4 Rn. 8; *Westrick/Loewenheim* in Loewenheim/Belke, § 4 Rn. 3; *Kiecker* in Langen/Bunte, § 6 Rn. 3; *Winzer*, Diss., S. 42.

[13] *Kirschstein/Hohls*, WuW 1983, 933 (939).

[14] *Immenga* in Immenga/Mestmäcker, GWB, § 6 Rn. 38; *Kirschstein/Hohls*, WuW 1983, 933 (939).

[15] BT-Drucks. 1952 II/1158, S. 32.

[16] So auch *Kirschstein/Hohls*, WuW 1983, 933 (940).

[17] So *Immenga* in Immenga/Mestmäcker, GWB, § 6 Rn. 32.

[18] *Bunte* in FK, § 6 Rn. 19.

[19] Beispiel von *Immenga* in Immenga/Mestmäcker, GWB, § 6 Rn. 33.

(d) *Einbeziehung gemischter Betriebe*

§ 6 GWB findet jedoch Anwendung auf sog. gemischte Betriebe, d. h. wenn beispielsweise Handels- oder Dienstleistungsunternehmen zusätzlich eine Bearbeitung oder sogar eine eigene Herstellung vornehmen. Dies wird für Handelsunternehmen auch von der Literatur überwiegend bejaht, insbesondere wenn die Bearbeitung im Vergleich zur Handelstätigkeit überwiegt[20], wie z.B. die Schrott- und Metallbearbeitung in Handelsunternehmen[21]. Eine Anwendung des § 6 GWB wird aber von der herrschenden Meinung darüber hinaus auch angenommen, wenn die Fertigung, für die eine Erlaubnis beantragt wird, eine reine Nebenfertigung darstellt[22], wie z.B. die Vornahme von Änderungswünschen an vertriebenen Waren. Unter den gleichen Voraussetzungen werden nach der herrschenden Meinung auch Unternehmen des Dienstleistungssektors einbezogen[23].

Der Anwendung von § 6 GWB auf sog. gemischte Betriebe ist zuzustimmen, da der Wortlaut dieser Norm nicht darauf abstellt, ob der Bereich der Erzeugung, Herstellung, Be- oder Verarbeitung der alleinige oder wenigstens der überwiegende Gegenstand des Unternehmens ist[24].

(e) *Einbeziehung sog. Mehrproduktunternehmen*

Sog. „Mehrproduktunternehmen", die außer den von der Krise betroffenen Produkten noch weitere Produkte herstellen, werden nach zutreffender Ansicht ebenfalls von § 6 GWB erfaßt[25]. Einerseits bietet der Wortlaut keinerlei Anhaltspunkte für eine Beschränkung auf sog. „Einproduktunternehmen"[26]. Andererseits sprechen Risikolage und Erreichung des Kartellzwecks, die einen Kapazitätsabbau auch bei „Mehrproduktunternehmen" erforderlich machen können,

---

[20] So Müller/Giessler/Scholz, § 4 Rn. 9; *Müller-Henneberg* in GK, § 4 Rn. 9; *Westrick/Loewenheim* in Loewenheim/Belke, § 4 Rn. 3; a.A. nur *Langen*, § 4 Rn. 7.

[21] Beispiel von Müller/Giessler/Scholz, § 4 Rn. 9.

[22] Siehe BKartA, Beschl. v. 14.12.1959, WuW/E BKartA, 114 (115) "Schuhbeschlag"; BKartA, TB 1959, BT-Drucks. 1795, S. 23; *Müller-Henneberg* in GK, § 4 Rn. 9; *Bunte* in FK, § 6 Rn. 20; zustimmend *Kiecker* in Langen/Bunte, § 6 Rn. 3; Müller/Giessler/Scholz, § 4 Rn. 5; *Ebel*, § 6 Rn. 3.

[23] *Bunte* in FK, § 6 Rn. 19; zustimmend *Müller-Henneberg* in GK, § 4 Rn. 8; *Westrick/Loewenheim* in Loewenheim/Belke, § 4 Rn. 3.

[24] So auch *Winzer*, Diss., S. 43.

[25] Zustimmend BKartA, Beschl. v. 14.12.1959, WuW/E BKartA, 114 (115) „Schuhbeschlag"; *Bunte* in FK, § 6 Rn. 21; *Müller-Henneberg* in GK, § 4 Rn. 9; Müller/Giessler/Scholz, § 4 Rn. 6; *Westrick/Loewenheim* in Loewenheim/Belke, § 4 Rn. 3; *Ebel*, § 6 Rn. 3. Für eine ausführliche Stellungnahme zur Einbeziehung von Mehrproduktunternehmen siehe *Bierling/Christl*, BB 1960, 844 (845).

[26] So auch *Bunte* in FK, § 6 Rn. 21.

für eine Einbeziehung[27]. Darüber hinaus würde eine Ausschließung von Mehrproduktunternehmen in einer Wirtschaftsstruktur, die immer mehr von Unternehmensgruppen und Konzernen mit einer weitgestreuten Produktpalette geprägt ist, die Bildung von Strukturkrisenkartellen nahezu unmöglich machen. Zu beachten ist allerdings, daß sich die freizustellenden Wettbewerbsbeschränkungen nach dem Sinn und Zweck des § 6 GWB nur auf die von dem nachhaltigen Nachfragerückgang betroffenen Bereiche der Produktion beziehen dürfen[28].

(f) Adressatenkreis

Der Adressatenkreis des § 6 GWB umfaßt nach der ratio legis nur Unternehmen, die von dem Absatzrückgang betroffene Produkte herstellen. Dazu gehören auch Unternehmen, die Vorprodukte für diese Waren produzieren, soweit der Nachfragerückgang auf diese Produkte durchschlägt[29].

An dem Kartell können sich alle Unternehmen des betroffenen Sektors beteiligen, unabhängig davon, ob bei ihnen der Absatz der von der Nachfrageänderung betroffenen Waren zurückgegangen ist[30]. Anders als die Formulierung im Regierungsentwurf, die von „beteiligten Unternehmen", also von vom Absatzrückgang betroffene Unternehmen, sprach, erwähnt die jetzige Fassung des § 6 GWB nur Unternehmen aus bestimmten Sektoren. Daher ist eine Begrenzung des Adressatenkreises auf betroffene Unternehmen nicht erforderlich[31].

Eine Einbeziehung von potentiellen Wettbewerbern ist ebenfalls denkbar[32]. Gerade ihre Einbeziehung in die zu treffenden Maßnahmen kann erforderlich sein, wenn ohne Begrenzung des potentiellen Kapazitätszuwachses das Ziel des Anpassungskartells nicht zu erreichen ist[33]. Dies gilt auch für Hersteller von Substitutionsprodukten[34].

Dagegen werden die Abnehmer der von dem Absatzrückgang betroffenen Unternehmen mit dem Ziel, negative Auswirkungen auf andere Wirtschaftszweige

---

[27] *Immenga* in Immenga/Mestmäcker, GWB, § 6 Rn. 34; so auch *Bierling/Christl*, BB 1960, 844 (845).

[28] Vgl. BKartA, Beschl. v. 14.12.1959, WuW/E BKartA, 114 (115) „Schuhbeschlag"; *Immenga* in Immenga/Mestmäcker, GWB, § 6 Rn. 34; *Stockmann* in Wiedemann, § 8 Rn. 216; vgl. *v. Gamm*, § 4 Rn. 4.

[29] *Bunte* in FK, § 6 Rn. 21.

[30] *Bunte* in FK, § 6 Rn. 22.

[31] Zustimmend *Winzer*, Diss., S. 47.

[32] So auch *Immenga* in Immenga/Mestmäcker, GWB, § 6 Rn. 35.

[33] *Bunte* in FK, § 6 Rn. 22; zustimmend *Immenga* in Immenga/Mestmäcker, GWB, § 6 Rn. 35.

[34] Vgl. *Immenga* in Immenga/Mestmäcker, GWB, § 6 Rn. 35; *Bunte* in FK, § 6 Rn. 22; zustimmend *Winzer*, Diss., S. 47.

zu vermeiden, nicht von § 6 GWB erfaßt[35]. Diese Ausdehnung des Adressatenkreises ist mit dem Wortlaut des § 6 GWB nicht mehr zu vereinbaren, da die Begrenzung auf bestimmte Unternehmen auf die Angebotsseite und nicht auf die Marktgegenseite abstellt.

2. Absatzrückgang durch nachhaltige Änderung der Nachfrage

§ 6 GWB fordert als entscheidendes Kriterium einen „auf nachhaltiger Änderung der Nachfrage beruhenden Absatzrückgang", d. h. es muß ein Mißverhältnis von (zu großem) Angebot und (zu geringer) Nachfrage gegeben sein[36].

Eine Auffassung in der Literatur verlangt, daß ein solcher Absatzrückgang lediglich in einem einzelnen Wirtschaftszweig aufgetreten sein darf[37]. Diese Ansicht ist jedoch abzulehnen, da weder der Wortlaut des § 6 GWB noch der Sinnzusammenhang eine solche Beschränkung begründen[38]. Es spricht nichts dagegen, ein Strukturkrisenkartell auch dann zu genehmigen, wenn mehrere Wirtschaftsbranchen oder sogar die gesamte Wirtschaft von einer Strukturkrise erfaßt sein sollten[39]. Gerade in solchen Fällen könnten Strukturkrisenkartelle besonders erforderlich sein.

(a) Absatzrückgang

Absatzrückgang bedeutet, daß alle in Frage kommenden Anbieter in einem repräsentativen Zeitraum von einem Produkt eine geringere Menge als in dem vergleichbaren vorangegangenen Zeitraum abgesetzt haben[40]. Daher ist der Absatzrückgang vornehmlich nach Mengen zu qualifizieren[41]. Streit besteht darüber, ob daneben auch ein wertmäßiger Rückgang, der auf Preisänderungen beruht, zu berücksichtigen ist[42]. Preisänderungen betreffen grundsätzlich die Ren-

---

[35] So gefordert von *Bunte* in FK, § 6 Rn. 22.

[36] *Gassner*, S. 57; *Lange*, S. 121.

[37] Streit bei *Müller-Henneberg* in GK, § 4 Rn. 10.

[38] So auch *Müller-Henneberg* in GK, § 4 Rn. 10.

[39] Vgl. *Immenga* in Immenga/Mestmäcker, GWB, § 6 Rn. 13.

[40] *Kiecker* in Langen/Bunte, § 6 Rn. 5; vgl. *Immenga* in Immenga/Mestmäcker, GWB, § 6 Rn. 26.

[41] Ganz herrschende Meinung: So BKartA, Beschl. v. 31.5.1983, WuW/E BKartA 2049 (2054) „Betonstahlmatten"; *Kiecker* in Langen/Bunte, § 6 Rn. 8; *Müller-Henneberg* in GK, § 4 Rn. 14; *Kirchhoff/Gerlach*, FS Benisch, 367 (370); *Kirschstein/Hohls*, WuW 1983, 933 (937); *Bierling/Christl*, BB 1960, 844 (846); *Westrick/Loewenheim* in Loewenheim/Belke, § 4 Rn. 5; *Stockmann* in Wiedemann, § 8 Rn. 216; a.A.: Müller/Giessler/Scholz, § 4 Rn. 7.

[42] So überraschenderweise das BKartA im Beschl. v. 14.12.1959, WuW/E BKartA, 114 (116) „Schuhbeschlag". Allerdings geht das BKartA im Beschluß „Betonstahlmatten", ohne weiter dazu Stellung zu nehmen, wieder nur von einem mengenmäßigen Absatzrückgang aus, BKartA, Beschl. v. 31.05.1983, WuW/E, 2049 (2054) „Betonstahlmatten".

tabilität und nicht die Auslastung der Kapazitäten, so daß die Berücksichtigung eines wertmäßigen Rückgangs grundsätzlich abzulehnen ist[43]. Ausnahmsweise ist jedoch der Fall zu berücksichtigen, daß Unternehmen mit einem hohem Fixkostenanteil auf Nachfragerückgänge über lange Zeit mit Preissenkungen anstelle von Produktionseinschränkungen reagieren[44]. Es wäre nicht gerecht, diese Unternehmen schlechter zu stellen, die auf den Absatzrückgang wegen hoher Fixkosten nicht mit Kapazitätsabbau, sondern mit Preisnachlaß reagieren. Kommt es auf diese Weise zu einem Preisverfall, der insbesondere zu einem Ausscheiden der finanzschwächeren Unternehmen vom Markt führen wird, so ist ein Absatzrückgang nach der ratio legis des § 6 GWB zu bejahen[45].

Teilweise wurde vertreten, daß auch Kapazitätserweiterungen von § 6 GWB berücksichtigt werden können[46]. Dies sei dann der Fall, wenn in der Erwartung von Absatzsteigerungen von allen oder einem Teil der Unternehmen Investitionen vorgenommen würden und diese Erwartungen sich nicht erfüllten[47]. Eine Kapazitätsausweitung läßt sich aber mit dem eindeutigen Wortlaut „Absatzrückgang" nicht vereinbaren und fällt nicht in den Anwendungsbereich des § 6 GWB, auch wenn von der wirtschaftspolitischen Zielsetzung her kein überzeugender Grund ersichtlich ist, weshalb Strukturkrisenkartelle auf den Fall des Absatzrückgangs beschränkt werden sollten[48]. Im übrigen muß der „Absatzrückgang" auf einer „Änderung der Nachfrage" beruhen, um eine Freistellung begründen zu können. Eine Kapazitätsausweitung kann daher nicht nach § 6 GWB freigestellt werden[49], da im Fall der Kapazitätserweiterung die Überkapazitäten infolge eines zu großen Angebots bei gleichbleibender Nachfrage entstehen.

Ein Absatzrückgang kann nur für einen bestimmten Markt geprüft werden. Daher ist sowohl eine sachliche als auch eine räumliche Marktabgrenzung vorzunehmen. Für die sachliche Marktabgrenzung im Rahmen des § 6 GWB kommt es aufgrund der zu berücksichtigenden besonderen Interessenlage nicht

---

[43] *Kiecker* in Langen/Bunte, § 6 Rn. 8.

[44] *Immenga* in Immenga/Mestmäcker, GWB, § 6 Rn. 26.

[45] *Immenga* in Immenga/Mestmäcker, GWB, § 6 Rn. 26.

[46] *Langen*, § 4 III Rn. 5, so auch *Müller-Henneberg* in GK, Vorauflage, § 4 Rn. 5.

[47] Ebenda.

[48] So auch *Müller-Henneberg* in GK, § 4 Rn. 12.

[49] Im Ergebnis ebenso BKartA, TB 78, 49; Langen, § 4 III Rn. 4; *Bunte* in FK, § 6 Rn. 27; *Müller-Henneberg* in GK, § 4 Rn. 12; *Kiecker* in Langen/Bunte, § 6 Rn. 10; *Immenga* in Immenga/Mestmäcker, GWB, § 6 Rn. 27; *Westrick/Loewenheim* in Loewenheim/Belke, § 4 Rn. 5; *Stockmann* in Wiedemann, § 8 Rn. 216; *Kirschstein/Hohls*, WuW 1983, 933 (938).

auf die Sicht des Verbrauchers, sondern allein auf die Sicht des Herstellers an[50]. Der Maßstab der funktionellen Austauschbarkeit der Güter aus Sicht des Verbrauchers, der bei der Marktabgrenzung nach § 19 GWB angelegt wird, spielt also keine Rolle[51]. Entscheidend ist allein, ob aus unternehmerischer Sicht eine Umstellung der Anlagen auf andere Erzeugnisse möglich ist[52]. Nur so kann festgestellt werden, ob Überkapazitäten bestehen oder nicht[53]. Wenn die Hersteller die Produktion unter Beibehaltung der Fertigungseinrichtungen umstellen können, ist auch dann von einem einheitlichen Markt auszugehen, wenn die Verbraucher nach ganz speziellen Erzeugnissen fragen[54]. Bei einer Verlagerung der Nachfrage von gehobenen Mittelklassewagen auf Kleinwagen beispielsweise wäre ein Absatzrückgang somit noch nicht gegeben[55]. Dagegen läge ein Absatzrückgang für Metallbehälter vor, wenn sich die Nachfrage auf Kunststoffbehälter verlagern würde[56].

Eine räumliche Marktabgrenzung erfolgt anhand der traditionellen Absatzgebiete der betroffenen Unternehmen[57]. Der Absatzmarkt muß nicht den gesamten Inlandsmarkt erfassen[58]. Regionale Teilmärkte und damit die Erlaubnis regionaler Strukturkrisenkartelle sind ohne weiteres denkbar, insbesondere in Fällen von frachtintensiven Gütern[59]. Auch das Bundeskartellamt steht regionalen Strukturkrisenkartellen durchaus aufgeschlossen gegenüber, wie es in Vorgesprächen mit verschiedenen Branchenvertretern wiederholt deutlich gemacht hat[60].

---

50 BKartA, Beschl. v. 31.05.1983, WuW/E, 2049 (2054) „Betonstahlmatten"; *Kiecker* in Langen/Bunte, § 6 Rn. 6; *Westrick/Loewenheim* in Loewenheim/Belke, § 4 Rn. 8; *Kirschstein/Hohls*, WuW 1983, 933 (940).

51 *Immenga* in Immenga/Mestmäcker, GWB, § 6 Rn. 22.

52 *Bunte* in FK, § 6 Rn. 29.

53 *Immenga* in Immenga/Mestmäcker, GWB, § 6 Rn. 22.

54 *Kiecker* in Langen/Bunte, § 6 Rn. 6.

55 Vgl. *Kiecker* in Langen/Bunte, § 6 Rn. 6; *Westrick/Loewenheim* in Loewenheim/Belke, § 4 Rn. 8.

56 *Westrick/Loewenheim* in Loewenheim/Belke, § 4 Rn. 8.

57 *Immenga* in Immenga/Mestmäcker, GWB, § 6 Rn. 27.

58 *Bunte* in FK, § 6 Rn. 30.

59 *Bunte* in FK, § 6 Rn. 30; *Westrick/Loewenheim* in Loewenheim/Belke, § 4 Rn. 9; *Müller-Henneberg* in GK, § 4 Rn. 15; *Immenga* in Immenga/Mestmäcker, GWB, § 6 Rn. 23; *Winzer*, Diss., S. 52f.

60 So in Vorgesprächen mit Unternehmen der Zementindustrie bzw. mit der Transportindustrie, vgl. BKartA, TB 1976, BT-Drucks. 8/704, S. 43 bzw. TB 1999/2000, BT-Drucks. 14/6300, S. 109.

Umstritten ist, ob auch ein Absatzrückgang auf dem Auslandsmarkt miteinbezogen werden muß. Nach einer Auffassung ist lediglich auf den Inlandsmarkt abzustellen[61]. Dies wird vor allem mit der Geltungsbeschränkung des GWB auf das Gebiet der Bundesrepublik Deutschland begründet[62]. Darüber hinaus könnten bei der Einbeziehung des Auslandsmarktes Strukturkrisenkartelle nur in den seltenen Fällen eines weltweiten Absatzrückganges genehmigt werden[63]. Diese Ansicht überzeugt jedoch nicht. Das Argument der Geltungsbeschränkung des GWB auf das Gebiet der Bundesrepublik ist abzulehnen, da nach § 130 Abs. 2 GWB dieses Gesetz für alle Wettbewerbsbeschränkungen gilt, die sich in seinem Geltungsbereich auswirken, d. h. auch, wenn sie außerhalb des Geltungsbereichs veranlaßt werden[64]. Zudem führt eine Einbeziehung des Auslandsabsatzes nicht zu einer Beschränkung der Strukturkrisenkartelle auf den Fall eines weltweiten Absatzrückganges. Es kommt nämlich nur auf den Absatzrückgang der inländischen Hersteller und dementsprechend auf den Nachfragerückgang ausländischer Hersteller an, soweit sie bei den inländischen Unternehmen Waren beziehen[65]. Bei der Betrachtung nur des Inlandsmarktes oder aber nur des Auslandsmarktes bliebe außerdem unbeachtet, wenn ein rückläufiger Inlandsabsatz durch einen verstärkten Auslandsabsatz oder umgekehrt wettgemacht worden ist, sich mithin keine Überkapazität ergeben hat, die eine Anpassung an den Bedarf notwendig machen würde[66]. Zudem käme es zu einer Ungleichbehandlung zwischen stark exportierenden Unternehmen und solchen, die überwiegend im Inland absetzen[67]. Folglich ist für den Absatzrückgang der Gesamtabsatz des Inlands- und des Auslandsmarktes maßgeblich[68].

---

[61] *Kiecker* in Langen/Bunte, § 6 Rn. 7; *Müller-Henneberg* in GK, § 4 Rn. 15.

[62] So *Langen,* § 4 Rn. 7; *Kiecker* in Langen/Bunte, § 6 Rn. 7.

[63] Vgl. *Langen,* § 4 Rn. 7; *Kiecker* in Langen/Bunte, § 6 Rn. 7.

[64] *Kirschstein/Hohls*, WuW 1983, 933 (942); im Ergebnis zustimmend *Immenga* in Immenga/Mestmäcker, GWB, § 6 Rn. 25.

[65] Kirschstein/Hohls, WuW 1983, 933 (942).

[66] BKartA, Beschl. v. 14.12.1959, WuW/E BKartA, 114 (116) „Schuhbeschlag"; vgl. BKartA, Beschl. v. 31.05.1983, WuW/E, 2049 (2054) „Betonstahlmatten"; so auch *Immenga* in Immenga/Mestmäcker § 6 Rn. 24.

[67] So auch *Immenga* in Immenga/Mestmäcker, GWB, § 6 Rn. 24.

[68] Ganz herrschende Meinung: BKartA, Beschl. v. 31.05.1983, WuW/E, 2049 (2054) „Betonstahlmatten"; BKartA, TB 1959, BT-Drucks. 1795, S. 23; *Bunte* in FK, § 6 Rn. 30; *Immenga* in Immenga/Mestmäcker, GWB, § 6 Rn. 24; *Westrick/Loewenheim* in Loewenheim/Belke, § 4 Rn. 9; Bechtold, § 6 Rn. 1; *Kirchhoff/Gerlach*, FS Benisch, 367 (370), *Bierling/Christl*, BB 1960, 844 (846); *Kirschstein/Hohls*, WuW 1983, 933 (942); *Lange,* S. 201; *Winzer*, Diss., S. 53; Müller/Gießler/Scholz, § 4 Rn. 8; Bechtold, § 6 Rn. 1; *Stockmann* in Wiedemann, § 8 Rn. 216; *Ebel*, § 6 Rn. 3.

(b) *nachhaltige Änderung der Nachfrage*

Der Absatzrückgang muß durch eine „nachhaltige Änderung der Nachfrage" verursacht worden sein, d. h. der verringerte Absatz muß seine Ursache im Verhalten der Nachfrager haben. Nachfrage wird als der Bedarf an Gütern oder Dienstleistungen, der von Käufern mittels Geld auf bestimmten Märkten geltend gemacht wird, definiert[69]. Die Tatsache, daß der Gesetzgeber nicht von einem „Rückgang", sondern von einer „Änderung der Nachfrage" spricht, beruht auf sprachlichen Erwägungen, um eine Wiederholung des Begriffs „Rückgangs" zu vermeiden[70]. Gemeint ist mithin allein eine Verringerung der Nachfrage[71]. Bei der Änderung der Nachfrage ist zudem ein konkreter Marktbezug zu berücksichtigen[72]. Eine Nachfrageänderung liegt somit nicht vor, wenn sich die Nachfrage von inländischen Produkten auf ausländische Produkte verschiebt, da es sich in einem solchen Fall lediglich um eine Verlagerung auf Waren anderer Anbieter handelt[73]. Im Fall eines Rückgangs der Nachfrage auf Null ist eine Strukturerhaltung nicht mehr möglich, so daß ein Strukturkrisenkartell dann nicht zulässig wäre[74].

Die Ursache einer Nachfrageänderung ist grundsätzlich unerheblich[75]. In Betracht kommen Bedarfs- oder Preisänderungen aber auch Einkommensänderungen der Kaufwilligen[76]. Eine Bedarfsänderung liegt vor, wenn sich die Nachfrage dergestalt ändert, daß zum gleichen Preis weniger nachgefragt wird als in der Vorperiode[77]. Eine solche Änderung kann sich beispielsweise aufgrund von technischen Erfindungen ergeben, durch die bestimmte Rohstoffe, Vorprodukte oder Werkzeuge nicht mehr oder nur noch in vermindertem Umfang benötigt werden[78]. Auch eine Änderung von Gebrauchsgewohnheiten kann eine Ursache für eine Nachfrageänderung sein[79]. Eine Bedarfsänderung liegt schließlich auch vor, wenn Verbraucher dem betroffenen Produkt etwaige Substitutionsgüter

---

[69] *Bunte* in FK, § 6 Rn. 33; *Immenga* in Immenga/Mestmäcker, GWB, § 6 Rn. 12.

[70] *Müller-Henneberg* in GK, § 4 Rn. 11.

[71] Vgl. *Müller-Henneberg* in GK, § 4 Rn. 11; *Bunte* in FK, § 6 Rn. 33.

[72] *Immenga* in Immenga/Mestmäcker, GWB, § 6 Rn. 12.

[73] *Müller-Henneberg* in GK, § 4 Rn. 11; BKartA, TB 1978, 15; *Kiecker* in Langen/Bunte, § 6 Rn. 9.

[74] *Immenga* in Immenga/Mestmäcker, GWB, § 6 Rn. 13.

[75] *Immenga* in Immenga/Mestmäcker, GWB, § 6 Rn. 13; *Müller-Henneberg* in GK, § 4 Rn. 11.

[76] *Bunte* in FK, § 6 Rn. 33; *Müller-Henneberg* in GK, § 4 Rn. 11.

[77] *Bunte* in FK, § 6 Rn. 34.

[78] Vgl. *Bunte* in FK, § 6 Rn. 34.

[79] Müller/Giessler/Scholz, § 4 Rn. 3.

vorziehen[80]. Preisänderungen können dazu führen, daß sich die Nachfrage auf Waren, insbesondere Substitutionsprodukte, verschiebt, deren Preise stabil geblieben sind[81]. Selbst eine überzogene Preispolitik als Ursache einer Nachfrageänderung würde einer Anwendung von § 6 GWB nicht entgegenstehen[82]. Allerdings würde es in einem solchen Fall am Tatbestand der Notwendigkeit fehlen[83], da es schon genügen würde, die Preise herabzusetzen[84]. Schließlich kommt grundsätzlich als Ursache für eine Nachfrageänderung auch ein Rückgang der Einkommensverhältnisse der Kaufwilligen in Betracht. Allerdings wird es zumeist an dem Erfordernis der Nachhaltigkeit fehlen, da es sich hierbei typischerweise um konjunkturelle Schwankungen handelt[85].

(1) Definition der Nachhaltigkeit

Die Änderung der Nachfrage muß nachhaltig sein. Nachhaltig ist jede wesentliche Änderung der Nachfrage, die sich zum Zeitpunkt der Erlaubniserteilung vorhersehbar über einen längeren Zeitraum erstrecken wird, für den ein auf diesem Nachfragerückgang beruhender nichtleistungsmäßiger bzw. übermäßiger Ausscheidungsprozeß zu erwarten ist[86]. Die zeitliche Dimension der Nachhaltigkeit dient insbesondere der Abgrenzung von Strukturkrisen zu vorübergehenden, saisonalen Schwankungen und Konjunkturkrisen[87]. Das zeitliche Kriterium ist jedoch nur begrenzt tauglich, da Konjunkturzyklen von beträchtlicher Länge – zwei, vier oder sogar acht Jahren – bekannt sind[88]. Die Feststellung, wann im Sinne wirtschaftswissenschaftlicher Terminologie eine „Konjunktur-" oder eine „Strukturkrise" vorliegt, bereitet somit erhebliche Schwierigkeiten[89] und ist

---

[80] *Bunte* in FK, § 6 Rn. 34.

[81] *Bunte* in FK, § 6 Rn. 34.

[82] Zustimmend *Müller-Henneberg* in GK, § 4 Rn. 13.

[83] Vgl. unter A.II.4, S. 15.

[84] So auch *Müller-Henneberg* in GK, § 4 Rn. 13.

[85] Vgl. *Bunte* in FK, § 6 Rn. 36.

[86] Verwaltungsgrundsätze des BKartA, BKartA Nr. 109/98 v. 16.12.1998, S. 10, erhältlich unter www.bundeskartellamt.de, vgl. auch frühere Verwaltungsgrundsätze des BKartA, BKartA Nr. 37/78 vom 31. 3.1978, WuW 1978, 268 (269); BKartA, Beschl. v. 31.05.1983, WuW/E, 2049 (2055) „Betonstahlmatten"; *Immenga* in Immenga/Mestmäcker, GWB, § 6 Rn. 19; *Lange*, S. 121; *Kirchhoff/Gerlach*, FS Benisch, 367 (370).

[87] *Immenga* in Immenga/Mestmäcker, GWB, § 6 Rn. 18; *Bunte* in FK, § 6 Rn. 38; Bechtold, § 6 Rn. 2; *Westrick/Loewenheim* in Loewenheim/Belke, § 4 Rn. 11; *Kirchhoff/Gerlach*, FS Benisch, 367 (370).

[88] *Immenga* in Immenga/Mestmäcker, GWB, § 6 Rn. 19; Tichy S. 12ff.

[89] BKartA, TB 1959, BT-Drucks. 1000, S. 45; Müller/Giessler/Scholz, § 4 Rn. 4; *Immenga* in Immenga/Mestmäcker, GWB, § 6 Rn. 19.

nicht immer möglich[90]. Mangels scharfer Abgrenzungskriterien, die für wirtschaftliche Prognosen kaum aufzustellen sind, bleibt hier für die Kartellbehörden nur eine Entscheidung nach pflichtgemäßem Ermessen[91].

Nachhaltig ist die Nachfrageänderung neben der zeitlichen Komponente darüber hinaus nur, wenn der aufgrund der Nachfrageänderung entstandene Absatzrückgang zu einer Existenzgefährdung der Unternehmen des betroffenen Sektors geführt hat[92]. Allerdings muß die Existenzbedrohung nicht alle Unternehmen betreffen, es reicht vielmehr aus, wenn nur eine „Reihe von Unternehmen" betroffen sind[93].

(2) Schuldfrage

Man könnte annehmen, daß die Erlaubnis eines Strukturkrisenkartells unzulässig ist, wenn die Unternehmer die Überkapazitäten selbst verschuldet haben. Eine Verknüpfung der Freistellung mit einem Verschulden der Unternehmer ist jedoch abzulehnen, da es lediglich auf die nachhaltige Änderung der Nachfrage ankommt[94]. Die ratio legis ist auf die Strukturanpassung in einer objektiv feststellbaren Krisensituation gerichtet[95]. Ein Verschulden der Unternehmen muß daher unerheblich bleiben[96].

3. Planmäßige Anpassung der Kapazität an den Bedarf

Das Gesetz verlangt von den Kartellmitgliedern als weitere Voraussetzung eine „planmäßige Anpassung der Kapazität an den Bedarf". In der Planmäßigkeit der Kapazitätsanpassung liegt der eigentliche Grund für die Ausnahmeregelung

---

[90] Verwaltungsgrundsätze des BKartA, BKartA Nr. 109/98 v. 16.12.1998, S. 10, erhältlich unter www.bundeskartellamt.de, vgl. auch frühere Verwaltungsgrundsätze des BKartA, BKartA Nr. 37/78 vom 31. 3.1978, WuW 1978, 268 (269); siehe dazu auch *Sölter*, DB 1955, 1157; *Weyer*, S. 194.

[91] Müller/Giessler/Scholz, § 4 Rn. 4.

[92] BKartA, Beschl. v. 31.05.1983, WuW/E, 2049 (2055) „Betonstahlmatten"; *vgl. auch Immenga* in Immenga/Mestmäcker, GWB, § 6 Rn. 20; *Stockmann* in Wiedemann, § 8 Rn. 216. So war im Fall Betonstahlmatten eine bedrohliche Situation in sofern gegeben, als von den etwa vierzig inländischen Betonstahlmattenherstellern in den letzten zehn Jahren bereits zehn kleine und mittlere Unternehmen durch Konkurs aus dem Markt ausgeschieden waren, BKartA, Beschl. v. 31.05.1983, WuW/E, 2049 (2056) „Betonstahlmatten".

[93] *Immenga* in Immenga/Mestmäcker, GWB, § 6 Rn. 20; *Kirchhoff/Gerlach*, FS Benisch, 367 (372).

[94] *Kiecker* in Langen/Bunte, § 6 Rn. 10.

[95] *Immenga* in Immenga/Mestmäcker, GWB, § 6 Rn. 16; *Kirchhoff/Gerlach*, FS Benisch, 367 (371).

[96] *Immenga* in Immenga/Mestmäcker, GWB, § 6 Rn. 15; *Kiecker* in Langen/Bunte, § 6 Rn. 10; zustimmend *Müller-Henneberg* in GK, § 4 Rn. 16; *v. Gamm*, § 4 Rn. 8.

des § 6 GWB[97]. Nur durch die Planmäßigkeit der Kapazitätsanpassung kann ein ruinöser Ausscheidungsprozeß im Wettbewerb vermieden werden.

Unter Kapazität i. S. d. § 6 GWB ist das Leistungsvermögen der Betriebe für die Herstellung eines bestimmten Erzeugnisses zu verstehen, und zwar sowohl das technisch normale mengenmäßige als auch das qualitative Leistungsvermögen[98]. Der Bedarf i. S. d. § 6 GWB, auf den der Kapazitätsabbau auszurichten ist, ergibt sich aus der nachhaltigen Änderung der Nachfrage. Der Begriff „Bedarf" stimmt also mit dem Begriff „Nachfrage" überein[99]. Bei der Anpassung der Kapazität an den Bedarf ist ein Marktgleichgewicht und somit eine Übereinstimmung von Angebot und Nachfrage anzustreben[100]. Der Kapazitätsabbau muß jedoch nur zu einer spürbaren Entlastung des Marktes führen. Eine vollständige Angleichung der Kapazitäten an die zu erwartende Nachfrage ist nicht erforderlich[101]. Weder aus dem Wortlaut „Anpassung" noch aus dem Sinn und Zweck des § 6 GWB läßt sich eine solche Verpflichtung zur vollständigen Angleichung herleiten[102].

(a) Abbauplan

Eine planmäßige Anpassung bedeutet, daß die abzubauenden Kapazitäten von vornherein festgelegt werden müssen[103]. Daher ist ein sog. Abbauplan zwingende Erlaubnisvoraussetzung des § 6 GWB[104]. Zum Zeitpunkt der Erlaubnis muß der Abbauplan allerdings nicht in allen Punkten für die gesamte Vertragszeit vollständig sein[105]. Ausreichend ist ein hinreichend konkretisiertes Gesamtkonzept[106], wobei das Bundeskartellamt eine spätere Vervollständigung des Abbau-

---

[97] *Bunte* in FK, § 6 Rn. 57.

[98] *Müller-Henneberg* in GK, § 4 Rn. 18.

[99] BKartA, Beschl. v. 31.05.1983, WuW/E, 2049 (2057) „Betonstahlmatten"; *Müller-Henneberg* in GK, § 4 Rn. 18; *Bunte* in FK, § 6 Rn. 49.

[100] *Bunte* in FK, § 6 Rn. 50.

[101] Ebenda.

[102] So auch *Bunte* in FK, § 6 Rn. 50.

[103] *Immenga* in Immenga/Mestmäcker, GWB, § 6 Rn. 59.

[104] Müller/Giessler/Scholz, § 4 Rn. 10.

[105] Verwaltungsgrundsätze des BKartA, BKartA Nr. 109/98 v. 16.12.1998, S. 10, erhältlich unter www.bundeskartellamt.de, vgl. auch frühere Verwaltungsgrundsätze des BKartA, BKartA Nr. 37/78 vom 31. 3.1978, WuW 1978, 268 (269); BKartA, Beschl. v. 31.05.1983, WuW/E, 2049 (2058) „Betonstahlmatten" *Müller-Henneberg* in GK, § 4 Rn. 24; *Westrick/Loewenheim* in Loewenheim/Belke, § 4 Rn. 13; *Veltins*, DB 1978, 969 (970); *Kirchhoff/Gerlach*, FS Benisch, 367 (373).

[106] *Kirchhoff/Gerlach*, FS Benisch, 367 (373).

plans durch Auflagen sicherstellen kann[107]. Ein solcher Plan im Sinne eines konkretisierten Gesamtkonzepts gibt den Unternehmen die Möglichkeit, während der Laufzeit des Kartells eine Anpassung an auftretende Änderungen flexibel vornehmen zu können[108]. Dies kann beispielsweise dadurch erreicht werden, daß die konkreten Zahlen des Kapazitätsabbaus für die weiteren Jahre nachgereicht werden. So können erforderliche Anpassungen an geänderte Markt- und Unternehmensdaten berücksichtigt werden[109].

Im Abbauplan muß von vornherein festgelegt werden, wie der Kapazitätsabbau zu vollziehen ist[110]. Möglich ist es dabei zwar auch, daß der Plan für einzelne Modalitäten eine spätere Einigung vorsieht, etwa bei der Frage, in welchem Umfang Unternehmen Kapazitäten abbauen müssen. Im Abbauplan muß jedoch zumindest schon eine zeitliche Grenze für das Erreichen dieser Grenze festgelegt werden[111]. Zudem müssen für den Fall der Nichteinigung ausreichende Vorsorgemaßnahmen getroffen werden[112].

(b) Anpassung auf Dauer

Es ist erforderlich, daß die Anpassung der Kapazitäten auf Dauer erfolgt[113]. Die zum Abbau vorgesehenen Kapazitäten müssen dem Markt endgültig entzogen werden[114]. Die Verpflichtung der Kartellmitglieder darf sich also nicht darauf beschränken, die vorhandenen Fertigungsanlagen nur noch in vermindertem Umfang auszunutzen, um sie etwa zur Befriedigung eines plötzlich auftretenden

---

[107] Verwaltungsgrundsätze des BKartA, BKartA Nr. 109/98 v. 16.12.1998, S. 10, erhältlich unter www.bundeskartellamt.de, vgl. auch frühere Verwaltungsgrundsätze des BKartA, BKartA Nr. 37/78 vom 31. 3.1978, WuW 1978, 268 (269); *Westrick/Loewenheim* in Loewenheim/Belke, § 4 Rn. 13, *Kirchhoff/Gerlach*, FS Benisch, 367 (373).

[108] Immenga in Immenga/Mestmäcker, GWB, § 6 Rn. 53; vgl. auch Verwaltungsgrundsätze des BKartA, BKartA Nr. 109/98 v. 16.12.1998, S. 10, erhältlich unter www.bundeskartellamt.de; frühere Verwaltungsgrundsätze des BKartA, BKartA Nr. 37/78 vom 31. 3.1978, WuW 1978, 268 (269); zustimmend *Veltins*, DB 1978, 969 (970).

[109] BKartA, Unveröffentlichter Beschluß „Betonstahlmatten", S. 27, siehe Akten des BKartA, B5 - 301734-G-10/83, Hefter II, lf. Nr. 8.

[110] *Bunte* in FK, § 6 Rn. 59.

[111] Ebenda.

[112] *Bunte* in FK, § 6 Rn. 59.

[113] BKartA, Beschl. v. 31.5.1983, WuW/E BKartA 2049 (2057) „Betonstahlmatten"; so auch *Kiecker* in Langen/Bunte, § 4 Rn. 15; *Lange*, S. 122; *Westrick/Loewenheim* in Loewenheim/Belke, § 4 Rn. 12; *Ebel*, § 6 Rn. 5; *Kirchhoff/Gerlach*, FS Benisch, 367 (373).

[114] BKartA, unveröffentlichter Beschluß „Betonstahlmatten", S. 28, siehe Akten des BKartA, B5 - 301734-G-10/83, Hefter II, lf. Nr. 8; *Kirchhoff/Gerlach*, FS Benisch, 367 (373).

Auslandsbedarfs wieder einzusetzen[115]. Um die Dauerhaftigkeit zu sichern, würde es ebenso nicht ausreichen, eine Stillegung bestimmter Anlagen vorzusehen und dem Eigentümer durch vertragliche Vereinbarung die Wiederinbetriebnahme zu untersagen[116]. Solche Maßnahmen können jedoch dann zulässig sein, wenn sie beispielsweise durch die Eintragung von Grunddienstbarkeiten abgesichert werden[117].

4. Notwendige Vereinbarungen und Beschlüsse

Die Vereinbarungen und Beschlüsse müssen für die planmäßige Kapazitätsanpassung „notwendig" sein, d. h. eine planmäßige Anpassung der Kapazität darf nicht durch andere, weniger einschränkende Abreden erreicht werden können[118].

Die Notwendigkeit fehlt beispielsweise, wenn die Kapazitätsanpassung durch eine Umstellung auf andere Erzeugnisse oder die Belebung der Nachfrage durch eine Preissenkung erreicht werden kann, wobei dadurch kein existenzbedrohender Preisverfall herbeigeführt werden darf[119]. Auch wenn die Unternehmen bereit sind, den Kapazitätsabbau freiwillig, d. h. ohne Kartellierung, herbeizuführen, ist die Notwendigkeit nicht gegeben. Schließlich kann auch die allgemeine staatliche Strukturpolitik gegen die Notwendigkeit einer unternehmerischen Selbstregulierung sprechen, etwa im Fall umfangreicher Beihilfemaßnahmen[120].

Ob die Voraussetzung der Notwendigkeit vorliegt, ist für den konkreten Einzelfall zu beurteilen. Es ist festzustellen, ob nach allgemeiner Lebenserfahrung eine gewisse Wahrscheinlichkeit dafür spricht, daß die weitere Entwicklung i. S. d. Plans beeinflußt wird[121]. Nicht erforderlich ist, daß das erstrebte Anpassungsziel durch die Vereinbarungen mit an Sicherheit grenzender Wahrscheinlichkeit erreicht wird[122].

Die Wahrscheinlichkeit, daß die weitere Entwicklung i. S. d. Plans beeinflußt wird, ist nicht gegeben, wenn wichtige Hersteller dem Kartell fernbleiben.

---

[115] Müller/Giessler/Scholz, § 4 Rn. 10, *Westrick/Loewenheim* in Loewenheim/Belke, § 4 Rn. 12.

[116] *Kiecker* in Langen/Bunte, § 6 Rn. 13; siehe auch BKartA, Beschl. v. 14.12.1959, WuW/E BKartA, 114 (117) „Schuhbeschlag".

[117] *Kiecker* in Langen/Bunte, § 6 Rn. 13.

[118] *Langen,* § 4 III Rn. 2; vgl. *Immenga* in Immenga/Mestmäcker, GWB, § 6 Rn. 48; *Westrick/Loewenheim* in Loewenheim/Belke, § 4 Rn. 15.

[119] *Kiecker* in Langen/Bunte, § 6 Rn. 14; *Müller-Henneberg* in GK, § 4 Rn. 25; *Immenga* in Immenga/Mestmäcker, GWB, § 6 Rn. 40; vgl. auch BKartA, Beschl. v. 31.05.1983, WuW/E, 2049 (2058) „Betonstahlmatten".

[120] Vgl. *Immenga* in Immenga/Mestmäcker, GWB, § 6 Rn. 41.

[121] *Müller-Henneberg* in GK, § 4 Rn. 25; *Bunte* in FK, § 6 Rn. 66.

[122] *Bunte* in FK, § 6 Rn. 65.

Durch Kapazitätserweiterung könnten sie nämlich die Zielsetzung des Kartells gefährden und den Abbau bei den Kartellmitgliedern kompensieren. Nach ständiger Praxis des Bundeskartellamts kann daher der Zweck eines Strukturkrisenkartells nur erreicht werden, wenn ihm alle oder zumindest die meisten Unternehmen des betreffenden Industriezweiges angehören[123]. Das Bundeskartellamt sah bislang in seiner Entscheidungspraxis einen Marktanteil der Außenseiter von vier Prozent noch als unbedenklich an[124].

Diese Praxis überzeugt, denn schon ein nicht beteiligtes Unternehmen mit einem nicht unerheblichen Marktanteil kann den Kartellzweck gefährden, wenn es durch Kapazitätsausweitung die Abbaubemühungen der Kartellmitglieder zunichte macht[125]. Die Erfahrung zeigt aber, daß es immer einen Bodensatz von nicht beitrittswilligen Unternehmen geben wird, so daß nicht gefordert werden kann, daß alle Unternehmen dem Kartell beitreten müssen. In Anlehnung an die sonst im Kartellrecht zu vernachlässigende Größe wird in der Literatur in jedem Fall ein Außenseiteranteil von bis zu fünf Prozent als unbedenklich angesehen[126].

Die Wahrscheinlichkeit, daß die Entwicklung i. S. d. Planes beeinflußt wird, ist auch dann nicht gegeben, wenn der Abbau der Überkapazitäten durch Importe gefährdet wird. In der Praxis schloß das Bundeskartellamt diese Gefahr aus, wenn die Importquote aufgrund von hohen Transportkosten konstant sehr niedrig war[127].

Nach einer Auffassung in der Literatur ist ein Strukturkrisenkartell auch dann nicht notwendig, wenn der Wettbewerb von selbst zur Ausscheidung der weniger leistungsfähigen Unternehmen führt und der Wirtschaftszweig nach einem solchen Schritt auf gesunder Grundlage fortbestehen kann[128]. Diese Ansicht verkennt, daß die ratio dieser Norm gerade darin besteht, den ungeregelten Kapazitätsabbau durch einen wettbewerblichen Ausscheidungskampf zu vermeiden und

---

[123] BKartA, Beschl. v. 14.12.1959, WuW/E BKartA, 114 (116) „Schuhbeschlag"; BKartA, TB 1959, BT-Drucks. 1000, S. 45; BKartA, Beschl. v. 31.05.1983, WuW/E, 2049 (2057) „Betonstahlmatten"; BKartA, Beschl. v. 22.07.1987, WuW/E BKartA, 2271 „Leichtbauplatten". Zustimmend *Immenga* in Immenga/Mestmäcker, GWB, § 6 Rn. 36; *Stockmann* in Wiedemann, § 8 Rn. 217; *Veltins*, DB 1978, 969 (970); *Sölter*, DB 1955, 1157 (1158); *Kirchhoff/Gerlach*, FS Benisch, 367 (374).

[124] Vermerk des BKartA v. 29.09.1986, Akten des BKartA, B5 – 301734-G-10/83, Hefter IX, lf. Nr. 1592 (1593).

[125] So auch BKartA, Beschl. v. 14.12.1959, WuW/E BKartA, 114 (116) „Schuhbeschlag"; zustimmend *Kiecker* in Langen/Bunte, § 6 Rn. 15; *Kirchhoff/Gerlach*, FS Benisch, 367 (374); *v. Gamm*, § 4 Rn. 10.

[126] *Bache*, WuW 1990, 823 (825).

[127] BKartA, unveröffentlichter Beschluß „Betonstahlmatten", S. 28, a.a.O., Hefter II, lf. Nr. 8.

[128] Rasch/Westrick, Anm. 5; ebenso *Bierling/Christl*, BB 1960, 844 (846).

statt dessen eine Anpassung im Rahmen eines Kartells zu ermöglichen[129]. Ansonsten wäre ein Strukturkrisenkartell nur in Fällen zulässig, in denen eine Anpassung der Kapazität im Wettbewerb völlig ausgeschlossen erscheinen würde[130]. Dies war vom Gesetzgeber so nicht gewollt, so daß diese Ansicht abzulehnen ist.

Die Art und Weise, in welcher die Kapazitätsanpassung durchgeführt werden soll, ist den Unternehmern freigestellt[131]. Gegenstand eines Strukturkrisenkartells können alle Maßnahmen sein, soweit und solange sie zur Erreichung der Zielsetzung des § 6 GWB unerläßlich sind[132]. Der vorrangige Abbau von besonders leistungsfähigen und rentablen Anlagen ist im Rahmen der antizipierten Mißbrauchsaufsicht allerdings zu untersagen[133].

In der Regel werden die Verträge oder Beschlüsse Regelungen zum einen zur Verminderung der Produktionsanlagen und zum anderen zur Sicherung der Durchführung durch Beschränkung des Wettbewerbs für die noch verbleibende Fertigung enthalten[134]. Der planmäßige Kapazitätsabbau muß dazu führen, daß ein Teil der Fertigungsanlagen auf Dauer aus dem Produktionsprozeß eliminiert wird[135]. Dabei ist auch das Ausscheiden ganzer Unternehmen denkbar, wenn dadurch keine marktbeherrschenden Stellungen i. S. d. § 19 GWB entstehen[136].

Die radikalste Maßnahme zum Kapazitätsabbau ist sicherlich die Verschrottung der Maschinen[137]. Darüber hinaus bietet die kartellbehördliche Praxis ein breites Spektrum an Maßnahmen[138]. So kann, wenn eine Verschrottung z.B. mit immensen Kosten verbunden oder ökologisch bedenklich ist, auch eine Stillegung von Anlagen in Betracht kommen[139]. Ein Umbau zur Umstellung auf andere Produktionsgüter ist ebenfalls denkbar. Sowohl eine Stillegung als auch der Umbau sind der Verschrottung jedoch nur dann gleichzusetzen, wenn eine Wiederinbetriebnahme über den ursprünglichen Verwendungszweck ausgeschlossen

---

[129] So auch *Müller-Henneberg* in GK, § 4 Rn. 26.

[130] *Kiecker* in Langen/Bunte, § 4 Rn. 16.

[131] *Westrick/Loewenheim* in Loewenheim/Belke, § 4 Rn. 14.

[132] *Lange*, S. 122; *Müller-Uri*, Rn. 138; Rittner, § 8 D IV. 1.

[133] *Kiecker* in Langen/Bunte, § 4 Rn. 12; *Veltins*, DB 1978, 969 (970).

[134] Müller/Giessler/Scholz, § 4 Rn. 12.

[135] BKartA, Beschl. v. 14.12.1959, WuW/E BKartA, 114 (117) „Schuhbeschlag".

[136] Vgl. *Kiecker* in Langen/Bunte, § 6 Rn. 12; *Veltins*, DB 1978, 969 (970).

[137] Vgl. *Bunte* in FK, § 6 Rn. 52; vgl. auch BKartA, Beschl. v. 14.12.1959, WuW/E BKartA, 114 (117) „Schuhbeschlag".

[138] *Kirchhoff/Gerlach*, FS Benisch, 367 (374).

[139] So BKartA, Beschl. v. 14.12.1959, WuW/E BKartA, 114 (117) „Schuhbeschlag"; *Bunte* in FK, § 6 Rn. 52; zustimmend *Westrick/Loewenheim* in Loewenheim/Belke, § 4 Rn. 12; *Kirchhoff/Gerlach*, FS Benisch, 367 (373).

ist[140]. Auch ein Verkauf der für den Kapazitätsabbau vorgesehenen Anlagen außerhalb des Geltungsbereichs des GWB kommt in Betracht, wenn von dort aus Lieferungen in den Kartellbereich ausgeschlossen sind, wie beispielsweise der Verkauf in außereuropäische Länder bei hoher Frachtkostenintensität der produzierten Waren[141]. Eine bloße Regelung bezüglich des Kapazitätsausnutzungsgrads von vorhandenen Anlagen ist hingegen unzureichend[142]. In einem solchen Fall wäre ein dauerhafter Abbau nämlich nicht gewährleistet.

Fraglich ist, ob Absprachen zulässig sind, die sich nicht unmittelbar auf eine Kapazitätsanpassung beziehen. Diese sollten zulässig sein, wenn es sich um sog. notwendige flankierende Maßnahmen handelt[143]. Als flankierende Maßnahmen können insbesondere die Zuteilung von Preisabsprachen[144] und Produktions- bzw. Lieferquoten[145] in Betracht kommen. Allerdings dürfen im Interesse der optimalen Befriedigung der Nachfrage keine starren Quoten vereinbart werden, sondern müssen Möglichkeiten der Über- und Unterlieferung vorgesehen sein[146]. Auf diese Weise können regionale Unterschiede berücksichtigt und es kann verhindert werden, daß Unternehmen versuchen, ihre Quoten voll und ganz auszuschöpfen, obwohl der Regionalmarkt dies nicht mehr aufnehmen kann[147]. Die

---

[140] *Bunte* in FK, § 6 Rn. 52.

[141] Müller/Giessler/Scholz, § 4 Rn. 12; vgl. hierzu BKartA, Beschl. v. 31.05.1983, WuW/E, 2049 (2057) „Betonstahlmatten"; *Kiecker* in Langen/Bunte, § 6 Rn. 13.

[142] So das BKartA im Beschl. v. 14.12.1959, WuW/E BKartA, 114 (117) „Schuhbeschlag"; so auch *Winzer*, Diss., S. 81.

[143] *Immenga* in Immenga/Mestmäcker, GWB, § 6 Rn. 58.

[144] Verwaltungsgrundsätze des BKartA, BKartA Nr. 109/98 v. 16.12.1998, S. 10, erhältlich unter www.bundeskartellamt.de; vgl. auch frühere Verwaltungsgrundsätze des BKartA, BKartA Nr. 37/78 vom 31. 3.1978, WuW 1978, 268 (269); *Immenga* in Immenga/Mestmäcker, GWB, § 6 Rn. 58; *Winzer*, Diss., S. 80; Langen, § 4 III Rn. 15. So wurde im Fall „Betonstahlmatten" im ersten Vertragsjahr monatlich vom Aufsichtsgremium Mindestpreise, Höchstrabatte und Best-Konditionen festgelegt, BKartA, Beschl. v. 31.05.1983, WuW/E, 2049 (2050) „Betonstahlmatten".

[145] Verwaltungsgrundsätze des BKartA, BKartA Nr. 109/98 v. 16.12.1998, S. 10, erhältlich unter www.bundeskartellamt.de; vgl. auch frühere Verwaltungsgrundsätze des BKartA, BKartA Nr. 37/78 vom 31. 3.1978, WuW 1978, 268 (269); BKartA, Beschl. v. 31.5.1983, WuW/E, 2049 (2054) „Betonstahlmatten"; *Bunte* in FK, § 6 Rn. 68.

[146] Ebenda.

[147] Ebenda.

alleinige Vereinbarung eines Quotenkartells stellt dagegen keine dauernde Kapazitätsvernichtung dar und genügt deshalb nicht[148].

Preisabsprachen können nach der Praxis der Bundeskartellamts Vereinbarungen über Mindestpreise, Höchstrabatte und bestimmte Konditionen umfassen[149]. Nach Auffassung des Bundeskartellamts können gerade befristete Preisabsprachen verhindern, daß das Kartell während der anfänglichen kritischen Abbauphase auseinander bricht[150]. Sobald der Druck der Überkapazitäten geringer wird, sind dagegen die Preisabsprachen nicht mehr notwendig und nicht mehr zulässig[151]. Die Preisabsprachen dürfen zudem nicht dazu führen, daß sich die Beteiligten durch übermäßig hohe Preise die Mittel dafür verschaffen, um Kapazitäten ohne Nachteil stillzulegen[152].

Wenn nicht alle Kartellmitglieder zu einer gleichmäßigen Kapazitätsherabsetzung bereit sind, kann dies dadurch ausgeglichen werden, daß einzelne Unternehmen Prämienzahlungen für endgültige Kapazitätsstillegung aus einer gemeinsam zu finanzierenden Ausgleichskasse, sog. Kartellrenten, erhalten[153]. Des weiteren kann während der Laufzeit des Kartells zur Sicherung des Kartells ein Kapazitätserweiterungsverbot vereinbart werden[154]. Schließlich können auch Investitionsverbote[155] und Vertragsstrafen[156] zur Sicherung des Kapazitätsabbaus bzw. Einhaltung der Abbauverpflichtung zulässig sein[157].

---

[148] Dies war der Fall in: BKartA, Beschl. v. 14.12.1959, WuW/E BKartA, 114 (117) „Schuhbeschlag"; BKartA, TB 1959, BT-Drucks. 1795, S. 23; zustimmend; *Stockmann* in Wiedemann, § 8 Rn. 217; Langen, § 4 III Rn. 15; *Müller-Henneberg* in GK, § 4 Rn. 23; a. A. *Weyer*, S. 201. Anders das EG-Recht im Vertrag für den Montanbereich, siehe Art. 58 § 1 Abs. 1 EGKS-Vertrag. Dieser Vertrag ist jedoch gemäß Art. 97 EGKS-Vertrag am 23. Juli 2002 ausgelaufen. Damit unterfallen die vom EGKS-Vertrag erfaßten Sektoren seit dem 24. Juli 2002 grundsätzlich dem EG-Vertrag und den darauf beruhenden Verfahrensregeln und Verordnungen.

[149] Siehe BKartA, unveröffentlichter Beschluß „Betonstahlmatten", S. 29, a.a.O., Hefter II, lf. Nr. 8.

[150] Siehe BKartA, unveröffentlichter Beschluß „Betonstahlmatten", S. 29, a.a.O., Hefter II, lf. Nr. 8.

[151] BKartA, unveröffentlichter Beschluß „Betonstahlmatten", S. 30, a.a.O., Hefter II, lf. Nr. 8.

[152] Vgl. *Kiecker* in Langen/Bunte, § 6 Rn. 17.

[153] *Bunte* in FK, § 6 Rn. 71; *Kirchhoff/Gerlach*, FS Benisch, 367 (374). Im Fall „Betonstahlmatten" wurde eine Ausgleichszahlung von 10,- DM für jede nach dem Plan abgebaute Jahrestonne Maschinenkapazität vereinbart, BKartA, Beschl. v. 31.05.1983, WuW/E, 2049 (2050) „Betonstahlmatten".

[154] BKartA, TB 1958, 45; so auch *Immenga* in Immenga/Mestmäcker, GWB, § 6 Rn. 53; *Müller-Henneberg* in GK, § 4 Rn. 21.

[155] Vgl. BKartA, Beschl. v. 31.05.1983, WuW/E, 2049 (2059) „Betonstahlmatten".

5. Berücksichtigung der Wettbewerbsbedingungen

§ 6 GWB macht die Erlaubnis für Verträge und Beschlüsse zur planmäßigen Kapazitätsanpassung davon abhängig, daß die Regelung „unter Berücksichtigung der Wettbewerbsbedingungen in den betroffenen Wirtschaftszweigen" erfolgt. Dagegen soll die Berücksichtigung der Gesamtwirtschaft und des Gemeinwohls, wie es in der Fassung bis zur sechsten Novelle von 1998 hieß, nunmehr der Entscheidung des Bundesministers für Wirtschaft im Rahmen von § 8 GWB vorbehalten bleiben[158]. Dies stellt letztlich keine wesentliche Änderung dar, da dies auch vor der Novelle bereits der ständigen Praxis des Bundeskartellamts entsprach[159].

Im Gegensatz zu anderen Erlaubnisvorschriften, in denen eine generelle Abwägung der Vor- und Nachteile erfolgen muß, müssen i. R. d. § 6 GWB lediglich die Wettbewerbsverhältnisse berücksichtigt werden[160]. Dies erfordert eine vergleichende Würdigung der Wettbewerbsverhältnisse und der Marktstruktur mit der Kartellvereinbarung und ohne diese[161]. Ein Strukturkrisenkartell ist dabei nur zulässig, wenn davon auszugehen ist, daß die befristeten Wettbewerbsbeschränkungen langfristig zu verbesserten Wettbewerbsbedingungen führen[162]. Zudem müssen auch bei der vergleichenden Würdigung der Wettbewerbsverhältnisse die zu erwartenden Auswirkungen auf die vor- und nachgelagerten Wirtschaftsstufen miteinbezogen werden[163]. Es dürfen im Einzelfall keine schwerwiegenden Gründe gegen eine Erlaubnis sprechen. Nachteile für einzelne Gruppen von Unternehmen reichen jedoch zu einer Versagung der Erlaubnis nicht aus[164].

III. Analoge Anwendung auf Investitionskartelle

Eine Auffassung befürwortet eine analoge Anwendung des § 6 GWB auf sog. Investitionskartelle[165]. Investitionskartelle sind Absprachen über den Umfang,

---

[156] Vgl. BKartA, Beschl. v. 14.12.1959, WuW/E BKartA, 114 (116) „Schuhbeschlag"; BKartA, Beschl. v. 31.05.1983, WuW/E, 2049 (2059) „Betonstahlmatten"; *Immenga* in Immenga/Mestmäcker, GWB, § 6 Rn. 58.

[157] *Kirchhoff/Gerlach*, FS Benisch, 367 (374).

[158] Amtl. Begr. BT-Drucks. 13/9720, S. 47.

[159] Vgl. Amtl. Begr. BT-Drucks. 13/9720, S. 47; BKartA, Beschl. v. 31.05.1983, WuW/E, 2049 (2058) „Betonstahlmatten"; BKartA, Beschl. v. 22.07.1987, WuW/E BKartA 2271 (2272) „Leichtbauplatten".

[160] *Kiecker* in Langen/Bunte, § 6 Rn. 18.

[161] *Bunte* in FK, § 6 Rn. 76; Bechtold, § 6 Rn. 5, *Lange*, S. 122.

[162] *Bunte* in FK, § 6 Rn. 76.

[163] *Kiecker* in Langen/Bunte, § 6 Rn. 18; *Kirchhoff/Gerlach*, FS Benisch, 367 (375).

[164] *Kiecker* in Langen/Bunte, § 6 Rn. 18.

[165] *Sölter*, DB 1974, 173 (176).

Zeitpunkt und die Reihenfolge der Vornahme von Erweiterungsinvestitionen. Eine analoge Anwendung einer Norm kommt dann in Betracht, wenn eine Regelungslücke und eine vergleichbare Interessenlage bestehen. Zwar gibt es für Absprachen über Erweiterungsinvestitionen keine gesetzliche Regelung, allerdings besteht keine vergleichbare Interessenlage. Bei Strukturkrisenkartellen geht es um den planmäßigen Abbau von Überkapazitäten, die aufgrund eines Nachfragerückgangs entstanden sind. Investitionskartelle hingegen sollen sicherstellen, daß die Erweiterungsinvestitionen der Kartellmitglieder im Einklang mit dem Gesamtabsatz bleiben. Investitionskartelle müssen daher auf eine lange Dauer bestehen, während Strukturkrisenkartelle nur für eine möglichst kurze Phase der Kapazitätsanpassung zugelassen werden[166]. Insofern kann von einer vergleichbaren Interessenlage keine Rede sein. Eine analoge Anwendung des § 6 GWB auf Investitionskartelle ist somit nicht möglich[167].

IV. Verhältnis zu anderen Normen

Ein angestrebter Kapazitätsabbau, um Überkapazitäten in einem Wirtschaftszweig zu beseitigen, kann grundsätzlich auch als Rationalisierungsvereinbarung nach § 5 GWB freigestellt werden. Erfüllt eine Vereinbarung sowohl die Voraussetzungen des § 5 als auch des § 6 GWB können die Kartellmitglieder ihren Antrag sowohl auf die eine als auch die andere oder auch auf beide Vorschriften stützen. Zudem ist eine Freistellung unabhängig vom Antrag zu erteilen, wenn die Voraussetzungen des einen oder anderen Ausnahmetatbestands vorliegen[168].

Eine Freistellung eines Kapazitätsabbaus, um Überkapazitäten zu beseitigen, ist dagegen nach § 7 Abs. 1 GWB nicht möglich. Diese Bestimmung soll zwar die in den §§ 2 - 6 GWB genannten Freistellungstatbestände ergänzen, sie darf jedoch nicht dazu führen, daß der abschließende Charakter dieser Vorschriften umgangen wird[169]. Da der Abbau von Überkapazitäten in § 6 GWB eine abschließende Regelung findet, kommt eine Freistellung nach § 7 Abs. 1 GWB nicht in Betracht. Die Beantragung einer Ministererlaubnis nach § 8 GWB zur Freistellung eines Abbaukartells ist wiederum nur unter der Prämisse möglich, daß die Voraussetzungen der §§ 2-7 GWB nicht gegeben sind.

V. Verfahren

Ein Strukturkrisenkartell wird erst durch eine ausdrückliche Erlaubnis der zuständigen Kartellbehörde gemäß § 10 Abs. 1 S. 2 GWB wirksam und ist daher ein sog. Erlaubniskartell. Die Erlaubnis setzt einen Antrag bei der Kartellbehör-

---

166 *Kiecker* in Langen/Bunte, § 6 Rn. 20.

167 Zustimmend *Kiecker* in Langen/Bunte, § 6 Rn. 19; *Kiecker* in Langen/Bunte, § 6 Rn. 20; *Immenga* in Immenga/Mestmäcker, GWB, § 6 Rn. 11.

168 *Bunte* in FK, § 6 Rn. 77.

169 Vgl. Gesetzesbegründung zur Sechsten GWB-Novelle, Drucks. 13/9720, S. 49.

de voraus, § 10 Abs. 1 S. 1 GWB. Dessen Inhalt richtet sich nach § 10 Abs. 3 i. V. m. § 9 Abs. 2 GWB. Zuständige Kartellbehörde ist nach § 48 Abs. 2 S. 1 GWB das Bundeskartellamt, wenn die Wirkung der Marktbeeinflussung oder des wettbewerbsbeschränkenden Verhaltens über das Gebiet eines Landes hinausreicht. In den übrigen Fällen ist die jeweilige Landeskartellbehörde zuständig.

Ist die von den Antragstellern gebildete Kartellgemeinschaft rechtsfähig, so ist der Freistellungsantrag von deren gesetzlichen Vertreter zu stellen, so z.B. bei einem eingetragenen Verein, einer Genossenschaft oder einer Aktiengesellschaft von deren Vorstand, bei einer GmbH von deren Geschäftsführer[170]. Ist die Kartellgemeinschaft dagegen nicht rechtsfähig, reicht es aus, den Freistellungsantrag durch einen nach § 13 GWB bestellten Vertreter zu stellen[171]. Ein Wirtschafts- oder Berufsverband kann nur dann als Rechtsträger eines Kartells gewählt werden, wenn durch entsprechende Satzungsbestimmungen sichergestellt ist, daß ein Unternehmen dem Verband auch angehören kann, ohne sich am Kartell zu beteiligen[172].

Die Freistellung ist durch die Kartellbehörde zu befristen und soll in der Regel fünf Jahre nicht überschreiten, § 10 Abs. 4 S. 1 und 2 GWB. Die Freistellung kann mit Bedingungen und Auflagen verbunden werden, § 10 Abs. 4 S. 3 GWB. Sie kann auf Antrag verlängert werden, wenn die Voraussetzungen für ein Strukturkrisenkartell weiter gegeben sind, § 10 Abs. 5 S. 1 GWB. Der Freistellungsantrag, die Freistellung und die Beendigung des Kartells sind im Bundesanzeiger bekannt zu machen, § 11 Abs. 2 GWB. Die Freistellung unterliegt der Mißbrauchsaufsicht durch die Kartellbehörde und kann nach § 12 Abs. 2 GWB widerrufen, durch Anordnung von Bedingungen geändert oder mit Auflagen versehen werden. Die Kartellbehörde kann die Freistellung widerrufen, wenn sich die Verhältnisse, die für die Freistellung maßgeblich waren, wesentlich geändert haben, die Beteiligen gegen eine erteilte Auflage verstoßen, die Freistellung auf unrichtigen Angaben beruhte oder arglistig herbeigeführt wurde oder soweit die Beteiligten die Freistellung mißbrauchen, vgl. § 12 Abs. 2 S. 1 Nr. 1-4 GWB. Der Mißbrauch setzt keinen Schuldvorwurf voraus und hängt auch nicht von einer bestimmten Intensität ab[173]. Aus § 2 Abs. 3 S. 2 GWB a. F. wurde von der Rechtsprechung abgeleitet, daß die Kartellbehörde dazu befugt ist, einen Mißbrauch schon im Freistellungsverfahren zu berücksichtigen und des-

---

[170] Siehe ausführlich zur Antragsberechtigung Verwaltungsgrundsätze des BKartA, BKartA Nr. 109/98 v. 16.12.1998, S. 4, erhältlich unter www.bundeskartellamt.de

[171] Verwaltungsgrundsätze des BKartA, BKartA Nr. 109/98 v. 16.12.1998, S. 4.

[172] Ebenda.

[173] *Kiecker* in Langen/Bunte, § 12 Rn. 7.

wegen gegebenenfalls zu widersprechen, sog. antizipierte Mißbrauchsaufsicht[174].

[174] BGH, Urt. v. 5. 2.1968, WuW/E BGH 588ff. „Fensterglas IV“.

B. Deutsche Strukturkrisenkartelle in der Praxis

Das kartellrechtliche Instrument des Strukturkrisenkartells hat in der Praxis bisher keine große Bedeutung erlangt. Das Bundeskartellamt hat erst zwei Strukturkrisenkartelle freigestellt[175]. Dies erfolgte noch nach § 4 GWB a. F, wobei dieser vom Wortlaut her im wesentlichen dem § 6 GWB n. F. entspricht und in der Anwendungspraxis keine Unterschiede bestehen[176].

I. Genehmigtes Strukturkrisenkartell *„Betonstahlmatten"*

Nach informellen Vorgesprächen mit dem Bundeskartellamt beantragte der Kartellvertreter der Wirtschaftsvereinigung Ziehereien und Kaltwalzwerke e.V. am 6. 1.1983 nach § 4 GWB a. F. die Erlaubnis für ein Strukturkrisenkartell für 28 Hersteller von Baustahlmatten[177]. Bei Betonstahlmatten handelt es sich um werkmäßig vorgefertigte Bewehrungen aus glatten oder gerippten kaltgezogenen Stahldrähten, die durch rechteckiges Punktschweißen zu einem Netz verbunden werden[178]. Dieses Erzeugnis wird in fast allen Anwendungsgebieten des bewehrten Stahlbetonbaus eingesetzt[179]. Das Bundeskartellamt gab dem Antrag mit Beschluß vom 31. 5.1983 für die Dauer von drei Jahren statt[180], da nach seiner Ansicht die Voraussetzungen des § 4 GWB a. F. erfüllt waren[181].

1. Struktur der Branche zum Zeitpunkt des Beschlusses

Zum Zeitpunkt des Beschlusses prägte eine relativ breite Schicht kleinerer und mittlerer Unternehmen die Struktur der Branche. Von den damals 29 inländischen Herstellern waren die „Baustahlgewerbe-Gruppe", die „Korf Gruppe" und die „Salzgitter Draht GmbH" Konzernunternehmen mit einem Marktanteil

---

[175] BKartA, Beschl. v. 31.05.1983, WuW/E, 2049ff. „Betonstahlmatten"; BKartA, Beschl. v. 22.07.1987, WuW/E BKartA, 2271ff. „Leichtbauplatten".

[176] S. o. unter A.II.5, S. 20.

[177] Siehe Bekanntmachung Nr. 12/83 des BKartA, BAnz. Nr. 25 v. 5. 2.1983 = WuW 1983, 466.

[178] BKartA, Beschluß v. 31. 5.1983, WuW/E BKartA, 2049 (2053) – „Betonstahlmatten".

[179] Ebenda.

[180] Siehe BKartA, Beschluß v. 31. 5.1983, WuW/E BKartA, 2049ff. „Betonstahlmatten"; Bekanntmachung Nr. 74/83 des BKartA, BAnz Nr. 160 v. 27. 8.1983; Berichte hierzu aus der Presse siehe Handelsblatt v. 7. 2.1983 „Radikaler Kapazitätsabbau" und „Kapazitäten fast halbiert"; F.A.Z. v. 9. 2.1983 „Krisenkartell hat Chancen"; S.Z. v. 11. 2.1983 „Strukturkrisenkartell für Betonstahlmatten beantragt"; Neue Westfälische v. 8. 2.1983 „Krisenkartell beantragt".

[181] Berichte hierzu aus der Presse siehe Handelsblatt v. 5/6. 2.1983 „Krisenkartell genehmigt".

von zusammen etwa 65 Prozent[182]. Es bestanden jedoch keine marktbeherrschenden Stellungen i. S. d. § 19 GWB[183]. Die übrigen 35 Prozent verteilten sich auf 26 kleine und mittlere Unternehmen, von denen eines ein Tochterunternehmen eines belgischen Konzerns war und einige andere wirtschaftlich in der Form von Unternehmensgruppen zusammengehörten[184]. Somit waren etwa siebzehn eigenständige kleine und mittelständische Anbieter mit Marktanteilen zwischen einem und sieben Prozent am Markt tätig[185].

2. Kartellvertrag

Der Kartellvertrag für das Strukturkrisenkartell „Betonstahlmatten" sah vor, daß sich die Betonstahlmatten herstellenden Firmen dazu verpflichteten, die vorhandenen Kapazitäten auf ein Volumen von ca. 1,2 Mio. Tonnen abzubauen[186]. Durch den Abbau sollte die Marktstruktur einschließlich der Marktversorgungsstruktur im wesentlichen erhalten bleiben[187]. Laut Kapazitätsabbauplan sollte, um etwaigen Absatzsteigerungen begegnen zu können, der Kapazitätsabbau nur bis zu dem Umfang erfolgen, bei dem die verbleibende Kapazität die festgesetzte durchschnittliche Jahresabsatzmenge von 900.000 t um nicht mehr als etwa 30 Prozent überschritt[188].

Zur Durchführung des Strukturkrisenkartells wurden vier verschiedene Organe eingerichtet: die Herstellerversammlung, das Aufsichtsgremium, die Markt-Kommission und die Abbau-Kommission. Weiter wurde eine unabhängige Treuhandstelle eingesetzt[189]. Die Herstellerversammlung sollte zunächst das Aufsichtsgremium, die Markt-Kommission und die Abbau-Kommission wählen[190]. Danach sollte sie regelmäßig in Sitzungen zusammenkommen, um den Kartellverlauf zu erörtern. Das Aufsichtsgremium hatte die Funktion, die Arbeit der Kommissionen und der Treuhandstelle zu überwachen[191]. Zudem hatte das Aufsichtsgremium die Befugnis, alle Maßnahmen zu ergreifen, die im Interesse einer ordnungsgemäßen und zweckentsprechenden Vertragsdurchführung erfor-

---

182 Siehe Akten des BKartA, B5 - 301734-G-10/83, Hefter II, lf. Nr. 260.

183 a.a.O., Hefter II, lf. Nr. 260.

184 Ebenda.

185 Siehe Akten des BKartA, B5 - 301734-G-10/83, Hefter II, lf. Nr. 260.

186 Kartellvertrag für ein Strukturkrisenkartell der Betonstahlmattenhersteller v. 22.12.1982, Akten des BKartA, Akten des BKartA, B5 - 301734-G-10/83, Hefter I, lf. Nr. 4ff.

187 Kartellvertrag, a.a.O., Hefter I, lf. Nr. 4, § 1 Abs. 2.

188 Kartellvertrag, a.a.O., Hefter I, lf. Nr. 4, § 1 Abs. 3.

189 Kartellvertrag, a.a.O., Hefter I, lf. Nr. 9, § 12 Abs. 1 lit. a-d, Abs. 2.

190 Kartellvertrag, a.a.O., Hefter I, lf. Nr. 9, § 13 Abs. 1 Satz 1.

191 Kartellvertrag, a.a.O., Hefter I, lf. Nr. 11, § 14 Abs. 2 Satz 1.

derlich waren[192]. Die Markt-Kommission sollte den erwarteten Marktbedarf vorab für das Kalenderjahr und revolvierend vierteljährlich für jeden einzelnen Monat bekannt geben[193]. Sie sollte des weiteren anhand der von der Treuhandstelle gefertigten Zusammenstellung der monatlichen Liefermeldungen für jeden Hersteller im einzelnen feststellen, inwieweit er seine Lieferquote unterschritten, eingehalten oder überschritten hatte[194]. Die Abbau-Kommission war berechtigt, in den Betriebsstätten der Hersteller und anhand aller von ihnen nach ihrem Ermessen für erforderlich gehaltenen Unterlagen den Vollzug des Abbaus zu überprüfen[195]. Dazu waren die Hersteller verpflichtet, den Mitgliedern der Abbau-Kommission Nachprüfungen zu ermöglichen, angeforderte Unterlagen vorzulegen und Zugang zum gesamten Betriebsgelände zu gestatten[196]. Die Treuhandstelle nahm neben der Führung des Treuhandkontos[197] und der Annahme von Meldungen der monatlichen Lieferungen der Hersteller[198] sämtliche Verwaltungsaufgaben wahr, die nach Weisung des Aufsichtsgremiums zur Durchführung und Koordinierung des Vertrages erforderlich waren[199].

Im Kartellvertrag wurde festgelegt, daß der Abbau von Maschinenkapazitäten erst als vollzogen anerkannt würde, wenn die betroffenen Schweißmaschinen entweder vernichtet oder so verwertet worden seien, daß sie auf dem Inlandsmarkt nicht mehr marktwirksam eingesetzt werden konnten[200]. Für jede nach Plan abgebaute Tonne Maschinenkapazität sollte der Hersteller eine Ausgleichszahlung von DM 10,- erhalten[201]. Die Hersteller verpflichteten sich im Kartellvertrag weiter dazu, während der Laufzeit des Kartells keine neuen Schweißmaschinen zur Herstellung von Betonstahlmatten aufzustellen[202]. Ersatzinvestitionen waren hiervon ausgenommen. Sie mußten jedoch beim Aufsichtsgremium gemeldet und konnten im Einzelfall überprüft werden[203]. Das vereinbarte Kapazitätserweiterungsverbot schloß auch jede direkte oder indirekte Beteiligung an einer Gesellschaft, Firma, Aktivität oder Investition aus, wel-

---

[192] Kartellvertrag, a.a.O., Hefter I, lf. Nr. 11, § 14 Abs. 2 Satz 2.

[193] Kartellvertrag, a.a.O., Hefter I, lf. Nr. 11, § 15 Abs. 2.

[194] Kartellvertrag, a.a.O., Hefter I, lf. Nr. 11, § 15 Abs. 3.

[195] Kartellvertrag, a.a.O., Hefter I, lf. Nr. 12, § 16 Abs. 2.

[196] Kartellvertrag, a.a.O., Hefter I, lf. Nr. 12, § 16 Abs. 3.

[197] Kartellvertrag, a.a.O., Hefter I, lf. Nr. 8, § 9 Satz 1.

[198] Kartellvertrag, a.a.O., Hefter I, lf. Nr. 6, § 4 Abs. 2 Satz 1.

[199] Kartellvertrag, a.a.O., Hefter I, lf. Nr. 13, § 17 Abs. 2.

[200] Kartellvertrag, a.a.O., Hefter I, lf. Nr. 4, § 1 Abs. 4.

[201] Kartellvertrag, a.a.O., Hefter I, lf. Nr. 5, § 2 Abs. 1.

[202] Kartellvertrag, a.a.O., Hefter I, lf. Nr. 5, § 3 Abs. 1 Satz 1.

[203] Kartellvertrag, a.a.O., Hefter I, lf. Nr. 5, § 3 Abs. 1 Satz 2.

che die Schaffung neuer Kapazitäten zur Herstellung von Betonstahlmatten zum Gegenstand hatte oder in irgendeiner Weise an der Schaffung neuer Kapazitäten im Vertragsgebiet mitwirkte[204]. Die Hersteller verpflichteten sich darüber hinaus, pro Tonne gelieferte Betonstahlmatten DM 10,- auf ein Treuhand-Konto einzuzahlen[205] und die Menge monatlich gelieferter Betonstahlmatten an eine Treuhandstelle zu melden[206]. Um einen reibungslosen Ablauf des Kapazitätsabbaus sicherzustellen, vereinbarten die Hersteller für die Laufzeit des Vertrages Lieferquoten[207]. Im Falle einer Überschreitung der monatlichen Lieferquote verpflichteten sich die Hersteller dazu, für die ihre jeweilige Quote überschreitende Menge eine Ausgleichszahlung von DM 80,- pro Tonne auf das Treuhand-Konto einzuzahlen[208]. Im Falle einer Unterschreitung ihrer monatlichen Lieferquote hingegen sollten die Hersteller DM 80,- pro Tonne nicht gelieferte (Menge) Betonstahlmatten erhalten[209]. Zudem verpflichteten sich die Hersteller, während des ersten Jahres des Kartells bei dem Verkauf von Betonstahlmatten Mindestpreise, Höchstrabatte und sog. Best-Konditionen einzuhalten[210]. Diese wurden monatlich vom Aufsichtsgremium unter Berücksichtigung der jeweiligen Marktverhältnisse festgelegt[211]. Des weiteren verpflichteten sie sich, zur Sicherstellung der Einhaltung der Vereinbarungen den jeweiligen Kommissionen in sämtliche Unterlagen Einsichtnahme zu gewähren und diese überprüfen zu lassen[212]. Auch sollten die jeweiligen Kommissionen Zugang zum gesamten Betriebsgelände gestattet bekommen[213].

Schließlich enthielt der Kartellvertrag zur Sicherung des Kapazitätsabbaus noch eine Reihe von Vertragsstrafen. So wurde festgelegt, daß die Hersteller für jeden Fall eines Verstoßes gegen die Verpflichtung zum Kapazitätsabbau gemäß Abbauplan eine Vertragsstrafe in Höhe von DM 20,- pro Tonne vertragswidrig nicht abgebauter Kapazität zahlen mußten[214]. Weiter mußte für jede falsch gemeldete Tonne DM 100,- gezahlt werden[215]. Bei Unterlassung der Meldung hin-

---

[204] Kartellvertrag, a.a.O., Hefter I, lf. Nr. 5, § 3 Abs. 2.

[205] Kartellvertrag, a.a.O., Hefter I, lf. Nr. 5, § 4 Abs. 1 Satz 1.

[206] Kartellvertrag, a.a.O., Hefter I, lf. Nr. 6, § 4 Abs. 2 Satz. 1.

[207] Kartellvertrag, a.a.O., Hefter I, lf. Nr. 6, § 5 Abs. 1.

[208] Kartellvertrag, a.a.O., Hefter I, lf. Nr. 6, § 5 Abs. 2.

[209] Kartellvertrag, a.a.O., Hefter I, lf. Nr. 7, § 7 Abs. 1 Satz 1.

[210] Kartellvertrag, a.a.O., Hefter I, lf. Nr. 8, § 8.

[211] Ebenda.

[212] Kartellvertrag, a.a.O., Hefter I, lf. Nr. 8, § 11 Abs. 1.

[213] Ebenda.

[214] Kartellvertrag, a.a.O., Hefter I, lf. Nr. 13, § 18 Abs. 1.

[215] Kartellvertrag, a.a.O., Hefter I, lf. Nr. 13, § 18 Abs. 2 Satz 1.

gegen hatten die Hersteller DM 100,- pro Tonne für eine fiktive Menge zu zahlen, die sich aus der jeweiligen Quote, bezogen auf die Gesamtliefermenge errechnete[216]. Bei Verstößen gegen die Preisbildung war eine Vertragsstrafe in Höhe von DM 100,- für jeden festgestellten Verstoß pro Tonne zu zahlen[217]. Bei Verstößen gegen die Verpflichtung zur Überprüfung durch den Wirtschaftsprüfer[218] und durch die Abbaukommission[219] war eine Vertragsstrafe von DM 20.000,- je angefangenes Prozent Lieferquote zu zahlen[220]. Die Zahlung von Vertragsstrafen entband indes nicht von den übrigen vertraglichen Verpflichtungen[221], d. h. der vereinbarte Abbau war dennoch zu gewährleisten.

Darüber hinaus sei noch angemerkt, daß der Vertrag keine ordentliche Kündigungsmöglichkeit vorsah[222]. Für den Fall einer Kündigung aus wichtigem Grund sollte der Vertrag von den verbleibenden Herstellern fortgesetzt werden[223]. Dies sollte auch für den Fall gelten, daß ein Hersteller im Falle des Konkurses aus dem Vertrag ausschied[224]. Die Lieferquote ausgeschiedener Hersteller sollte gegebenenfalls den verbleibenden Herstellern anteilig zuwachsen[225].

3. Kapazitätsabbauplan

Der Kapazitätsabbauplan für das Strukturkrisenkartell Betonstahlmatten war untergliedert in die Abschnitte Aufnahme der Kapazität, Ermittlung der vom Abbau betroffenen Kapazitäten, Abbauplan und Sonderregelungen[226].

(a) Aufnahme der Kapazität

Als Stichtag der Kapazitätsaufnahme wurde der 1. Januar 1983 festgelegt[227]. Zur Feststellung des Ist-Zustandes wurden alle in den Betrieben befindlichen Einrichtungen zur Herstellung von Gittern aufgenommen[228]. Des weiteren wurden alle im Bau befindlichen Anlagen und alle für die Herstellung beschlosse-

---

216 Kartellvertrag, a.a.O., Hefter I, lf. Nr. 13, § 18 Abs. 2 Satz 2.

217 Kartellvertrag, a.a.O., Hefter I, lf. Nr. 13, § 18 Abs. 3.

218 Kartellvertrag, a.a.O., Hefter I, lf. Nr. 8, § 11.

219 Kartellvertrag, a.a.O., Hefter I, lf. Nr. 12, § 16 Ziff. 2 und 3.

220 Kartellvertrag, a.a.O., Hefter I, lf. Nr. 13, § 18 Ziff. 4.

221 Kartellvertrag, a.a.O., Hefter I, lf. Nr. 14, § 18 Ziff. 5.

222 Kartellvertrag, a.a.O., Hefter I, lf. Nr. 14, § 19 Ziff. 4.

223 Kartellvertrag, a.a.O., Hefter I, lf. Nr. 14, § 19 Ziff. 4.

224 Kartellvertrag, a.a.O., Hefter I, lf. Nr. 14, § 19 Ziff. 5.

225 Kartellvertrag, a.a.O., Hefter I, lf. Nr. 14, § 19 Ziff. 6.

226 Kapazitätsabbauplan v. 22.12.1982, Akten des BKartA, B5 - 301734-G-10/83, Hefter I, lf. Nr. 19ff.

227 Kapazitätsabbauplan, a.a.O., Hefter I, lf. Nr. 19, Ziff. 1.

228 Kapazitätsabbauplan, a.a.O., Hefter I, lf. Nr. 19, Ziff. 1 lit. a.

nen Investitionen festgehalten[229]. Die Kapazität wurde mit der sog. Leistungsformel berechnet, die wie folgt lautete:

Maschinenleistung pro Jahr (kp/Jahr und Maschine) = Arbeitstage pro Jahr x Schichten/Tag x Minuten/Schicht x Takte/Minute x durchschnittliches Schlußgewicht (kp/Takt) x Gesamtwirkungsgrad[230].

Der Bewertung wurden 230 Arbeitstage pro Jahr, zwei Schichten pro Arbeitstag sowie acht Stunden pro Schicht zugrunde gelegt[231].

(b) Ermittlung der vom Abbau betroffenen Kapazitäten

Aus den Einzelfeststellungen der Ist-Aufnahme sowie den in Bau befindlichen und den beschlossenen Anlagen wurde für jeden Hersteller die ihm zuzurechnende Gesamtkapazität ermittelt[232]. Dabei wurden jene Kapazitäten abgezogen, die traditionell und nachweislich entweder für die Herstellung von Gittern eingesetzt wurde, die nicht der Betonbewehrung nach DIN dienten[233] oder für Exportlieferungen benutzt wurden[234].

(c) Abbauplan

Dem Kapazitätsabbauplan wurden die Feststellungen der Kapazitätsaufnahme vom 1. 1.1983 sowie der Aufnahme von 1979 zu Grunde gelegt, welche bei damaligen Vorgesprächen mit dem Bundeskartellamt ermittelt worden waren[235]. Die im Vergleich zu 1979 abgebaute Kapazität der einzelnen Unternehmen wurde nach § 2 des Kartellvertrages mit DM 10,- pro Tonne von dem Treuhand-Konto vergütet[236].Es wurde festgelegt, daß, die bei der 1983 vorgenommenen Kapazitätsaufnahme im Vergleich zu der Aufnahme von 1979 höhere Kapazität ohne Vergütung innerhalb des ersten Jahres der Vertragslaufzeit abzubauen war[237]. Des weiteren waren alle Kapazitäten abzubauen, die nach den Ermittlungen die vorzuhaltende Kapazität, die auf der Basis von 900.000 t nach dem Marktanteil der Hersteller berechnet wurde[238], überstieg[239]. Der Abbau der über-

[229] Kapazitätsabbauplan, a.a.O., Hefter I, lf. Nr. 19, Ziff. 1 lit. b-c.

[230] Anlage 1a des Kapazitätsabbauplans, a.a.O., Hefter I, lf. Nr. 22, Ziff. 1.

[231] Anlage 1a des Kapazitätsabbauplans, a.a.O., Hefter I, lf. Nr. 22, Ziff. 1.

[232] Kapazitätsabbauplan, a.a.O., Hefter I, lf. Nr. 19, Ziff. 2.

[233] Kapazitätsabbauplan, a.a.O., Hefter I, lf. Nr. 19, Ziff. 2 lit. a.

[234] Kapazitätsabbauplan, a.a.O., Hefter I, lf. Nr. 20, Ziff. 2 lit. b.

[235] Kapazitätsabbauplan, a.a.O., Hefter I, lf. Nr. 20, Ziff. 3.

[236] Kapazitätsabbauplan, a.a.O., Hefter I, lf. Nr. 20, Ziff. 3 lit. b.

[237] Kapazitätsabbauplan, a.a.O., Hefter I, lf. Nr. 20, Ziff. 3 lit. a.

[238] Kapazitätsabbauplan, a.a.O., Hefter I, lf. Nr. 20, Ziff. 3 lit. d.

schüssigen Kapazität sollte in drei Abschnitten erfolgen[240]. So hatte das erste Drittel im ersten Jahr, das zweite Drittel im zweiten Jahr und das dritte Drittel bis spätestens drei Monate vor Ablauf des dritten Jahres der Vertragslaufzeit zu erfolgen[241]. Die bloße Verminderung von Kapazität oder Leistung galt nicht als Kapazitätsabbau[242]. Von der Abbaupflicht freigestellt waren alle Hersteller mit einer Kapazität von nicht mehr als zwei Schweißmaschinen[243].

(d) Sonderregelungen

Im Abschnitt Sonderregelungen wurde geregelt, daß der vorzunehmende Kapazitätsabbau die ordnungsgemäße Versorgung des Marktes nicht gefährden durfte[244]. Der Kapazitätsabbau durfte daher nur soweit gehen, als ein Volumen von 900.000 t zuzüglich der für Lager- und Nichtlagermatten vorgesehenen Vorhaltungen verblieb[245]. Wenn sich ein einzelner Hersteller entschied, über seine Abbauverpflichtungen hinaus weitere Kapazitäten abzubauen, hatte er dies unter Angabe des Stillegungstermins unverzüglich dem Aufsichtsgremium mitzuteilen[246]. Nachdem die Kapazitätskommission den Vollzug festgestellt haben würde, sollte sich anteilig die Abbauverpflichtung aller übrigen Hersteller verringern[247].

4. Genehmigung des Strukturkrisenkartells

Nach Ansicht des Bundeskartellamts waren die Voraussetzungen des § 4 GWB a. F. für die Erteilung einer Erlaubnis erfüllt. Im folgenden soll dies im einzelnen überprüft werden.

(a) Normadressaten

Die Antragsteller waren unproblematisch Normadressaten i. S. d. § 4 GWB a. F., da es sich um Industriebetriebe aus der Betonstahlmatten-Branche handelte, die aus dem Vormaterial Walzdraht Betonstahlmatten herstellten.

(b) Absatzrückgang

Fraglich ist, ob ein Absatzrückgang gegeben war. Dazu ist zunächst eine sachliche und räumliche Marktabgrenzung vorzunehmen[248].

---

[239] Kapazitätsabbauplan, a.a.O., Hefter I, lf. Nr. 20, Ziff. 3 lit. c.

[240] Kapazitätsabbauplan, a.a.O., Hefter I, lf. Nr. 20, Ziff. 3 lit. f.

[241] Ebenda.

[242] Kapazitätsabbauplan, a.a.O., Hefter I, lf. Nr. 20, Ziff. 3 lit. k.

[243] Kapazitätsabbauplan, a.a.O., Hefter I, lf. Nr. 21, Ziff. 3.

[244] Kapazitätsabbauplan, a.a.O., Hefter I, lf. Nr. 21, Ziff. 4.

[245] Ebenda.

[246] Kapazitätsabbauplan, a.a.O., Hefter I, lf. Nr. 21, Ziff. 4 lit. a.

[247] Kapazitätsabbauplan, a.a.O., Hefter I, lf. Nr. 21, Ziff. 4 lit. b-c.

[248] S. o. unter A.II.2(a), S. 6.

(1) sachliche und räumliche Marktabgrenzung

Das Bundeskartellamt ging von einem eigenständigen Markt für Betonstahlmatten aus und sah keinen einheitlichen Markt mit Betonstabstahl[249]. Dies ist zutreffend. Betonstabstahl wird in Form langer Stäbe an die Baustelle geliefert und dort gebogen, verlegt und zugeschnitten[250]. Beide Produkte werden zwar zur Erhöhung der Zugfestigkeit in Beton eingelegt und dienen ausschließlich der Bewehrung flächenartiger und stabförmiger Stahlbetonbauteile[251], so daß zwischen Betonstabstahl und Betonstahlmatten enge Substitutionsbeziehungen bestehen. Allerdings werden die Substitutionsbeziehungen durch die erhöhten Kosten bei der Weiterverarbeitung von Betonstabstahl auf der Baustelle begrenzt[252]. So ist die Verwendung von Rundstahl wegen der damit verbundenen Binde- und Flechtarbeiten bei Anfertigung der Bewehrungen äußerst lohnintensiv[253]. Darüber hinaus war auch eine Umstellung der Anlagen auf das Produkt Betonstabstahl oder auf andere Produkte nicht möglich[254], so daß auch aus diesem Gesichtspunkt nicht von einem einheitlichen Markt auszugehen war.

Als räumlichen Markt nahm das Bundeskartellamt wegen zum Teil bundesweiter Lieferungen zutreffend einen bundesweit einheitlichen Markt an[255]. Wegen der hohen Transportkosten bei der Versendung von Betonstahlmatten war der Markt keinesfalls weiter zu fassen.

(2) Quantifizierung des Absatzrückgangs

Anhand der von den Herstellern vorgelegten Zahlen über die Betonstahlmatten-Produktion in Deutschland unter Einbeziehung der Ein- und Ausfuhren stellte das Bundeskartellamt im Zeitraum von 1972 bis 1982 einen Absatzrückgang von 31 Prozent fest[256]. Der Inlandsabsatz ging sogar um 35 Prozent zurück, konnte jedoch durch eine Zunahme der Exporttätigkeit teilweise kompensiert werden[257].

Allein im Zeitraum von 1979 bis 1982 erlitten die Hersteller einen konstanten Absatzrückgang von 1.224.059 t Absatz im Jahre 1979 auf ca. 850.000 t im Jah-

---

249 BKartA, Beschluß v. 31. 5.1983, WuW/E BKartA, 2049 (2054) – „Betonstahlmatten".

250 Ebenda.

251 BKartA, Beschluß v. 31. 5.1983, WuW/E BKartA, 2049 (2054).

252 Ebenda.

253 Angaben des Hauptverbandes der Deutschen Bauindustrie e.V. v. 24. 3.1983, Akten des BKartA, B5 - 301734-G-10/83, Hefter I, lf. Nr. 154.

254 BKartA, Beschluß v. 31. 5.1983, WuW/E BKartA, 2049 (2054).

255 Angaben des Hauptverbandes der Deutschen Bauindustrie e.V. v. 24. 3.1983, Akten des BKartA, B5 - 301734-G-10/83, Hefter I, lf. Nr. 154.

256 Ebenda.

257 Ebenda.

re 1982[258]. Der Anteil der Importe lag konstant zwischen sechs und sieben Prozent[259]. Dem Absatzvolumen von 850.000 t stand zum Zeitpunkt der Genehmigung eine Ist-Kapazität in Höhe von 2.059.000 t gegenüber[260]. Es gab schließlich keine Möglichkeit für die Betonstahlmattenhersteller, die sinkende Inlandsnachfrage durch Exporte zu kompensieren, da die Exportmöglichkeit wegen der hohen Frachtkostenintensität des Erzeugnisses begrenzt war[261]. Ein Absatzrückgang war mithin zu bejahen.

(c) nachhaltige Änderung der Nachfrage

Der Absatzrückgang mußte weiter auf einer nachhaltigen Änderung der Nachfrage beruhen.

(1) Änderung der Nachfrage

Eine Änderung der Nachfrage war aufgrund der damaligen Situation gegeben. Hauptabnehmer von Betonstahlmatten war die Bauwirtschaft[262]. Der öffentliche, d.h. der staatlich geförderte, und der private Wohnungsbau nahmen ca. 45 Prozent, der öffentliche und gewerbliche Hochbau jeweils ca. 20 Prozent und der Tiefbau ca. 15 Prozent der Betonstahlmatten ab[263]. Die Nachfrage der Bauwirtschaft nach Betonstahlmatten war in den vorangegangenen Jahren stark rückläufig gewesen[264]. So ging beispielsweise im Hochbau der Bedarf im Zeitraum von 1978 bis 1982 um ca. 30 Prozent zurück[265]. Im Bereich des Wohnungsbaus war die Zahl der fertiggestellten Wohnungen von 1980 bis 1982 um neun Prozent zurückgegangen[266]. Des weiteren gingen nach Angaben des Hauptverbandes der Deutschen Bauindustrie die Aufträge im Bauhauptgewerbe im Zeitraum von 1972 bis 1982 vom Index 100,4 auf 73,8 zurück[267].

(2) nachhaltige Nachfrageänderung

Diese Nachfrageänderung war auch als nachhaltig einzustufen, da sie sich über einen längeren Zeitraum erstreckte[268]. In seinem Beschluß ging das Bundes-

---

[258] Begründung zu dem Kartellvertrag für ein Strukturkrisenkartell der Betonstahlmattenhersteller v. 22.12.1982, Akten des BKartA, B5 - 301734-G-10/83, Hefter I, lf. Nr. 34.

[259] Begründung, a.a.O., Hefter I, lf. Nr. 28, Ziff. I.

[260] Begründung, a.a.O., Hefter I, lf. Nr. 29.

[261] BKartA, Beschluß v. 31. 5.1983, WuW/E BKartA, 2049 (2054).

[262] Ebenda.

[263] BKartA, Beschluß v. 31. 5.1983, WuW/E BKartA, 2049 (2055).

[264] BKartA, Beschluß v. 31. 5.1983, WuW/E BKartA, 2049 (2054).

[265] BKartA, Beschluß v. 31. 5.1983, WuW/E BKartA, 2049 (2054).

[266] Ebenda.

[267] Baukonjunkturspiegel, Hauptverband der Deutschen Bauindustrie e.V., 12/1992.

[268] S. o. unter A.II.2(b)(1), S. 11.

kartellamt zutreffend davon aus, daß der Nachfragerückgang noch jahrelang andauern würde[269], u. a. aufgrund der immer stärkeren Verknappung und der weiteren Verteuerung auf dem Grundstücksmarkt[270]. Auch die Steigerung der Baukosten sowie die Stagnation bzw. Verringerung der Realeinkommen wurden richtigerweise mit einbezogen[271]. Diese Rahmenbedingungen hatten die Nachfrage nach Betonstahlmatten auf dem niedrigen Niveau der letzten Jahre stagnieren lassen und es war davon auszugehen, daß sie auch weiter stagnieren würde[272]. Diese Einschätzungen wurden auf Untersuchungen von Wirtschaftsforschungsinstituten und der Bauindustrie gestützt[273]. Zwar deuteten IFO-Bauschätzungen für den Zeitraum von 1977 – 1987 auf eine bessere Auslastung und Zuwachsraten der Bauindustrie in den nächsten Jahren hin, allerdings sollte sich dieser Trend nach Einschätzung des Instituts gar nicht oder nur in geringem Maße auf die Nachfrage nach Betonstahlmatten auswirken[274]. Für den Hochbau, einem Haupteinsatzgebiet der Betonstahlmatten, war nämlich eine stagnierende und teilweise sogar rückläufige Entwicklung zu erwarten[275]. Hinzu kam ein starker Nachfragerückgang von Betonstahlmatten im Wohnungsbau. In diesem Bereich war eine starke Zunahme der bestandsorientierten Bauleistungen wie Modernisierung, Instandsetzung, Ausbau und Einbau im Gegensatz zum Neubau zu verzeichnen[276]. So war der Neubauanteil von knapp 80 Prozent im Jahre 1977 auf ca. 66 Prozent im Jahre 1980 zurückgegangen[277]. Der Bedarf an Betonstahlmatten war jedoch im Bereich der bestandsorientierten Baumaßnahmen wesentlich geringer als im Bereich des Neubaus[278]. Diese Entwicklung wurde im Jahresbericht 1982 der Deutschen Bauindustrie bestätigt[279].

---

[269] BKartA, Beschluß v. 31. 5.1983, WuW/E BKartA, 2049 (2055).

[270] Ebenda.

[271] BKartA, Beschluß v. 31. 5.1983, WuW/E BKartA, 2049 (2055).

[272] Ebenda.

[273] BKartA, Beschluß v. 31. 5.1983, WuW/E BKartA, 2049 (2055).

[274] Ebenda.

[275] Ebenda.

[276] Beschluß des BKartA v. 31. 5.1983, S. 22, B. 2. e) aa), Akten des BKartA, B5 - a.a.O., Hefter I, lf. Nr. 8.

[277] BKartA, Beschluß v. 31. 5.1983, WuW/E BKartA, 2049 (2056).

[278] Ebenda.

[279] Jahresbericht Deutsche Bauindustrie 1982, Hauptverband der Deutschen Bauindustrie e.V., Februar 1983.

(3) Existenzgefährdung der Unternehmen

Die Nachfrage führte zu der über die zeitliche Dimension hinaus geforderten Existenzgefährdung der Unternehmen[280]. So war die Marktsituation für die Hersteller der Betonstahlmatten nach Einschätzung des Bundeskartellamts bedrohlich[281]. Von den ehemals etwa 40 inländischen Herstellern im Jahre 1973 waren nur noch 29 Unternehmen übrig geblieben[282]. Zehn kleine und mittlere konzernunabhängige Hersteller waren bereits in Konkurs gegangen und ein Hersteller hatte Vergleich anmelden müssen[283]. Der Gesamtumsatz der Branche hatte sich im Zeitraum von 1979 bis 1982 von ca. 1,079 Mrd. DM auf ca. 743 Mio. DM verringert[284]. Dies war sowohl durch den geringeren Absatz als auch durch einen Preisverfall von 850 DM auf 750 DM pro Tonne Lagermatte bedingt[285]. Nach Ansicht des Bundeskartellamts ließ der Nachfragerückgang zusammen mit dem verschärften Preiskampf einen einschneidenden Ausscheidungswettbewerb erwarten[286]. So waren nach Angaben des Bundeskartellamts insbesondere die kleinen und mittleren Unternehmen, die eine relativ breite Schicht darstellten, besonders stark gefährdet, da diese nicht auf entsprechende finanzielle Ressourcen wie die drei Konzernunternehmen zurückgreifen konnten[287]. Diese Argumente des Bundeskartellamts überzeugen. Aufgrund der zahlreichen Konkurse und der anhaltend schlechten Wirtschaftslage auf dem Markt für Betonstahlmatten konnte von einer Existenzbedrohung für diese Unternehmer gesprochen werden.

(d) planmäßige Anpassung der Kapazität an den Bedarf

Die Anpassung der Kapazität erfolgte planmäßig und dauerhaft. Nach Ermittlung des Leistungsvermögens des Unternehmens ergab sich bei einem Gesamtabsatz an vertragsgegenständlichen Erzeugnissen im In- und Ausland in Höhe von 1.006.578 t für 1982 eine Auslastung von nur etwa 57,3 Prozent[288]. Das geplante zu erreichende Kapazitätsvolumen von 1.200.000 t gewährte nach Ansicht des Bundeskartellamts eine ausreichende Reservekapazität[289].

---

280 S.o. unter A.II.2(b)(1).

281 BKartA, Beschluß v. 31. 5.1983, WuW/E BKartA, 2049 (2056).

282 Ebenda.

283 BKartA, Beschluß v. 31. 5.1983, WuW/E BKartA, 2049 (2056).

284 BKartA, Beschluß v. 31. 5.1983, WuW/E BKartA, 2049 (2056).

285 Ebenda.

286 BKartA, Beschluß v. 31. 5.1983, WuW/E BKartA, 2049 (2056).

287 Ebenda.

288 BKartA, Beschluß v. 31. 5.1983, WuW/E BKartA, 2049 (2057).

289 Ebenda.

Die Anpassung der Kapazitäten auf ca. 1.200.000 t folgte aufgrund eines dem Kartellvertrag beigefügten Kapazitätsabbauplans und somit planmäßig i. S. d. § 6 GWB. In diesem Abbauplan verpflichteten sich die Kartellmitglieder, ihre Kapazitäten in drei Phasen abzubauen[290]. Da der Abbauplan gemäß den Verwaltungsgrundsätzen des Bundeskartellamts nicht in allen Punkten vollständig sein mußte, wurde zunächst von den Antragstellern nur der Plan für den im ersten Jahr zu vollziehenden Abbau eingereicht[291]. Der vervollständigte Abbauplan mußte bis zum 31.12.1983 nachgereicht werden[292]. Der Kartellvertrag sah weiter in § 1 Abs. 4 vor, daß der Kapazitätsabbau erst als vollzogen galt, wenn die betroffenen Schweißmaschinen vernichtet oder so verwertet worden waren, daß mit ihnen keine Betonstahlmatten hergestellt werden konnten, die in der Bundesrepublik Deutschland hätten verwendet werden können[293]. Durch diese Regelung wurde eine endgültige und dauerhafte Anpassung und damit die Planmäßigkeit eines dauerhaften Kapazitätsabbaus sichergestellt.

(e) Notwendige Vereinbarungen und Beschlüsse

Der Kartellvertrag mußte weiter zur planmäßigen Kapazitätsanpassung notwendig sein. Dies hatte die Kartellbehörde nach pflichtgemäßem Ermessen zu überprüfen. Dem ist das Bundeskartellamt nachgekommen. Zum einen war das Strukturkrisenkartell als solches erforderlich. Nach Darstellung des Bundeskartellamts war die Möglichkeit, die Produktionsanlagen auf andere Erzeugnisse als Betonstahlmatten umzustellen, wirtschaftlich nicht realisierbar[294]. Auch die Anregung der Nachfrage durch weitere Preissenkungen war nach Ansicht des Bundeskartellamts nicht erfolgversprechend[295]. Ein freiwilliger Kapazitätsabbau als milderes Mittel kam ebenfalls nicht in Betracht. Die zuständige Beschlußabteilung hatte sich bereits mit Schreiben vom 13. 3.1979 bereit erklärt, einen freiwilligen Kapazitätsabbau der Hersteller von Betonstahlmatten mittels zeitlich begrenzter Kapazitäts- und Produktionsempfehlungen des Fachverbandes Betonstahlmatten e.V. zu dulden[296]. Diese Empfehlungen hatten bezwecken sollen, daß die Kapazitäten auf etwa 40 Prozent über den voraussichtlichen Marktbedarf abgebaut würden[297]. Auf diese Weise wurden tatsächlich bis April 1981 insge-

---

[290] S. o. unter B.I.3, S. 29.

[291] BKartA, Beschluß v. 31. 5.1983, WuW/E BKartA, 2049 (2058).

[292] Ebenda.

[293] BKartA, Beschluß v. 31. 5.1983, WuW/E BKartA, 2049 (2058).

[294] BKartA, Beschluß v. 31. 5.1983, WuW/E BKartA, 2049 (2058).

[295] Ebenda.

[296] BKartA, Beschluß v. 31. 5.1983, WuW/E BKartA, 2049 (2058).

[297] Ebenda.

samt etwa 278.000 t abgebaut[298]. Ein weiterer Abbau scheiterte jedoch daran, daß mehrere Unternehmen sich nicht an die Empfehlungen hielten[299]. Da diese Unternehmen jedoch bereit waren, sich an einem Kapazitätsabbau mit Hilfe eines Strukturkrisenkartells zu beteiligen, war ein solches erforderlich[300].

Die erforderliche Wahrscheinlichkeit, daß die weitere Entwicklung i. S. d. Kapazitätsabbauplans beeinflußt werden würde, war nicht dadurch ausgeschlossen, daß sich ein Unternehmen nicht am Kartell beteiligte. Dieses Unternehmen besaß nämlich lediglich einen unbedeutenden Marktanteil von einem Prozent[301]. Dieser einzelne Außenseiter mit seinem geringen Marktanteil konnte den Kartellzweck nicht gefährden[302]. Auch eine Gefährdung des Abbaus durch Importe schien aufgrund der durch hohe Transportkosten begrenzten Importquote nicht gegeben[303]. Betonstahlmatten sind wegen ihres hohen Gewichts und ihres geringen Mehrwerts, etwa drei Viertel des Werts entfallen auf das Vormaterial, sehr frachtintensiv[304].

Zum anderen waren auch die einzelnen Vorschriften über den Kapazitätsabbau notwendig. So enthielt § 1 des Kartellvertrags die Verpflichtung der Kartellmitglieder, die Kapazitäten gemäß Abbauplan dauerhaft abzubauen[305]. Der Durchführung des Kapazitätsabbaus dienten – neben weiteren organisatorischen Regelungen – die Vorschriften über die Ausgleichszahlungen für die gelieferten bzw. abgebauten Tonnen Betonstahlmatten. Die Bestimmungen bezüglich der Vertragsstrafen sowie das Investitionsverbot sicherten die Einhaltung der Abbauverpflichtung. Die flexible Quotenvereinbarung war notwendig, da sie die Grundlage für die Festsetzung der abzubauenden Kapazitäten bildete[306]. Die flexiblen Quoten bildeten für alle Kartellmitglieder einen kalkulierbaren Wert im Hinblick auf die erforderlichen Stillegungen. Sie sicherten die Stabilität des Kartells während des Kapazitätsabbaus und schafften so erst die Voraussetzung für die Anpassung der Kapazitäten an den Bedarf. Eine starre Quotenregelung ohne die Möglichkeit einer Über- bzw. Unterschreitung gegen Ausgleichzahlung wäre im Interesse einer optimalen Befriedigung der Nachfrage als unzweckmäßig abzulehnen gewesen. Die für das erste Jahr vereinbarten Mindestpreise, Höchstra-

---

298 BKartA, Beschluß v. 31. 5.1983, WuW/E BKartA, 2049 (2058).

299 Ebenda.

300 BKartA, Beschluß v. 31. 5.1983, WuW/E BKartA, 2049 (2058).

301 Ebenda.

302 BKartA, Beschluß v. 31. 5.1983, WuW/E BKartA, 2049 (2058).

303 Ebenda.

304 Branchenbericht der Westdeutschen Landesbank von 1979, Akten des BKartA, Akten des BKartA, B5 – a.a.O., Hefter I, lf. Nr. 176 (178).

305 Akten des BKartA, Akten des BKartA, B5 - 301734-G-10/83, Hefter I, lf. Nr. 5.

306 BKartA, Beschluß v. 31. 5.1983, WuW/E BKartA, 2049 (2059).

batte und Best-Konditionen verhinderten, daß das Kartell in der kritischen Abbauphase auseinanderbrechen würde[307]. Einer mißbräuchlichen Ausschöpfung der Preise wurde bereits dadurch entgegengewirkt, daß der Import in der Lage war, ein Preisregulativ darzustellen, welches wirksam werden konnte, weil das Vormaterial Walzdraht auf dem Weltmarkt nicht preisgebunden war[308]. Zudem bestand bei einem künstlich überhöhten Preis von Betonstahlmatten ohne weiteres die Möglichkeit, auf das Substitutionsprodukt Betonstahl auszuweichen[309]. Eine Flexibilität der Preisfestsetzung schließlich sollte dadurch gewährt werden, daß die Preise einer monatlichen Überprüfung unterzogen werden sollten[310].

(f) Berücksichtigung der Gesamtwirtschaft und des Gemeinwohls

Schließlich sprachen im Fall Betonstahlmatten keine der nach § 4 a. F. GWB geforderten schwerwiegenden, aus der Gesamtwirtschaft oder dem Gemeinwohl herzuleitenden Gründe gegen die Erteilung einer Erlaubnis zu dem Kartellvertrag[311].

Auswirkungen, etwa auf die nachgelagerten Wirtschaftsstufen, wurden vom Bundeskartellamt zu Recht als sehr gering eingeschätzt, da der wertmäßige Anteil der Betonstahlmatten am gesamten Wareneingang des Bauhauptgewerbes nur bei etwa drei Prozent lag[312]. Dabei ist zutreffend zu berücksichtigen, daß die Materialkosten eines Gebäudes bis zu 50 Prozent ausmachen, was einen Preisanteil der Betonstahlmatte von lediglich etwa anderthalb bis zwei Prozent bedeutet[313]. Im Ergebnis räumte das Bundeskartellamt daher dem Zweck der Erhaltung einer leistungsfähigen Struktur einer Branche Vorrang vor dem Interesse der Verbraucher an möglichst niedrigen Preisen ein[314]. Dieses Ergebnis ist gerechtfertigt, um so zu erreichen, daß sich mittel- und langfristig beide Zielvorstellungen wieder decken, da zur optimalen Bedarfsdeckung nämlich sowohl Unternehmen als auch Verbänden an der Erhaltung leistungsfähiger Unternehmen in der Betonstahlmatten-Branche gelegen war[315]. Für das Kartell sprach weiter, daß ein wettbewerblicher Ausscheidungsprozeß wegen der hohen Transportkostenintensität von Betonstahlmatten zu einer Beeinträchtigung der Markt-

---

[307] BKartA, Beschluß v. 31. 5.1983, WuW/E BKartA, 2049 (2059).

[308] Begründung des Antrags auf Erlaubniserteilung zu einem Strukturkrisenkartell, Akten des BKartA, B5 - 301734-G-10/83, Hefter I, lf. Nr. 34.

[309] Ebenda.

[310] Begründung des Antrags, a.a.O., Nr. 35.

[311] BKartA, Beschluß v. 31. 5.1983, WuW/E BKartA, 2049 (2059).

[312] BKartA, Beschluß v. 31. 5.1983, WuW/E BKartA, 2049 (2059).

[313] BKartA, Beschluß v. 31. 5.1983, WuW/E BKartA, 2049 (2059).

[314] BKartA, Beschluß v. 31. 5.1983, WuW/E BKartA, 2049 (2060).

[315] Ebenda.

versorgung und zu weiteren Preiserhöhungen führen würde[316], weshalb eine breit gestreute regionale Verteilung der Hersteller von Betonstahlmatten zutreffend als entscheidend wichtig für eine kostengünstige Belieferung des Baumarktes angesehen wurde[317]. Inwieweit unter der Berücksichtigung des Gemeinwohls schließlich soziale Folgen in die Prüfung mit einbezogen werden können, ist fraglich[318]. Das Bundeskartellamt prognostizierte in diesem Zusammenhang lediglich, daß der planmäßige Kapazitätsabbau einerseits Arbeitskräfte freisetzte, andererseits eine überproportionale Belastung regionaler Arbeitsmärkte durch einen unkontrollierten Ausscheidungskampf verhindert würde[319]. Dies stellt noch keine tatsächliche Einbeziehung sozialer Folgen dar und war daher im Rahmen der Berücksichtigung des Gemeinwohls in jedem Fall zulässig.

(g) Zwischenergebnis

Die Voraussetzungen für die Genehmigung gemäß § 4 GWB a. F. waren mithin gegeben.

5. Einwendungen gegen das Kartell

Nach Bekanntmachung des Antrags auf ein Strukturkrisenkartell für Betonstahlmatten im Bundesanzeiger erhoben zahlreiche Verbände der Bauwirtschaft beim Bundeskartellamt schriftlich Einwände gegen das geplante Kartell[320]. Sie befürchteten erhebliche Preissteigerungen für die Betonerzeugnisse, insbesondere durch die Absenkung der Produktionsmengen und die Festsetzung von Mindestpreisen[321]. Dies würde ihrer Ansicht nach zu einer weiteren schweren Belastung der von der Wirtschaftskrise stark betroffenen Bauwirtschaft führen[322]. Weitere Befürchtungen lagen darin, daß sich die Kartellmitglieder durch über-

---

[316] BKartA, Beschluß v. 31. 5.1983, WuW/E BKartA, 2049 (2060).

[317] Begründung des Antrags auf Erlaubniserteilung zu einem Strukturkrisenkartell, Akten des BKartA, B5 - 301734-G-10/83, Hefter I, lf. Nr. 35.

[318] *Kirchhoff/Gerlach*, FS Benisch, 367 (376).

[319] BKartA, Beschluß v. 31. 5.1983, S. 32, B. 4, Akten des BKartA, B5 - a.a.O., Hefter I, lf. Nr. 8.

[320] Eine kurze Zusammenfassung der Einwände der Verbände der Bauwirtschaft findet sich auch im BKartA, Beschluß v. 31. 5.1983, WuW/E BKartA, 2049 (2051f.) „Betonstahlmatten".

[321] Schreiben des Hauptverbandes der Deutschen Bauindustrie e.V. v. 17. 2.1983, Akten des BKartA, B5 - a.a.O., Hefter I, lf. Nr. 71; Schreiben des Bundesverbandes Deutsche Beton- und Fertigteilindustrie e.V. v. 11. 3.1983, Akten des BKartA, B5 - a.a.O., Hefter I, lf. Nr. 127; Schreiben des Baugewerbeverbandes Westfalen v. 15. 3.1983, Akten des BKartA, B5 - a.a.O., Hefter I, lf. Nr. 133; Schreiben des Bundesverbandes für Deutsche Beton- und Fertigteilindustrie e.V. v. 18. 3.1983, Akten des BKartA, B5 - a.a.O., Hefter I, lf. Nr. 137.

[322] Schreiben des Baugewerbeverbandes Westfalen v. 15. 3.1983, Akten des BKartA, B5 - a.a.O., Hefter I, lf. Nr. 133.

mäßig hohe Preise die Mittel verschaffen würden, um die Überkapazitäten ohne finanzielle Aufwendungen abzubauen[323], mit der Folge, daß die Krise der deutschen Stahlindustrie auf dem Rücken der Bauwirtschaft ausgetragen würde[324]. Die Kritiker führten aus, daß die marktwirtschaftlichen Kräfte völlig ausreichten, um eine vernünftige Anpassung der Kapazitäten zu erreichen[325]. Weiter habe es in den letzten zwei Jahren vor der Anmeldung eine spürbare Zunahme des Betonstahlmattenabsatzes gegeben und sei aufgrund eines erheblichen Anstiegs der Auftragslage im Wohnungsbau mit einer weiteren Zunahme der Nachfrage von Betonstahlmatten zu rechnen[326]. Des weiteren sei der Absatzrückgang der vergangenen Jahre allein konjunkturell, nicht aber strukturell bedingt gewesen[327].

Die Antragsteller erwiderten auf die eingegangenen Stellungnahmen, daß zunächst von einer Verknappung der Lieferungen und daraus resultierender Preissteigerungen keine Rede sein könne, da der Kapazitätsabbau eine Kapazitätsreserve von 30 Prozent vorsah[328]. Auch seien übermäßige Preissteigerungen schon deshalb nicht zu befürchten, da die Festsetzung der Mindestpreise an die jeweilige Marktsituation gebunden sei[329]. Auch sei die Preisregelung ohnehin nur auf ein Jahr begrenzt[330]. Darüber hinaus sei eine Kostenbelastung der Baubranche überaus gering, da der Wertanteil der Betonstahlmatten am Bauvolumen nur bei ein bis zwei Prozent liege. Eine Erhöhung der Nachfrage sei nicht in Aussicht. Der von den Verbänden angeführte Anstieg der Baugenehmigungen hänge mit dem Auslaufen der Investitionszulage und der Bereitstellung von Zinsverbilli-

---

323 Schreiben des Baugewerbeverbandes Westfalen v. 15. 3.1983, Akten des BKartA, B5 - a.a.O., Hefter I, lf. Nr. 133.

324 Schreiben des Baugewerbeverbandes Westfalen v. 15. 3.1983, Akten des BKartA, B5 - a.a.O., Hefter I, lf. Nr. 133.

325 Schreiben des Bundesverbandes der Deutschen Beton- und Fertigteilindustrie e.V. v. 18. 3.1983, Akten des BKartA, B5 - a.a.O., Hefter I, lf. Nr. 137; Schreiben des Baugewerbeverbandes Westfalen v. 15. 3.1983, Akten des BKartA, B5 - a.a.O., Hefter I, lf. Nr. 133.

326 Schreiben des Hauptverbandes der Deutschen Bauindustrie, v. 21. 3.1983, Akten des BKartA, B5 - a.a.O., Hefter I, lf. Nr. 151.

327 Stellungnahme des deutschen Baugewerbes v. 24. 3.1983, Akten des BKartA, B5 - a.a.O., Hefter I, lf. Nr. 166; Schreiben des Hauptverbandes der Deutschen Bauindustrie, v. 21. 3.1983, Akten des BKartA, B5 - a.a.O., Hefter I, lf. Nr. 151.

328 Stellungnahme der Antragsteller, Akten des BKartA, B5 - a.a.O., Hefter I, lf. Nr. 142; eine Zusammenfassung der Stellungnahme findet sich auch im BKartA, Beschluß v. 31. 5.1983, WuW/E BKartA, 2049 (2053) „Betonstahlmatten".

329 Stellungnahme der Antragsteller, Akten des BKartA, B5 - a.a.O., Hefter I, lf. Nr. 142 (143).

330 Ebenda.

gungsmitteln zusammen. Langfristig sei hingegen keine Steigerung des Bauvolumens zu erwarten.

Der Fachverband der deutschen Beton- und Fertigteilindustrie wies darüber hinaus noch auf die begrenzte Laufzeit des Kartells und die Möglichkeiten des Bundeskartellamts hin, Auswüchsen in der Preispolitik mit dem Instrument der Mißbrauchsaufsicht zu begegnen[331]. Schließlich sei eine Hochpreispolitik der Kartellmitglieder schon aufgrund des Substitutionsprodukts Betonstahl und der Importmöglichkeiten ausgeschlossen[332].

6. Kartellverlauf von 1983-86:

Im folgenden sollen der Verlauf des Strukturkrisenkartells Betonstahlmatten und insbesondere die damit verbundenen Probleme dargestellt werden.

(a) Anfängliche Probleme der Marktversorgung

Kurz nach Genehmigung des Kartells beschwerten sich zahlreiche Händler beim Bundeskartellamt, insbesondere aus dem süddeutschen Raum, darüber, daß der Markt nicht ausreichend mit Betonstahlmatten versorgt sei[333]. Bestellte Betonstahlmatten würden entweder gar nicht geliefert oder es müßten jedenfalls lange Lieferzeiten in Kauf genommen werden[334]. Auch verschiedene Verbände teilten dem Bundeskartellamt mit, daß ihre Mitglieder sich insbesondere im süddeutschen Raum über Lieferengpässe im Baustahlgewerbe und Preissteigerungen bis zu 25 Prozent beklagt hätten[335].

Das Bundeskartellamt sah den Grund dafür darin, daß die Händler die Lagerhaltung vernachlässigt und erst mit Erlaubniserteilung wieder mit dem Aufbau begonnen hätten[336]. Darüber hinaus hätten zahlreiche Händler in ihren Lieferverträgen Festpreisabschlüsse auf niedrigem Preisniveau abgeschlossen, sich den Abnehmern gegenüber als nicht lieferfähig erklärt und dann dem Kartell den „Schwarzen Peter" zugeschoben[337]. Weiter versuchten die Abnehmer, Verträge

---

331 Stellungnahme des Fachverbandes der deutschen Beton- und Fertigteilindustrie, Akten des BKartA, B5 - a.a.O., Hefter I, lf. Nr. 148.

332 Ebenda.

333 BKartA, B5 - 301734-G-10/83, Hefter II, lf. Nr. 322ff.

334 Akten des BKartA, B5 - 301734-G-10/83, Hefter II, lf. Nr. 398f.

335 Schreiben des Verbandes der Deutschen Bauindustrie v. 27.10.1983, Akten des BKartA, B5 – a.a.O., Hefter III, lf. Nr. 526; Schreiben des Landesverbandes des Bayerischen Baustoffhandels, Akten des BKartA, B5 - 301734-G-10/83, Hefter II, lf. Nr. 360; Schreiben der Bayerischen Baugewerbeverbände an das Staatsministerium v. 12. 8.1983, Akten des BKartA, B5 - 301734-G-10/83, Hefter II, lf. Nr. 400.

336 Vermerk des BKartA bzgl. Dienstreise v. 5-7.10.1983, Akten des BKartA, B5 – a.a.O., Hefter III, lf. Nr. 496.

337 Ebenda.

über größere Mengen abzuschließen, um weiteren Preissteigerungen zuvor zu kommen[338]. Die überraschend positive Entwicklung der Baunachfrage im süddeutschen Raum verschärfte die allgemeine Situation[339].

Die Marktversorgung besserte sich, als die Nachfrage in der gesamten Bundesrepublik ab November 1983 stark zurückging[340]. Erneute Nachfragen bzw. Beschwerden durch die Bauwirtschaft blieben in der Folgezeit aus[341].

Die Reaktionen des Marktes auf das Strukturkrisenkartell für Betonstahlmatten zeigen, welche einschneidenden Auswirkungen diese Kartellierung in der Anfangsphase auf den Markt hatte. Aus Furcht vor Preissteigerungen kam es zu Großeinkäufen der Abnehmer, so daß sich das Angebot verknappte und damit die Preise stiegen. Unvorhersehbare regionale Aufschwünge erschwerten die Marktversorgung.

Trotz einer vom Bundeskartellamt vorgesehenen Vorhaltekapazität von 30 Prozent kam es bei den Betonstahlmatten zu Marktengpässen. Die Lieferquoten, auch wenn es sich um flexible Quoten mit der Möglichkeit der Über- und Unterschreitung bei gleichzeitiger Ausgleichszahlung handelte, hinderten so manchen Hersteller daran, die erhöhte Nachfrage zu befriedigen, da sich eine Überschreitung seiner Quote aufgrund der dann fälligen Ausgleichszahlung für ihn nicht rentierte. Diese Versorgungsengpässe wiederum schlugen sich in Preiserhöhungen nieder, die die Marktgegenseite tragen mußte.

Auch wenn im Fall Betonstahlmatten die Engpässe und Preiserhöhungen nur von kurzer Dauer waren, stellten sie eine erhebliche Belastung der Verbraucher dar. Allerdings ist zu bedenken, daß sich die Hersteller ohne diese Lieferquoten vermutlich nicht auf ein Strukturkrisenkartell hätten einigen können. Als Rechtfertigung für die Belastung der Verbraucher kann zudem angeführt werden, daß auch dem Verbraucher langfristig damit gedient war, daß mittels eines Strukturkrisenkartells eine wettbewerbsfähige Struktur hergestellt wurde, in der Angebot und Nachfrage insoweit ins Gleichgewicht gebracht wurden, daß der Verbraucher später wiederum vom gesunden Wettbewerb durch qualitativ hochwertige Produkte und günstige Preise profitierten konnte. Da es sich bei den Versorgungsengpässen und den damit einhergehenden Preiserhöhungen um vorübergehende Erscheinungen handelte, die schnell behoben werden konnten, war die Belastung der Marktgegenseite im Fall Betonstahlmatten vertretbar.

---

[338] Vermerk des BKartA, a.a.O., Hefter III, lf. Nr. 499.

[339] Ebenda.

[340] Ergebnisprotokoll des Aufsichtsgremiums v. 13.12.1983, Akten des BKartA, B5 – a.a.O., Hefter III, lf. Nr. 630.

[341] Ergebnisprotokoll des Aufsichtsgremiums v. 13. 2.1984, Akten des BKartA, B5 – a.a.O., Hefter IV, lf. Nr. 684.

Es stellt sich jedoch die Frage, ob das Bundeskartellamt nach diesen Marktschwierigkeiten in Süddeutschland nicht die Erlaubnis im Rahmen ihrer Mißbrauchsaufsicht nach § 12 Abs. 2 GWB hätte widerrufen müssen. Im Rahmen der Mißbrauchsaufsicht kann das Bundeskartellamt die Erlaubnis nämlich widerrufen, wenn sich die Verhältnisse, die für die Freistellung maßgeblich waren, wesentlich geändert haben. Allerdings waren die Lieferschwierigkeiten nur von sehr kurzer Dauer und konnten schnell behoben werden, so daß noch keine unverhältnismäßige Belastung gegeben war. Zudem ist davon auszugehen, daß viele Verbände der Bauindustrie im Eigeninteresse das Ausmaß des Strukturkrisenkartells etwas überzogen darstellten.

(b) Marktentwicklung

Der Markt für Betonstahlmatten entwickelte sich noch schlechter, als es das Bundeskartellamt zum Zeitpunkt der Genehmigung angenommen hatte. Der nachhaltige Absatzrückgang, den das Bundeskartellamt prognostiziert hatte, dauerte während der Laufzeit des Kartells an. Dies konnte auch der unerwartete, aber vorübergehende Aufschwung in Süddeutschland nicht ändern.

So nahmen im Zeitraum von Oktober 1983 bis März 1984 die Genehmigungen im Wohnungsbau um etwa zwölf Prozent ab[342]. Der übrige Bausektor war sogar um 20 Prozent rückläufig[343]. Auch im Oktober 1984 meldete die Herstellerversammlung, daß die Marktversorgung weiterhin rückläufig sei[344]. So habe sie in den Herbstmonaten um mehr als 30 Prozent hinter den entsprechenden Vorjahresmonaten gelegen[345]. Die Marktverhältnisse waren somit noch schwächer als zum Zeitpunkt der Beantragung des Strukturkrisenkartells. Nach Branchenangaben ging der Absatz von Betonstahlmatten am deutschen Markt 1984 gegenüber dem Vorjahr um 150.000 t auf 1,05 Mio. t zurück[346].

Aufgrund der schlechten Wirtschaftslage kam es unter den Kartellmitgliedern zu Überlegungen, die Produktion gänzlich auszusetzen[347]. Auch wurde in Erwägung gezogen, auf das Recht der Überschreitung der jeweiligen Quoten ganz zu verzichten[348], um die vereinbarten Produktions- und Liefermengen einzuhalten. Allerdings hätte eine solche Vereinbarung gegen den Kartellvertrag verstoßen,

---

342 Ergebnisprotokoll der Markt-Kommission v. 27. 6.1984, Akten des BKartA, B5 – a.a.O., Hefter V, lf. Nr. 945.

343 Ebenda.

344 Protokoll der Herstellerversammlung v. 5.10.1984, Akten des BKartA, B5 – a.a.O., Hefter V, lf. Nr. 1028.

345 Ebenda.

346 S.Z. v. 20. 2.1985, „Ein neuer Schwur im Baustahlmattenkartell“.

347 Akten des BKartA, B5 – a.a.O., Hefter VI, lf. Nr. 1085.

348 Akten des BKartA, B5 – a.a.O., Hefter VI, lf. Nr. 1085.

der eine Überlieferung der Quoten ausdrücklich vorsah[349]. Im Januar 1985 kamen die Kartellmitglieder dann zu der Übereinkunft, auf freiwilliger Basis auf ihr vertragliches Recht zu verzichten, die vereinbarten Lieferquoten gegen die Zahlung einer Zuzahlung von 80 DM pro Tonne überschreiten zu können[350]. Eine solche freiwillige Abmachung war mit dem Kartellvertrag zu vereinbaren.

Im Zeitraum von Januar bis April 1985 ging nach Schätzung der Markt-Kommission die Gesamtversorgung des deutschen Marktes um weitere 35 Prozent zurück[351]. Die rückläufige Nachfrage führte sogar so weit, daß sich abzeichnete, daß der Kapazitätsabbau nicht ausreichen würde.

(c) Preisentwicklung

Vor der Genehmigung des Strukturkrisenkartells lag der Marktpreis von Betonstahlmatten aufgrund des vorherrschenden Ausscheidungswettbewerbs teilweise unter dem Selbstkostenpreis der Unternehmen[352]. Daher hatte das Bundeskartellamt zur Stabilisierung des Kartells für ein Jahr lang die Festlegung von Mindestpreisen gestattet[353]. Die Durchsetzung der Mindestpreise erwies sich im Kartellverlauf jedoch als schwierig.

So kamen die Mindestpreise zunächst durch Versorgungsengpässe im süddeutschen Raum unter Druck[354]. Diese führten zu Preissteigerungen von bis zu 25 Prozent und übertrafen die Mindestfestsetzungen der Kartellmitglieder bei weitem[355]. Die Situation besserte sich jedoch rasch wieder, da die plötzlich gestiegene Nachfrage sich wieder legte und darüber hinaus die Kartellmitglieder eine marktgerechte Versorgung sicherstellten.

Aufgrund der gestiegenen Preise wurde der deutsche Markt jedoch auch für ausländische Hersteller wieder interessant, so daß in der Folgezeit anwachsende Importe die Durchsetzung der Mindestpreise gefährdeten. Bereits im November und Dezember 1983 boten ausländische Hersteller trotz der hohen Transportkosten Betonstahlmatten zu Preisen an, die unter den festgelegten Mindestpreisen

---

[349] Siehe Kartellvertrag, a.a.O., Hefter I, lf. Nr. 6, § 5.

[350] Handelsblatt v. 30. 1.1985, „Bericht über Kartellverlauf"; siehe auch S.Z. v. 20. 1.1985, „Ein neuer Schwur im Baustahlmatten-Kartell".

[351] Ergebnisprotokoll der Markt-Kommission v. 10. 5.1985, Akten des BKartA, B5 – a.a.O., Hefter I, lf. Nr. 1192.

[352] Siehe Preis- und Kostenangaben, Akten des BKartA, B5 – a.a.O., Hefter I, lf. Nr. 182f.

[353] Beschluß über die Verlängerung der Erlaubnis der Preis-, Rabatt- und Konditionenregelung, Bekanntmachung Nr. 51/84 v. 4. 7.1984, BAnz. Nr. 133 v. 19. 7.84; Akten des BKartA, B5 – a.a.O., Hefter IV, lf. Nr. 801.

[354] S. o. unter B.I.6(a), S. 41.

[355] Siehe Beschwerdenschreiben diverser Baustoffhändler, B5 – a.a.O., Hefter II, lf. Nr. 261ff.

der Hersteller im Kartellvertrag lagen[356]. Die anfänglichen Preissteigerungen führten zu einem Anstieg der Importquote von sechs auf zehn Prozent[357]. Insbesondere Importe aus Holland, Belgien und Frankreich trugen regional zur Verunsicherung bei[358]. Allerdings wurde der Kartellzweck des Abbaus der Überkapazitäten nicht gefährdet, da durch die hohen Transportkosten die Importe sehr bald an eine „natürliche Grenze" stießen und dadurch mit inländischen Produkten nur begrenzt konkurrenzfähig waren[359].

In geringem Maße kam es auch zum Druck auf die Mindestpreise durch überhöhte Lieferungen von Kartellaußenseitern[360]. Zu dem einen Hersteller, der dem Kartell von vornherein nicht beigetreten war, kam noch ein zweiter Hersteller hinzu, der die Mitgliedschaft im Kartell wegen eines Streits über den vereinbarten Lieferquotenanteil gekündigt hatte[361]. Die Klage der Kartellgesellschaft auf Fortbestehen der Mitgliedschaft beim Landgericht Düsseldorf wurde abgewiesen[362]. Auch dieses Unternehmen verfügte, wie auch das Unternehmen, das von Anfang an nicht beigetreten war, jedoch lediglich über einen Marktanteil von unter einem Prozent[363], so daß auch mit diesem neuen Außenseiter der Abbau der Überkapazitäten durch das Kartell nicht gefährdet wurde.

Wegen des weiter bestehenden Preisdrucks stellte der Kartellvertreter am 6. 4.1984 beim Bundeskartellamt einen Antrag auf Verlängerung der Preis-, Rabatt- und Konditionenregelung um ein weiteres Jahr[364]. Das Bundeskartellamt gab diesem Antrag mit Beschluß vom 29. 5.1984 statt[365] in der Hoffnung, durch diese Maßnahme die Stabilität des Kartells in der nächsten Kapazitätsabbauphase zu sichern[366].

---

[356] Ergebnisprotokoll der Markt-Kommission v. 10. 1.1984, Akten des BKartA, B5 – a.a.O., Hefter III, lf. Nr. 647.

[357] Ebenda.

[358] Ergebnisprotokoll der Markt-Kommission v. 10. 1.1984, Akten des BKartA, B5 – a.a.O., Hefter III, lf. Nr. 647.

[359] Ebenda.

[360] Ergebnisprotokoll der Markt-Kommission v. 10. 1.1984, Akten des BKartA, B5 – a.a.O., Hefter III, lf. Nr. 647.

[361] Siehe Akten des BKartA, B5 – a.a.O., Hefter III, lf. Nr. 427.

[362] Akten des BKartA, B5 – a.a.O., Hefter III, lf. Nr. 891.

[363] Siehe Akten des BKartA, B5 – a.a.O., Hefter III, lf. Nr. 427.

[364] Bekanntmachung Nr. 40/84 v. 10. 5.1984 über den Antrag auf Verlängerung der Preis-, Rabatt- und Konditionenregelung in einem Strukturkrisenkartell für Betonstahlmatten, BAnz. Nr. 92 v. 16. 5.1984 v. 16. 5.1984 = WuW 1984, 564.

[365] BKartA, Beschluß v. 29. 5.1984, B 5 – 301734 - G - 10/83, Akten des BKartA, B5 – a.a.O., Hefter IV, lf. Nr. 801.

[366] Akten des BKartA, B5 – a.a.O., Hefter IV, lf. Nr. 803.

Die durch den Druck der Importe und zum Teil auch der Außenseiter entstandene Überversorgung des Marktes führte im Mai 1984 zu einer deutlichen Verunsicherung der Hersteller bezüglich der weiteren Gestaltung der Preisentwicklung[367]. Insbesondere der Mengendruck der Importe in Nordwestdeutschland verstärkte sich[368]. Aufgrund dieses Preisdrucks beschloß das Aufsichtsgremium, die Mindestpreise abzusenken[369].

Es gab jedoch nicht nur den Preisdruck von außen. Nach der Beantragung der Verlängerung begannen auch die Kartellmitglieder selbst Betonstahlmatten zu Preisen anzubieten, die unter den vorgeschriebenen Mindestpreisen lagen, um ihre Marktanteile zu vergrößern[370]. Nach Angaben der Kartellvertreter war der Preisverfall durch zwei Konzernunternehmen ausgelöst worden, die beide um die Ausweitung ihrer Marktanteile gekämpft hatten[371]. Der aggressive Wettbewerb um Marktanteile konnte auch nicht unterbunden werden, da der Kartellvertrag Überziehungen der Quote ausdrücklich vorsah[372]. Daher beriet im Juni 1984 das Aufsichtsgremium darüber, wie man am ehesten diesen Preisunterbietungen begegnen könnte[373]. So wurde untersucht, aus welchen Gründen der Preisverfall eingetreten war, und über Möglichkeit von Vertragsstrafen bei einer Preisunterbietung diskutiert[374]. Als äußerst problematisch wurde dabei die Beschaffung von Beweismaterial für vermutete Preisunterbietungen eingestuft[375]. Aufgrund dieser Entwicklungen mußten die Preisfestsetzungen ab August 1984 sogar aus-

---

[367] Ergebnisprotokoll des Aufsichtsgremiums v. 10. 5.1984, Akten des BKartA, B5 – a.a.O., Hefter IV, lf. Nr. 816.

[368] Ergebnisprotokoll der Markt-Kommission v. 10. 5.1984, Akten des BKartA, B5 – a.a.O., Hefter IV, lf. Nr. 821.

[369] Ergebnisprotokoll des Aufsichtsgremiums v. 17. 5.1984, Akten des BKartA, B5 – a.a.O., Hefter IV, lf. Nr. 830.

[370] Vermerk des BKartA v. 23. 1.1985, Akten des BKartA, B5 – a.a.O., Hefter VI, lf. Nr. 1109.

[371] Vermerk des BKartA v. 23. 1.1985, Akten des BKartA, B5 – a.a.O., Hefter VI, lf. Nr. 1109.

[372] Ebenda.

[373] Ergebnisprotokoll des Aufsichtsgremiums v. 13. 6.1984, Akten des BKartA, B5 – a.a.O., Hefter IV, lf. Nr. 884.

[374] Ergebnisprotokoll des Aufsichtsgremiums v. 13. 6.1984, Akten des BKartA, B5 – a.a.O., Hefter IV, lf. Nr. 884.

[375] Ebenda.

gesetzt werden[376]. Am 29. 5.1985 lief die Genehmigung der Mindestpreisregelung schließlich ohnehin offiziell aus und wurde nicht weiter verlängert[377].

Zusammenfassend läßt sich sagen, daß die Mindestpreisregelung im Fall Betonstahlmatten zweifelsohne in der Anfangsphase zur Stabilisierung des Kartells beigetragen hat. Vor der Kartellierung war aufgrund des enormen Preiskampfes der Unternehmen ein Verkauf der Betonstahlmatten zum Selbstkostenpreis nicht möglich gewesen. Die Festsetzung von Mindestpreisen ermöglichte es den Unternehmern, ihre Ware ohne Verluste abzusetzen.

Die Gefahr bei der Genehmigung von Preisabsprachen, daß die Marktgegenseite durch erhöhte Preise belastet wird, wurde im Fall Betonstahlmatten dadurch verhindert, daß den Herstellern, sobald sie die Preise zu weit über den Selbstkostenpreis anhoben, Konkurrenz durch Importe drohte. Die ansteigenden Importe wiederum führten aber nicht zu einer Gefährdung des Kapazitätsabbaus, da die Importe wegen hoher Transportkosten im Vergleich zu heimischen Produkten nur bedingt konkurrenzfähig waren, so daß sich das Importniveau bei etwa zehn Prozent einpendelte. Mithin waren die Voraussetzungen für eine Preisregelung im Fall Betonstahlmatten besonders günstig.

(d) Kapazitätsabbau

Der Kapazitätsabbau erfolgte entweder durch Verschrottung oder durch den Verkauf von Maschinen, wobei jedes Unternehmen einen Abbau anteilig an den vor der Kartellerlaubnis ermittelten Produktionsquoten vornehmen mußte. Unternehmen mit weniger als zwei Produktionsbändern waren jedoch vom Kapazitätsabbau freigestellt[378]. Einige Unternehmen stellten ihre Produktion über die eigentliche Vertragspflicht hinaus ganz ein und verkauften ihre Produktionsanlagen an die Kartellgesellschaft für eine Stillegungsprämie aus dem Treuhandkonto des Kartells[379]. Ihre Produktionsquoten wurden auf die Kartellgesellschaft übertragen und die Unternehmen schieden aus dem Kartell aus. So legten während der Laufzeit des Kartells zwei eigenständige kleine Unternehmen mit Marktanteilen von jeweils ca. einem Prozent gegen Ausgleichszahlungen von 1,5 Mio. DM bzw. 2,3 Mio. DM ihre Produktion komplett still und schieden aus

---

[376] Vermerk des BKartA v. 23. 1.1985, Akten des BKartA, B5 – a.a.O., Hefter VI, lf. Nr. 1109.

[377] BKartA, Beschluß v. 29. 5.1984, B 5 – 301734 - G - 10/83, Akten des BKartA, B5 – a.a.O., Hefter IV, lf. Nr. 801.

[378] Kapazitätsabbauplan, a.a.O., Hefter I, lf. Nr. 21, Ziff. 3 lit. l.

[379] Siehe entsprechende Stillegungsverträge: Akten des BKartA, B5 – a.a.O., Hefter III, lf. Nr. 979; Akten des BKartA, B5 – a.a.O., Hefter V, lf. Nr. 1036; Akten des BKartA, B5 – a.a.O., Hefter VI, lf. Nr. 1052.

dem Markt für Betonstahlmatten aus[380]. Auch drei Unternehmen einer mittelständischen Unternehmensgruppe schieden gegen Ausgleichszahlungen von über 5 Mio. DM aus dem Markt für Betonstahlmatten dauerhaft aus[381]. Ein weiteres Unternehmen verpflichtete sich gegen eine Ausgleichszahlung, sämtliche Anlagen für die Produktion in Deutschland dauerhaft stillzulegen und für drei Jahre keine Betonstahlmatten mehr für den deutschen Markt zu produzieren[382].

Als im November 1984 feststand, daß der vertragliche Kapazitätsabbau noch nicht ausreichte, regte das Aufsichtsgremium weiterreichende freiwillige Stillegungen im Bereich der Konzernunternehmen an, die jedoch nicht durch das Kartell finanziert werden sollten[383]. Ein Konzernunternehmen legte daraufhin ein komplettes Werk mit ca. 100.000 t Kapazität still[384]. Ein weiteres Konzernunternehmen schloß einen Vertrag mit der Kartellgesellschaft über die Stillegung zweier Betriebsstätten[385].

Im Rahmen des Kapazitätsabbaus der einzelnen Unternehmen kam es zu zahlreichen Verkäufen von Schweißmaschinen ins europäische und außereuropäische Ausland. So wurden Maschinen beispielsweise nach Belgien[386], Griechenland[387], Südfrankreich[388], Süditalien[389], Schweden[390], Österreich[391] und in die Türkei[392] verkauft, aber auch nach Nigeria[393], Israel und in die USA[394] geliefert.

---

[380] Siehe Akten des BKartA, B5 – a.a.O., Hefter V, lf. Nr. 1052; Akten des BKartA, B5 – a.a.O., Hefter V, lf. Nr. 1058.

[381] Akten des BKartA, B5 – a.a.O., Hefter VI, lf. Nr. 1109.

[382] Akten des BKartA, B5 – a.a.O., Hefter IV, lf. Nr. 659f.

[383] Ergebnisprotokoll des Aufsichtsgremiums v. 19.11.1984., Akten des BKartA, B5 – a.a.O., Hefter VI, lf. Nr. 1073.

[384] Vermerk des BKartA über Kartellbesprechung v. 23.1.1985, Akten des BKartA, B5 – a.a.O., Hefter VI, lf. Nr. 1108.

[385] Akten des BKartA, B5 – a.a.O., Hefter VI, lf. Nr. 1106.

[386] Akten des BKartA, B5 – a.a.O., Hefter VII, lf. Nr. 1316.

[387] Ebenda.

[388] Ergebnisprotokoll der Abbau-Kommission v. 10. 8.1984, Akten des BKartA, B5- a.a.O., Hefter V, lf. Nr. 970; Ergebnisprotokoll der Abbau-Kommission v. 19. 6.1984, Akten des BKartA, B5 – a.a.O., Hefter V, lf. Nr. 1004.

[389] Ergebnisprotokoll der Abbau-Kommission v. 10. 8.1984, Akten des BKartA, B5- a.a.O., Hefter V, lf. Nr. 970; Ergebnisprotokoll der Abbau-Kommission v. 19. 6.1984, Akten des BKartA, B5 – a.a.O., Hefter V, lf. Nr. 1004.

[390] Ebenda.

[391] Ergebnisprotokoll der Abbau-Kommission v. 10. 8.1984, Akten des BKartA, B5- a.a.O., Hefter V, lf. Nr. 970; Ergebnisprotokoll der Abbau-Kommission v. 19. 6.1984, Akten des BKartA, B5 – a.a.O., Hefter V, lf. Nr. 1004.

[392] Ebenda.

Zur Sicherstellung, daß die Maschinen nicht zur Produktion von Exportware nach Deutschland eingesetzt und somit als dauerhafter Kapazitätsabbau anerkannt wurden, legte die Abbaukommission fest, daß die Maschinen bei Verkäufen ins Ausland grundsätzlich mindestens 300 km von der deutschen Grenze entfernt aufgestellt werden mußten[395]. Später konkretisierte die Abbau-Kommission diese Voraussetzung dahingehend, daß die Entfernung von der deutschen Grenze mindestens 300 km Luftlinie betragen sollte[396]. Aus diesem Grunde wurde beispielsweise der Verkauf von zwei Maschinen nach Verona/Italien nicht als Verwertung im Sinne des Kartellvertrages angesehen, da Verona nur 200 km Luftlinie von der deutschen Grenze entfernt liegt[397].

Allein die räumliche Entfernung war jedoch nicht ausreichend für eine Anerkennung als dauerhafte Abbaumaßnahme. So wurde die Lieferung von zwei Maschinen nach Österreich von der Abbau-Kommission nicht als vernichtungsgleich anerkannt, obwohl die 300 km Marke überschritten war, da man befürchtete, daß die Betonstahlmatten aufgrund der niedrigen Frachtsätze in Österreich vielleicht doch nach Deutschland geliefert werden könnten[398]. Bei einer nach Schweden exportierten Maschine kam im Laufe der ersten Kartellphase der Verdacht auf, daß sie wieder nach Deutschland re-importiert und bei einem anderen Kartellmitglied aufgestellt worden sein könnte[399]. Dieser Verdacht, der sich im übrigen später als wahr erwies[400], gab der Abbau-Kommission Anlaß dazu, sämtliche Verkäufe von Schweißmaschinen an Händler zu überprüfen[401].

Auf der Herstellerversammlung im Juni 1985 machte der Vorsitzende darauf aufmerksam, daß der vertragsgemäß zulässige Verkauf von abbaupflichtigen Schweißmaschinen ins Ausland dann Risiken bezüglich der zukünftigen Verwendung enthielt, wenn dieser Verkauf über Händler erfolgte, da der Einsatz der

---

393 Ergebnisprotokoll der Abbau-Kommission v. 14. 1.1985, Akten des BKartA, B5 – a.a.O., Hefter VI, lf. Nr. 1112 (1115).

394 Akten des BKartA, B5 – a.a.O., Hefter VII, lf. Nr. 1317.

395 Ergebnisprotokoll Aufsichtsgremiums v. 22. 8.1984, Akten des BKartA, B5 – a.a.O., Hefter V, lf. Nr. 958.

396 Ergebnisprotokoll der Abbau-Kommission v. 11. 9.1984, Akten des BKartA, B5 – a.a.O., Hefter V, lf. Nr. 1021.

397 Ergebnisprotokoll der Abbau-Kommission v. 11. 6.1985, Akten des BKartA, B5 – a.a.O., Hefter VII, lf. Nr. 1234.

398 Ebenda.

399 Ergebnisprotokoll des Aufsichtsgremiums v. 23.10.1984, Akten des BKartA, B5 – a.a.O., Hefter VI, lf. Nr. 1064 (1068).

400 Akten des BKartA, B5 – a.a.O., Hefter VIII, lf. Nr. 1517.

401 Ergebnisprotokoll der Abbau-Kommission v. 8.11.1984, Akten des BKartA, B5 – a.a.O., Hefter VI, lf. Nr. 1098.

Maschinen so nicht kontrollierbar sei[402]. Er schlug daher vor, nur noch durch Direkt-Verträge an die zukünftigen Verwender zu verkaufen, wenn nicht die bessere Alternative der Verschrottung gewählt werden konnte[403].

Dem Kapazitätsabbau stand nicht entgegen, daß es während der Kartellaufzeit zu zahlreichen Neuinvestitionen in Produktionsmaschinen für Betonstahlmatten kam. Diese waren nach dem Kartellvertrag bei entsprechendem Abbau alter Kapazitäten möglich und wurden von der Abbaukommission überwacht[404]. So wurden acht Maschinen als genehmigte Ersatzinvestitionen neu angeschafft[405].

Trotz der eindeutigen Festlegungen im Kartellvertrag funktionierte der Kapazitätsabbau nicht immer reibungslos, da sich einige Unternehmen weigerten, die im Kartellvertrag vereinbarten Kapazitäten abzubauen[406]. In diesen Fällen wurden die vorgesehenen Vertragsstrafen verhängt und die vereinbarten Stillegungen wurden auf dem Rechtsweg erreicht[407]. Teilweise gaben Unternehmen auch fälschlicherweise an, den vereinbarten Kapazitätsabbau vorgenommen zu haben[408]. Es gelang der Abbau-Kommission jedoch, diese Unregelmäßigkeiten aufzudecken und die entsprechenden Maßnahmen zu ergreifen[409].

Trotz dieser Schwierigkeiten wurde der im Kartellvertrag festgelegte Kapazitätsabbau während der ersten Kartellphase vollständig und fristgemäß durchgeführt[410]. So stellte der Kartellvertreter in einem Schreiben an das Bundeskartellamt sogar fest, daß die Branche nicht nur die durch den Kartellvertrag festgesetzten Kapazitäten, sondern im Rahmen eines freiwilligen Abbaus weitere Kapazitäten abgebaut habe[411]. Während der Laufzeit des Kartells wurden 55 Maschinen mit einer Kapazität von 550.624 t abgebaut und damit 30,7 Prozent der

---

402 Ergebnisprotokoll der Herstellerversammlung v. 12. 6.1985, Akten des BKartA, B5 – a.a.O., Hefter VII, lf. Nr. 1280 (1281).

403 Ebenda.

404 Ergebnisprotokoll der Abbau-Kommission v. 10. 8.1984, Akten des BKartA, B5 – a.a.O., Hefter V, lf. Nr. 970.

405 Bericht der Abbau-Kommission über die Erfüllung der Abbaupflichten, Akten des BKartA, B5 – a.a.O., Hefter XII.

406 Ergebnisprotokoll der Abbau-Kommission v. 11. 3.1985, Akten des BKartA, B5 – a.a.O., Hefter VI, lf. Nr. 1154; siehe auch Akten des BKartA, B5 – a.a.O., Hefter VI, lf. Nr. 1154.

407 Ebenda.

408 Siehe Vermerk v. 17. 4.1985, Akten des BKartA, B5 – a.a.O., Hefter VI, lf. Nr. 1160.

409 Ebenda.

410 Ergebnisprotokoll der Abbau-Kommission v. 12. 3.1986, Akten des BKartA, B5 – a.a.O., Hefter VIII, lf. Nr. 1456.

411 Akten des BKartA, B5 – a.a.O., Hefter VIII, lf. Nr. 1517.

vorhandenen Inlandskapazitäten[412]. Davon wurden 38 Maschinen verschrottet, 12 Maschinen in Länder außerhalb und 13 Maschinen in Länder innerhalb Europas verkauft[413]. Der Verbleib der Maschinen wurde nach Angaben des Kartellvertreters jeweils ordnungsgemäß nachgewiesen[414]. So wurde im Falle der Verschrottung eine Besichtigung vor Ort durch ein von der Abbau-Kommission dafür bestimmtes Mitglied durchgeführt. Bei Exporten mußte das jeweilige Unternehmen die Exportpapiere und eine Empfangsbestätigung des jeweiligen Empfängers vorlegen. Trotz aller Probleme bei den Exportgeschäften innerhalb Europas ist letztlich nur eine Maschine nach Deutschland zurückgekehrt[415].

Insgesamt läßt sich festhalten, daß während der Kartellaufzeit von 1983-86 erhebliche Überkapazitäten abgebaut wurden. Allerdings geschah dieser Abbau nicht immer ganz problemlos. Insbesondere der Verkauf von Maschinen ins grenznahe europäische Ausland hat sich wegen einiger Umgehungsversuche als problematisch erwiesen. Das Bundeskartellamt scheint daher von Verkäufen von Maschinen in grenznahe Staaten als zulässige Abbaumaßnahme Abstand genommen zu haben. Der Abbau durch Verschrottung war abgesehen von kleineren Schwierigkeiten mit einzelnen Unternehmen erfolgreich. Darüber hinaus ist anzumerken, daß während der Kartellphase einigen Unternehmen unter der Aufsicht des Bundeskartellamts ein finanziell abgesichertes Ausscheiden aus dem Markt ermöglicht wurde. Schließlich nahmen einige Unternehmen unter dem Schutzmantel des Strukturkrisenkartells über die Verpflichtungen des Kartellvertrags hinaus weitere freiwillige Stillegungen vor.

7. Verlängerungsphase von 1986-88

Bereits Ende des Jahres 1985, ein halbes Jahr vor dem Auslaufen der Kartellgenehmigung, teilten die Kartellmitglieder dem Bundeskartellamt mit, daß sie die Beantragung einer Verlängerung des Strukturkrisenkartells um weitere drei Jahre beabsichtigten[416]. Ziel sollte der weitere Abbau von 200.000 t Kapazitäten sein[417]. Der offizielle Antrag auf Verlängerung wurde am 22. 4.1986 einge-

---

412 Bericht der Abbau-Kommission über die Erfüllung der Abbaupflichten, Akten des BKartA, B5 – a.a.O., Hefter XII.

413 Bericht der Abbau-Kommission über die Erfüllung der Abbaupflichten, Akten des BKartA, B5 – a.a.O., Hefter XII.

414 Protokoll des Aufsichtsgremiums v. 7. 5.1986, Akten des BKartA, B5 – a.a.O., Hefter VIII, lf. Nr. 1518.

415 Protokoll des Aufsichtsgremiums v. 7. 5.1986, Akten des BKartA, B5 – a.a.O., Hefter VIII, lf. Nr. 1517.

416 Schreiben des Kartellvertreters v. 19.12.1985, Akten des BKartA, B5 – a.a.O., Hefter VII, lf. Nr. 1377.

417 Schreiben des Kartellvertreters v. 19.12.1985, Akten des BKartA, B5 – a.a.O., Hefter VII, lf. Nr. 1377.

reicht[418]. Er wurde damit begründet, daß zwar während der Laufzeit des Kartells bereits insgesamt 500.000 t abgebaut worden waren, diese Abbaumaßnahmen jedoch nicht ausreichten[419]. Nach Auffassung der Kartellmitglieder waren die Erlaubnisvoraussetzungen auch weiterhin gegeben, insbesondere da nach einem Ifo-Gutachten noch bis 1995 ein rückläufiges Bauvolumen prognostiziert worden war[420]. Das Bundeskartellamt genehmigte die Verlängerung des Strukturkrisenkartells in dem Verlängerungsbeschluß vom 17.10.1986 für die Dauer von zwei Jahren[421].

(a) Marktstruktur zu Beginn des Verlängerungszeitraums

Zur Zeit der Beantragung des Verlängerungsbeschlusses waren noch 24 Unternehmen auf dem Markt für Betonstahlmatten tätig. 20 Unternehmen beantragten den Verlängerungsbeschluß. Unter den Antragstellern waren wiederum drei Konzernunternehmen, wobei die Korf-Gruppe zwischenzeitlich in Konkurs gegangen war und von der Delta-Gruppe übernommen worden war[422]. Die Gefahr der Entstehung marktbeherrschender Stellungen i. S. d. § 19 GWB bestand auch zu diesem Zeitpunkt nicht. Neben den zu den drei Konzernunternehmen gehörenden Unternehmen waren noch 17 kleine und mittelständische Unternehmen am Markt[423].

(b) Vorliegen der Voraussetzungen für den Verlängerungsbeschluß

Im folgenden sollen die Voraussetzungen für den Verlängerungsbeschluß untersucht werden.

(1) nachhaltige Änderung der Nachfrage

Die Voraussetzung der nachhaltigen Änderung der Nachfrage war zum Zeitpunkt des Erlaubnisantrags weiterhin gegeben. So hatte sich der Bedarf der Bauwirtschaft in den vorangegangenen Jahren weiter stark verringert[424]. Insbe-

---

[418] Bekanntmachung Nr. 46/86 über den Antrag auf Verlängerung der Erlaubnis zu dem Strukturkrisenkartell der Hersteller v. Betonstahlmatten v. 7. 5.1986, BAnz. v. 16. 5.1986.

[419] Schreiben des Kartellvertreters v. 20. 1.1986, Akten des BKartA, B5 – a.a.O., Hefter VIII, lf. Nr. 1388 (1390).

[420] Ebenda.

[421] Bekanntmachung Nr. 106/86 des BKartA über den Antrag auf Verlängerung der Erlaubnis zu dem Strukturkrisenkartellvertrag der Hersteller von Betonstahlmatten v. 24.11.1986, BAnz. Nr. 224 v. 3.12.1986 = WuW 1987, 213; Verlängerungsbeschluß der BKartA v. 17.10.1986, Akten des BKartA, B5 – a.a.O., Hefter IX, lf. Nr. 1627.

[422] Akten des BKartA, B5 – a.a.O., Hefter IX, lf. Nr. 1627.

[423] Ebenda.

[424] Vgl. BKartA, Beschluß v. 17.10.1986, Akten des BKartA, B5 – a.a.O., Hefter IX, lf. Nr. 1627 (1631).

sondere in dem traditionellen Haupteinsatzbereich der Betonstahlmatten, dem Wohnungsbau, war die Nachfrage weiter überproportional zurückgegangen. Auch das Hochbau-Volumen, gemessen an Baugenehmigungen, war während der Kartelldauer im Zeitraum von 1983 bis 1986 um 30 Prozent rückläufig gewesen. Eine vorübergehende kleine Belebung der Nachfrage in diesem Bereich war nach Ansicht des Bundeskartellamts nicht geeignet, den Nachfragerückgang im Wohnungsbau auszugleichen[425].

(2) Planmäßige Anpassung der Kapazität an den Bedarf

Der Kapazitätsabbau geschah wiederum planmäßig. Für den Verlängerungszeitraum reichte die Vorlage eines Gesamtkonzeptes für den Abbau nach Ansicht des Bundeskartellamts nicht mehr aus[426]. Vielmehr verlangte die Kartellbehörde nunmehr einen umfassenden Abbauplan von Anfang an[427]. Dies stellte jedoch keine Änderung der Verwaltungspraxis des Bundeskartellamts dar, sondern hing vielmehr mit der kurzen Dauer der Verlängerungsphase zusammen. Für diese kurze Zeit konnte ein dauerhafter Abbau nur mittels eines endgültigen Abbauplans sichergestellt werden.

Auf der Grundlage des vorgelegten Abbauplans sollten im ersten Jahr des Verlängerungszeitraums etwa zwei Drittel des angestrebten Kapazitätsabbaus von 200.000 t erreicht werden[428]. Wegen der Umgehung der Abbauverpflichtungen beim Verkauf von Maschinen ins Ausland in der Vergangenheit genehmigte das Bundeskartellamt für den Verlängerungszeitraum nur noch die Verschrottung der Anlagen und Maschinen als zulässigen Kapazitätsabbau[429]. Weiter sollten unter strukturellen Gesichtspunkten die Konzernunternehmen den Hauptteil der abzubauenden Kapazität realisieren[430]. Der Abbau sollte größtenteils durch Betriebsstillegungen realisiert werden. Im übrigen sollte der Kapazitätsabbau

---

[425] Ergebnisprotokoll des Aufsichtsgremiums v. 4. 2.1986, Akten des BKartA, B5 – a.a.O., Hefter VIII, lf. Nr. 1423 (1426).

[426] Ergebnisprotokoll des Aufsichtsgremiums v. 4. 2.1986, Akten des BKartA, B5 – a.a.O., Hefter VIII, lf. Nr. 1423 (1426).

[427] Ebenda.

[428] Bekanntmachung Nr. 106/86 a.a.O. v. 24.11.1986, BAnz. Nr. 224 v. 3.12.1986 = WuW 1987, 213; BKartA, Beschluß v. 17.10.1986, Akten des BKartA, B5 – a.a.O., Hefter IX, lf. Nr. 1627 (1633).

[429] BKartA, Beschluß v. 17.10.1986, Akten des BKartA, B5 – a.a.O., Hefter IX, lf. Nr. 1627 (1629); Vermerk des BKartA v. 10. 7.1986, Akten des BKartA, B5 – a.a.O., Hefter VIII, lf. Nr. 1539.

[430] Vermerk des BKartA v. 10. 7.1986, Akten des BKartA, B5 – a.a.O., Hefter VIII, lf. Nr. 1540.

regional gegliedert werden, um eine angemessene Versorgungssicherheit im Interesse der Verbraucher zu gewährleisten[431].

(3) Notwendigkeit

Das Strukturkrisenkartell war auch weiter notwendig. Zwar wurden bereits während der ersten Kartellaufzeit 500.000 t abgebaut, so daß die Inlandskapazität auf etwa 1,3 Mio. t reduziert worden war[432]. Allerdings belief sich der prognostizierte Jahresbedarf an Betonstahlmatten auf ca. 900.000 t, von denen die Antragsteller ca. 800.000 t deckten. Somit bestanden Überkapazitäten von 500.000 t. Bei einem weiteren Abbau von 200.000 t würde nach zutreffender Ansicht des Bundeskartellamts das geplante langfristige Kapazitätsvolumen i. H. v. 1,1 Mio. t immer noch eine ausreichende und angemessene Befriedigung des Bedarfs gewährleisten.

Die Wahrscheinlichkeit, daß die weitere Entwicklung i. S. d. Plans beeinflußt wurde, war trotz der erhöhten Importquote immer noch gegeben. Der Importwettbewerb hatte von Beginn des ersten Kartells bis zum Zeitpunkt des Antrags auf Verlängerung stark zugenommen[433], lag jedoch seitdem konstant bei zehn Prozent[434]. Das Bundeskartellamt erwartete nicht, daß durch Importe die aufgrund des Abbauplans abgebauten Kapazitäten wieder ausgeglichen würden[435]. Die Kartellvertreter wiesen zudem darauf hin, daß auch in der Vergangenheit inländische Hersteller auf Importe jeweils mit einem Preisausgleich reagiert hatten, so daß eine bestimmte Größenordnung an Importen nie überschritten worden war[436].

Auch neue Außenseiter gefährdeten den Abbau nicht. Zum Zeitpunkt der Antragstellung hatte zwar ein neuer Außenseiter und ein Unternehmen, das während des ersten Kartells die Produktion für den deutschen Markt eingestellt hatte, die Produktion aufgenommen, so daß die Zahl der Kartellaußenseiter von bisher zwei auf vier anstieg[437]. Nach zutreffender Ansicht des Bundeskartellamts war wegen der geringen Marktanteile der Außenseiter der Kapazitätsabbau al-

---

[431] Vermerk des BKartA v. 20. 7.1988, Akten des BKartA, B5 – a.a.O., Hefter XII.

[432] Vgl. BKartA, Beschluß v. 17.10.1986, Akten des BKartA, B5 – a.a.O., Hefter IX, lf. Nr. 1627 (1631).

[433] Vermerk des BKartA v. 1. 8.1986, Akten des BKartA, B5 – a.a.O., Hefter VIII, lf. Nr. 1544 (1545).

[434] BKartA, Beschluß v. 17.10.1986, Akten des BKartA, B5 – a.a.O., Hefter IX, lf. Nr. 1627 (1633).

[435] BKartA, Beschluß v. 17.10.1986, Akten des BKartA, B5 – a.a.O., Hefter IX, lf. Nr. 1627 (1633).

[436] Ebenda.

[437] Vermerk des BKartA v. 29. 9.1986, Akten des BKartA, B5 – a.a.O., Hefter IX, lf. Nr. 1592 (1593).

lerdings noch nicht gefährdet. Das Bundeskartellamt stellte vielmehr klar, daß von einer Gefährdung erst dann auszugehen sei, wenn ein weiteres Unternehmen sich vom Kartell zurückziehen würde bzw. die Marktbedeutung der Außenseiter zunehmen sollte[438]. Auf das Erfordernis einer Existenzbedrohung ging das Bundeskartellamt im Verlängerungsbeschluß nicht mehr explizit ein, jedoch hatte sich nach der dreijährigen Laufzeit des Kartells die Lage für die Unternehmen noch nicht gebessert, so daß vom Vorliegen der dieses Erfordernis ausgegangen werden konnte.

(4) Regelung unter Berücksichtigung der Gesamtwirtschaft

Es sprachen auch für den Verlängerungszeitraum keine schwerwiegenden Gründe gegen die Genehmigung der Kartellerlaubnis[439]. Preissteigerungen aufgrund von Preisabsprachen waren mangels Genehmigung von Preisregelungen nicht zu befürchten. Der Gesichtspunkt einer optimalen regionalen Marktversorgungsstruktur wurde weiter hinreichend berücksichtigt[440].

(5) Zwischenergebnis

Auch beim Verlängerungsbeschluß des Bundeskartellamts waren somit die Voraussetzungen des § 4 GWB a. F. gegeben.

(c) Kartellverlauf in der Verlängerungsphase

Im folgenden soll der Kartellverlauf in der Verlängerungsphase dargestellt werden

(1) Marktentwicklung in der Verlängerungsphase

Im Hinblick auf den Bausektor trat während der Verlängerungsphase des Kartells eine leichte Belebung der Nachfrage ein. Diese betrug aber weniger als fünf Prozent und sollte nach den Prognosen der Wirtschaftsinstitute nur von sehr kurzer Dauer sein[441]. Da vom kurzzeitigen Anstieg des Bauvolumens aber in erster Linie der öffentliche Bausektor und der Wirtschaftsbau profitierten, nicht aber der Wohnungsbau, auf den zwei Drittel des Absatzes von Betonmatten entfielen, machte sich die Belebung auf dem Bausektor kaum bemerkbar[442]. Trotz dieser vorübergehenden Marktbelebung bestand also für das Bundeskartellamt keine Notwendigkeit, die Kartellerlaubnis nach § 12 Abs. 2 GWB zu widerru-

---

[438] Ebenda.

[439] Vgl. BKartA, Beschluß v. 17.10.1986, Akten des BKartA, B5 – a.a.O., Hefter IX, lf. Nr. 1627 (1633).

[440] Ebenda.

[441] Vermerk des BKartA v. 5. 8.1986, Akten des BKartA, B5 – a.a.O., Hefter VIII, lf. Nr. 1548 (1549).

[442] Ebenda.

fen. Angesichts des über Jahre hinweg anhaltenden Rückgangs der Nachfrage und der nach wie vor gegebenen erheblichen Überkapazitäten konnte das Bundeskartellamt, trotz dieser leichten und nur als vorübergehend prognostizierten Belebung der Nachfrage, von dem weiteren Vorliegen einer nachhaltigen Änderung der Nachfrage ausgehen.

Die Marktversorgung lag in der Bundesrepublik im Jahre 1986 bei ca. 950.000 t gegenüber knapp 900.000 t im Jahre 1985[443]. Von dieser Mengensteigerung konnten jedoch nur die Importe überproportional profitieren[444]. Die von der Treuhandstelle vorgelegten Absatzmengen für das Jahr 1987 lagen wiederum ca. 33.500 t unter den Mengen des Vorjahres[445]. Abzüglich der Importe und der Lieferungen der Außenseiter haben die Kartellmitglieder im Jahr 1987 insgesamt nur noch etwa 800.000t abgesetzt[446]. Für 1988 prognostizierte die Markt-Kommission einen weiteren Rückgang, da wegen der größeren Aktivitäten bei der Altbausanierung eine weitere Rückläufigkeit für Betonstahlmatten erwartet wurde[447]. Die Gesamtabsatzmenge für das Jahr 1988 wurde von der Markt-Kommission auf etwa 750-760.000 t geschätzt[448]. Noch im Mai 1988 teilte das Aufsichtsgremium mit, daß keinerlei Wachstumsimpulse zu erwarten waren[449]. Mithin hat sich auch in der Verlängerungsphase die wirtschaftliche Prognose des Bundeskartellamts bestätigt. Der Absatz von Betonstahlmatten war weiter rückläufig.

(2) Preisentwicklung in der Verlängerungsphase

Preisabsprachen wurden für die Verlängerungsphase nicht mehr genehmigt[450]. Insofern bestimmten sich die Preise am Markt selber. Die Preise blieben während der Verlängerungsphase recht stabil. Es kam zu keinen Preiskämpfen unter

---

[443] Ergebnisprotokoll des Aufsichtsgremiums v. 13. 1.1987, Akten des BKartA, B5 – a.a.O., Hefter IX, lf. Nr. 1680 (1681).

[444] Ebenda.

[445] Ergebnisprotokoll der Markt-Kommission v. 13. 1.1988, Akten des BKartA, B5 – a.a.O., Hefter XI.

[446] Ergebnisprotokoll der Herstellerversammlung v. 9.10.1987, Akten des BKartA, B5 – a.a.O., Hefter XI.

[447] Ergebnisprotokoll der Markt-Kommission v. 13. 1.1988, Akten des BKartA, B5 – a.a.O., Hefter XI.

[448] Ergebnisprotokoll der Herstellerversammlung v. 9.10.1987, Akten des BKartA, B5 – a.a.O., Hefter XI.

[449] Ergebnisprotokoll des Aufsichtsgremiums v. 5. 5.1983, Akten des BKartA, B5 – a.a.O., Hefter XII.

[450] Vermerk des BKartA v. 29. 9.1986, Akten des BKartA, B5 – a.a.O., Hefter IX, lf. Nr. 1592 (1593).

den Kartellmitgliedern. Auch Importeure und Außenseiter setzten die Preise für Betonstahlmatten nicht übermäßig unter Druck.

(3) Kapazitätsabbau

Gemäß der Auflagen des Kartellbehörde waren bis zum 3. 6.1987, d.h. nach dem ersten Jahr der Verlängerungsphase, bereits ca. zwei Drittel des Gesamtvolumens des Kapazitätsabbaus von 200.000 t zu erbringen[451]. Die Abbau-Kommission meldete, daß bis zum diesem Zeitpunkt 63,2 Prozent abgebaut waren, so daß die Auflagen des Bundeskartellamts erfüllt wurden[452]. Der Export einer Maschine nach Hongkong wurde vom Bundeskartellamt nicht mehr als zulässige Abbaumaßnahme anerkannt, da in der Verlängerungserlaubnis – vermutlich aus Sorge vor weiterem Mißbrauch - nur die Vernichtung der Kapazitäten genehmigt worden war[453]. Bis zum 29.02.1988 wurden sämtliche abzubauenden Kapazitäten planmäßig und fristgemäß verschrottet[454]. Insgesamt wurden in der Verlängerungsphase 27 Schweißmaschinen mit einer Kapazität von 288.739 t abgebaut[455]. Abzüglich der Neu-Investition von sechs Schweißmaschinen mit einer Kapazität von insgesamt 69.410 t erbrachten die Kartellgesellschafter eine tatsächliche Abbauleistung von 219.329 t[456]. Der Kapazitätsabbau wurde vorrangig durch die integrierten Konzernunternehmen erfüllt. Auch hier überzeugte sich das Bundeskartellamt stichprobenartig von der Richtigkeit der Angaben[457]. Nach Ablauf der Kartellerlaubnis lag die Branchenkapazität bei ca. 1 - 1,1 Mio. t[458].

---

451 Bekanntmachung Nr. 106/86 a.a.O. v. 24.11.1986, BAnz. Nr. 224 v. 3.12.1986 = WuW 1987, 213; BKartA, Beschluß v. 17.10.1986, Akten des BKartA, B5 – a.a.O., Hefter IX, lf. Nr. 1627 (1633).

452 Ergebnisprotokoll der Abbau-Kommission v. 22. 6.1987, Akten des BKartA, B5 – a.a.O., Hefter XI.

453 Akten des BKartA, B5 – a.a.O., Hefter XI.

454 Ergebnisprotokoll des Aufsichtsgremiums v. 9. 3.1988, Akten des BKartA, B5 – a.a.O., Hefter XI.

455 Bericht der Abbau-Kommission über die Erfüllung der Abbaupflichten, Akten des BKartA, B5 – a.a.O., Hefter XII; Vermerk des BKartA v. 20. 7.1988, Akten des BKartA, B5 – a.a.O., Hefter XII.

456 Bericht der Abbau-Kommission über die Erfüllung der Abbaupflichten, Akten des BKartA, B5 – a.a.O., Hefter XII; Vermerk des BKartA v. 20. 7.1988, Akten des BKartA, B5 – a.a.O., Hefter XII.

457 Siehe Schreiben des BKartA vom 22. 6.1988, Akten des BKartA, B5 – a.a.O., Hefter XII.

458 Vermerk des BKartA v. 20. 7.1988, Akten des BKartA, B5 – a.a.O., Hefter XII.

(4) Keine weitere Verlängerung

Das Strukturkrisenkartell Betonstahlmatten wurde nach einer Gesamtlaufzeit von fünf Jahren beendet. Ein weiterer Verlängerungsantrag wurde vom Bundeskartellamt abgelehnt[459].

8. Bewertung des Kartells

Überaus positiv zu bewerten ist, daß mit Hilfe des Strukturkrisenkartells erhebliche Überkapazitäten im Betonstahlmattensektor abgebaut werden konnten. So wurden während der Gesamtlaufzeit des Kartells von den beteiligten Unternehmen die Kapazitäten von 2.000.000 t auf etwa 800.000 t abgebaut[460]. Diese umfangreichen Abbaumaßnahmen waren zweifelsohne nur unter dem Schutzmantel des Strukturkrisenkartells möglich. In den Jahren vor der Kartellierung war es den Unternehmen trotz erheblicher Überkapazitäten und großer Bemühungen von Seiten des Verbandes und trotz Hilfestellung des Bundeskartellamts lediglich gelungen, auf freiwilliger Basis etwa 64.425 t abzubauen. Auch der Kartellvertreter betonte nach Ablauf des Kartells, daß eine aus unternehmerischer Sicht so einschneidende Maßnahme wie die der Verschrottung von Maschinen ohne das Hilfsmittel eines Strukturkrisenkartells nicht hätte vollzogen werden können[461]. Des weiteren kam es insbesondere in der Verlängerungsphase zu weitergehenden Stillegungen über die Abbauverpflichtungen des Kartellvertrags hinaus, die ohne ein Strukturkrisenkartell sicherlich nicht erreicht worden wären. Nur unter dem Schutzmantel des Kartells gelang es den Kartellmitgliedern, sich auf diese weitergehenden Abbaumaßnahmen zu einigen. Mit Hilfe des Strukturkrisenkartells wurden Unternehmen motiviert, für die längerfristigen Erfordernisse der Branche mehr zu tun, als es der Kartellvertrag vorschrieb.

Weiter fällt sehr positiv ins Gewicht, daß es gelungen ist, mit Hilfe des Strukturkrisenkartells eine ausgewogene Marktstruktur mit drei großen sowie zehn kleinen und mittleren Anbietern mit zusammen gut 20 Werken gegenüber noch 28 Werken im Jahre 1983 herzustellen, ohne daß es zu marktbeherrschenden Stellungen i. S. d. § 19 GWB kam[462]. Somit war mit Ablauf des Kartells eine Marktsituation geschaffen worden, die für die Zukunft gewährleistete, daß es auch weiterhin wesentlichen Wettbewerb geben würde. Der Bundesverband für Betonstahlmatten bestätigte in der Retrospektive, daß auch in den Jahren nach Ablauf des Kartells eine ausgewogene Marktstruktur mit wesentlichem Wettbe-

---

[459] BKartA, TB 1987/88, BT-Drucks. 11/4611, S. 56f.

[460] BKartA, TB 1987/88, BT-Drucks. 11/4611, S. 28.

[461] Schreiben des Kartellvertreters v. 11. 5.1986, 1516 (1519).

[462] Siehe Handelsblatt v. 9. 6.1988, „Hersteller bauten Kapazitäten ab".

werb bestanden habe[463]. Die Struktur sei im wesentlichen bis zum Jahre 1990 erhalten geblieben[464]. Erst im Zuge des Baubooms nach der Wiedervereinigung habe sich die Situation wieder grundlegend geändert.

Darüber hinaus fällt positiv für das Strukturkrisenkartell ins Gewicht, daß der Kapazitätsabbau einschließlich der daraus resultierenden Werksschließungen und Sozialpläne ausnahmslos ohne öffentliche Mittel aus dem Kartellkreis eigenständig finanziert wurde. So kam diese Branche im Gegensatz zu vielen anderen gänzlich ohne staatliche Hilfen aus.

Ein weiterer überwiegend positiver Aspekt des Strukturkrisenkartells ist sicherlich, daß es durch das Strukturkrisenkartell zwei kleinen eigenständigen Unternehmen mit einem Marktanteil von jeweils unter einem Prozent und drei mittelständischen Unternehmen einer Unternehmensgruppe ermöglicht wurde, gegen Ausgleichszahlungen aus dem Markt auszuscheiden ohne sich weiter dem bis dahin herrschenden ruinösen Ausscheidungswettbewerb stellen zu müssen. Für diese Unternehmen, die die Rentabilität ihrer Werke langfristig gefährdet sahen, war es zweckmäßiger, den beachtlichen Anreiz von Stillegungsprämien einschließlich Quotenwert für den Kapazitätsabbau mit der dauerhaften Aufgabe der Herstellung von Betonstahlmatten wahrzunehmen, also ihre Werke zu schließen, statt durch vorübergehenden Produktions- und Lieferverzicht den Quotenausgleich geltend zu machen. Ohne die Ausgleichszahlungen im Rahmen des Strukturkrisenkartells hätten sich diese Unternehmen ansonsten aller Voraussicht nach noch über Jahre hinweg einem langen Ausscheidungswettbewerb gestellt. Von dem Ausscheiden der kleinen und mittelständischen Unternehmen profitierten zwar vor allem die drei Konzernunternehmen. Allerdings sorgte das Bundeskartellamt insbesondere im Verlängerungszeitraum dafür, daß dieser Tendenz entgegengewirkt wurde, indem die Hauptlast der Abbaumaßnahmen von den Konzernen und integrierten Werken getragen werden mußte. So konnte ein „geordneter Rückzug" zur Strukturbereinigung anstelle eines harten Ausscheidungswettbewerbs stattfinden, der ansonsten eine Vielzahl von Unternehmen in Existenznot gebracht hätte. In den Jahren vor der Kartellierung hatten etwa 40 Prozent der Unternehmen, überwiegend mittelständische Unternehmen, ihre Produktion aufgrund der drückenden Überkapazitäten aufgeben müssen. Dies hatte jedoch nicht zur Konsequenz, daß die Überkapazitäten aus dem Markt ausschieden. Vielmehr hatten Wettbewerber zu günstigsten Konditionen die Maschinen aus der Konkursmasse übernommen[465]. Das Strukturkrisenkartell verhinderte, daß es zu einer krisenhaften Zuspitzung des Anpassungsprozesses

---

463 Gespräch des Verfassers mit Herrn Moersch vom Institut für Stahlbetonbewehrung e.V. am 18. 4.2003.

464 Ebenda.

465 Schreiben des Kartellvertreters v. 11. 5.1986, 1516 (1519).

kam und weitere an sich leistungsfähige kleine und mittlere Unternehmen aus dem Markt ausscheiden mußten[466]. Das Bundeskartellamt räumte gleichzeitig aber auch ein, daß sich hinter dem Schutzzaun des Strukturkrisenkartells auch sog. Grenzbetriebe am Markt halten konnten und daher nicht nur die Anlagen mit den schlechtesten Kostenstrukturen stillgelegt wurden[467]. Hier muß sicherlich von der Wettbewerbsbehörde in Zukunft eine genauere Kontrolle und Überwachung durchgeführt werden, damit sichergestellt wird, daß das Strukturkrisenkartell langfristig zu verbesserten Wettbewerbsbedingungen führt. Allerdings ist zu Bedenken, daß diese Gefahr auch ohne die Durchführung eines Strukturkrisenkartells bestanden hätte. Denn auch in diesem Fall wäre nicht gewährleistet gewesen, daß sich nur die rentabelsten Betriebe am Markt hätten behaupten können, da die Überlebenschance der Betriebe auch von vielen anderen Faktoren, insbesondere der Finanzkraft, abhängig ist. Daher kann allein diese Gefahr nicht gegen die Erlaubnis eines Strukturkrisenkartells sprechen. Insgesamt läßt sich festhalten, daß die Unternehmen im Rahmen des Strukturkrisenkartells einen wichtigen Beitrag zur Anpassung der Kapazitäten an den verringerten Bedarf geleistet haben.

Weiter fällt positiv ins Gewicht, daß die Kartellaußenseiter aufgrund ihrer geringen Marktanteile den Kapazitätsabbau nicht gefährden konnten. Neue Außenseiter kamen während der Kartellverlaufs nur vereinzelt hinzu, da die Produktionsanlagen von Betonstahlmatten eine erhebliche Marktzutrittsschranke darstellten. Doch zeigen die während des Kartells auftretenden Verunsicherungen der Kartellmitglieder durch erhöhte Außenseiterlieferungen, wie schnell ein Strukturkrisenkartell auch durch Außenseiter gefährdet werden kann. Selbst die zwei Außenseiter mit Marktanteilen jeweils unter einem Prozent haben regional für Verunsicherung sorgen können. Daran wird deutlich, welche Gefahren die Gewährung einer Preisregelung in sich birgt. Ein einträgliches Preisniveau macht den Markt wieder für ausländische Hersteller und Außenseiter bzw. sog. New-Comer interessant. Bei einer Genehmigung von Preisregelungen muß das Bundeskartellamt daher sorgfältig untersuchen, ob die Marktzutrittschranken für ausländische Hersteller und New-Comer hoch genug liegen, um eine Gefährdung des Kapazitätsabbaus auszuschließen. Zwar besteht auch während des Kartellverlaufs für das Bundeskartellamt die Möglichkeit, die Erlaubnis gegebenenfalls im Rahmen der Mißbrauchsaufsicht gemäß § 12 Abs. 2 GWB zu widerrufen. Allerdings ist dabei nur ein Widerruf der Erlaubnis als Ganzes möglich, nicht etwa lediglich der Widerruf von Preisregelungen. Aus diesem Grunde ist die präventive Mißbrauchskontrolle vor Genehmigung besonderer Bedeutung zuzumessen.

---

[466] Siehe Handelsblatt v. 9. 6.1988, „Hersteller bauten Kapazitäten ab".

[467] Ebenda.

Überwiegend positiv zu werten ist sicherlich auch, daß die flankierenden Maßnahmen in Form von Quotenregelungen und Preisabsprachen in der Anfangsphase erheblich zur Stabilisierung des Kartells beitrugen. Insbesondere das System der Lieferquoten mit der Möglichkeit der Über- und Unterlieferung gegen Ausgleichszahlung stellte sich als geeignetes Instrument dar, um das Kartell abzusichern und gleichzeitig eine weitgehend bedarfsgerechte Marktversorgung sicherzustellen. Dem steht nicht entgegen, daß anfänglich Versorgungsschwierigkeiten aufgetreten sind. Diese beruhten nämlich vornehmlich auf der fehlenden Lagerhaltung und den Hamsterkäufen der Händler und nicht auf den vereinbarten Quotenregelungen. Ganz im Gegenteil konnten diese anfänglichen Versorgungsschwierigkeiten durch die flexible Quotenregelung minimiert werden.

Auch die anfänglich vom Bundeskartellamt genehmigten Preisabsprachen stellten einerseits keine übermäßige Belastung für die Verbraucher dar und verhinderten, daß das Kartell in der kritischen Anfangsphase auseinanderbrach. Wie oben dargestellt, wirkten sich die Verteuerungen der Betonstahlmatten im Baugewerbe nur minimal aus. Andererseits waren die Preisabsprachen aber auch nicht etwa völlig wirkungslos. Zwar kam es zu Beginn des Kartells durch vorübergehende Versorgungsengpässe zu erheblich über den vom Kartell festgelegten Mindestpreisen liegenden Preissteigerungen. Allerdings verhinderten ansteigende Importe aus dem angrenzenden Ausland langfristig überhöhte Preise. Der Kartellzweck des Kapazitätsabbaus wurde durch diese Importe nicht gefährdet, da der Import aufgrund der hohen Transportkosten an eine natürliche Grenze stieß und zehn Prozent nicht überschritt. Doch zeigt gerade der Kartellverlauf im Fall Betonstahlmatten die Schwierigkeiten von Preisregelungen. Die Preisregelungen, die zumindest den Herstellern ein verlustfreies Geschäft ermöglichen sollten, schafften zugleich Anreize für ausländische Hersteller, den deutschen Markt zu beliefern. Trotz des Hindernisses hoher Transportkosten haben Importe zeitweise das Bestehen des Strukturkrisenkartells gefährdet. Obwohl das Bundeskartellamt die Preisabsprachen für ein weiteres Jahr genehmigte, mußten diese Regelungen ausgesetzt werden, da sich einige Kartellmitglieder nicht mehr daran hielten. Dieser Preiskampf der Kartellmitglieder untereinander hätte sogar fast zum Auseinanderbrechen des Kartells geführt. Der Preisdruck, ausgelöst durch vermehrte Importe und sogar durch Wettbewerber innerhalb der Kartells, führte jedoch zu keiner Zeit während des Kartellverlaufs dazu, daß sich die Beteiligten durch übermäßig hohe Preise die finanziellen Mittel verschafften, um die Überkapazitäten abzubauen.

Die Probleme der Marktversorgung in der Anfangsphase des Kartells verdeutlichen die negativen Auswirkungen, die ein Strukturkrisenkartell auf den Markt haben kann. Schon die Ankündigung des genehmigten Strukturkrisenkartells für Betonstahlmatten führte zu einer erhöhten Nachfrage, da die Marktgegenseite befürchteten Preissteigerungen zuvor kommen wollte. Die plötzlich erhöhte Nachfrage führte zu teilweise erheblichen Preissteigerungen. Auch wenn die damit einhergehende Belastung der Verbraucher nur vorübergehender Natur war, zeigt sie doch ganz deutlich die Auswirkungen, die ein Strukturkrisenkartell auf den Markt hat.

Weiter zeigt der unerwartet aufgetretene regionale Aufschwung in Süddeutschland die Schwierigkeit, zutreffende wirtschaftliche Prognosen zu treffen. Allerdings bleibt der Kartellbehörde bei Änderung der wirtschaftlichen Lage im Rahmen der Mißbrauchsaufsicht die Möglichkeit, die Erlaubnis nach § 12 Abs. 2 S. 1 Nr. 1 GWB zu widerrufen, wodurch diesen Schwierigkeiten hinreichend Rechnung getragen werden kann. Von der Möglichkeit des Widerrufs mußte das Bundeskartellamt vorliegend keinen Gebrauch machen, da der Aufschwung nur sehr kurz anhielt.

Der Kartellverlauf verdeutlicht darüber hinaus, welche Gefahren der Verkauf von Maschinen ins grenznahe europäische Ausland mit sich bringt, da die Maschinen zum einen zum Export nach Deutschland verwandt oder sogar selber reimportiert werden können. Insbesondere Lieferungen ins angrenzende Ausland haben sich als problematisch erwiesen. Der Verkauf ins entfernte außereuropäische Ausland ist insofern der bessere Weg. Allerdings läßt sich bezweifeln, ob dieser Weg aus Gründen der Rentabilität immer gangbar ist. Eine Verschrottung der Maschinen stellt sicherlich den sichersten Weg zum dauerhaften Kapazitätsabbau dar. Hier muß das Bundeskartellamt jedoch im Rahmen der sog. antizipierten Mißbrauchsaufsicht gewährleisten, daß nicht die rentabelsten und modernsten Maschinen verschrottet werden.

Die Weigerungen von einigen Kartellmitgliedern, ihre vertraglichen Verpflichtungen einzuhalten und die vereinbarten Kapazitäten abzubauen, konnten zwar, wenn auch zum Teil erst auf dem Rechtsweg, überwunden werden. Diese Schwierigkeiten zeigen jedoch die Probleme, die auftreten können, wenn vormalige Wettbewerber einer gesamten Branche über einen längeren Zeitraum in einem Strukturkrisenkartell zusammenarbeiten sollen.

Kritik üben läßt sich daher an der langen Laufzeit des Kartells von fünf Jahren. Das Bundeskartellamt hatte das Kartell zunächst für drei Jahre genehmigt und dann die Erlaubnis für eine Verlängerung von zwei weiteren Jahren erteilt. Während dieser langen Laufzeit kam es zu erheblichen Problemen der Wettbewerber untereinander. Es kam zu Streitigkeiten über die Quotenregelung, die sogar zu einem Kartellaustritt führte, zu Streitigkeiten über vertragswidrige Preisunterbietungen der Kartellmitglieder und über den Umfang der Abbauverpflichtungen, die Gerichtsverfahren nach sich zogen. Der Druck, der sich durch steigende Importe aus dem angrenzenden Ausland und durch erhöhte Lieferungen von Außenseitern ergab, hätte mehrfach beinahe zum Auseinanderbrechen des Kartells geführt. Eine kürzere Laufzeit hätte diese Probleme sicherlich vermindern können. Bei den Kartellmitgliedern handelte es sich um Wettbewerber, die sich vor der Kartellierung jahrelange Preiskämpfe geliefert haben. Schwierig genug war es, sie überhaupt zu einem Strukturkrisenkartell zusammen zu bekommen. Noch schwieriger war es aber, sie über fünf Jahre hinweg zusammen zu halten. Daher wäre ein schneller Abbau in einer sehr kurzen Laufzeit vorteilhafter gewesen.

Insgesamt betrachtet, hat das Strukturkrisenkartell für Betonstahlmatten seinen Zweck jedoch erfüllt. Es wurden erhebliche Überkapazitäten abgebaut und darüber hinaus eine wettbewerbliche Struktur erhalten. Die Belastungen für den Verbraucher, die während des Kartellverlaufs auftraten, blieben im Rahmen des Vertretbaren. Das Bundeskartellamt mußte zu keinem Zeitpunkt von seinem Widerrufsrecht im Rahmen der Mißbrauchsaufsicht Gebrauch machen. Allerdings muß angemerkt werden, daß die Voraussetzungen für ein Strukturkrisenkartell im Fall Betonstahlmatten besonders günstig waren. Die als stabilisierenden Maßnahmen genehmigten Preis- und Quotenabsprachen hatten aufgrund der günstigen Konstellation keine unverhältnismäßig negativen Auswirkungen auf die Verbraucher. Abgesehen von der Anfangsphase stellte das Kartell daher keine unverhältnismäßige Belastung der Verbraucher dar. Die flankierenden Maßnahmen waren letztlich ausschlaggebend für den Beitritt fast aller Betonstahlmattenhersteller zu dem Kartell. Jedoch werden so günstige Konstellationen wie im Fall Betonstahlmatten, die eine Genehmigung von Preis- und Quotenregelung ohne erhebliche Belastungen für die Verbraucher zulassen, in anderen Branchen nur selten anzutreffen sein.

II. Genehmigtes Strukturkrisenkartell *„Leichtbauplatten“*

Bereits im April 1984 führten Vertreter des Bundesverbandes der Leichtbauplattenindustrie informelle Gespräche mit dem Bundeskartellamt über die Genehmigung eines Strukturkrisenkartells[468]. An den Bundesverband waren 19 der 21 inländischen Leichtbauplattenhersteller angegliedert[469]. Gegenstand des Kartells sollten sämtliche zement- und magnesitgebundene Leichtbauplatten und Mehrschichtplatten sein, die gemäß den DIN-Normen DIN 1101 bzw. DIN 1104 hergestellt wurden[470]. Die Notwendigkeit eines Strukturkrisenkartells begründeten die Vertreter des Bundesverbandes damit, daß die Gesamtproduktion von Leichtbauplatten in den vorangegangenen zehn Jahren um zwei Drittel geschrumpft sei[471]. Aufgrund dieser Marktentwicklung hätten seit 1970 bereits 19 Verbandsmitglieder die Leichtbauplattenproduktion einstellen müssen[472]. Gemessen am derzeitigen Nachfrageumfang seien die noch am Markt befindlichen Kapazitäten viel zu groß und es läge die Auslastung bei den Verbandsmitglie-

---

[468] Akten des BKartA, B1 – 25 64 10 – G – 40/84, Hefter I, lf. Nr. 1.

[469] Vermerk des BKartA v. 2. 4.1984, Akten des BKartA, B1 – a.a.O., Hefter I, lf. Nr. 22.

[470] Akten des BKartA, B1 – a.a.O., Hefter I, lf. Nr. 5.

[471] Vermerk des BKartA v. 2. 4.1984, Akten des BKartA, B1 – a.a.O., Hefter I, lf. Nr. 26.

[472] Ebenda.

dern im Durchschnitt bei 42 Prozent[473]. Ziel der Kartellierung sollte ein Abbau der vorhandenen Kapazitäten um rund ein Drittel sein, um eine durchschnittliche Kapazitätsauslastung der Verbandsmitglieder von ca. 58 Prozent zu erreichen[474]. Auch dieses Kartell sollte durch Preis- und Quotenabsprachen abgesichert werden[475]. Da die Verbandsmitglieder sich aber nicht auf einen gemeinsamen Kapazitätsabbauplan einigen konnten, wurden die Gespräche mit dem Bundeskartellamt zunächst wieder eingestellt[476].

Aufgrund des weiter anhaltenden Absatzrückgangs nahmen die Verbandsvertreter der Leichtbauplattenindustrie im März 1986 die informellen Gespräche mit dem Bundeskartellamt bezüglich eines Strukturkrisenkartells für ihre Branche wieder auf[477]. Das geplante Strukturkrisenkartell sollte durch eine GmbH-Gründung organisiert werden[478]. Diese Rechtsform war vorgesehen, weil die zunächst angedachte Rechtsform der GbR wegen der gesamtschuldnerischen Haftung im Hinblick auf die hohen Stillegungsprämien für die Leichtbauplattenunternehmen nicht akzeptabel war[479]. Wegen erneuter Uneinigkeit unter den Antragstellern wurde das weitere Verfahren jedoch aufgeschoben[480].

1. Antrag auf ein Strukturkrisenkartell

Erst mit Schreiben vom 29. 8.1986 reichte der Kartellvertreter einen offiziellen Antrag auf Erteilung der Erlaubnis zu einem Strukturkrisenkartell für die Leichtbauplattenindustrie ein[481]. Das Strukturkrisenkartell sollte zunächst für die Dauer von drei Jahren genehmigt werden[482]. Antragsteller waren 17 Unternehmen der Leichtbauplattenindustrie. Diese Unternehmen stellten eine sehr heterogene Gruppe dar, die vom handwerklich geprägten Familienbetrieb einerseits

---

[473] Vermerk des BKartA v. 2. 4.1984, Akten des BKartA, B1 – a.a.O., Hefter I, lf. Nr. 26.

[474] Vermerk des BKartA v. 2. 4.1984, Akten des BKartA, B1 – a.a.O., Hefter I, lf. Nr. 27.

[475] Ebenda.

[476] Vermerk des BKartA v. 2. 4.1984, Akten des BKartA, B1 – a.a.O., Hefter I, lf. Nr. 31.

[477] Schreiben des Kartellvertreters v. 4. 4.1986, Akten des BKartA, B1 – a.a.O., Hefter I, lf. Nr. 32.

[478] Ebenda.

[479] Schreiben des Kartellvertreters v. 4. 4.1986, Akten des BKartA, B1 – a.a.O., Hefter I, lf. Nr. 32.

[480] Akten des BKartA, B1 – a.a.O., Hefter I, lf. Nr. 70.

[481] Bekanntmachung Nr. 84/86 des BKartA über den Antrag auf Erteilung der Erlaubnis zu einem Strukturkrisenkartell für Leichtbauplatten v. 15. 9.1986, BAnz. Nr. 180 v. 27. 9.1986, S. 13586f. = WuW 1987, 25f.; siehe auch WuW Kurzinformationen, Antrag auf Strukturkrisenkartell für Leichtbauplatten, WuW 1986, 852; Bericht Handelsblatt v. 29. 9.1986 „Strukturkrisenkartell für Leichtbauplatten“.

[482] Bekanntmachung Nr. 84/86 des BKartA, a.a.O., v. 15. 9.1986, BAnz. Nr. 180 v. 27. 9.1986, S. 13586.

bis zum industriellen Produzenten im Konzernverbund andererseits reichte, wobei die Unternehmen auch in unterschiedlichem Umfang von der Leichtbauplattenproduktion abhängig waren[483].

(a) Kartellvertrag

Der Kartellvertrag[484] sah die Gründung einer GmbH mit Sitz in München vor[485]. Die Gesellschaft sollte sämtliche Aufgaben erfüllen, die zur Durchführung eines Strukturkrisenkartells gemäß § 4 GWB a. F. erforderlich sein würden[486]. So sollte sie insbesondere mit stillegungswilligen Unternehmen verhandeln, Stillegungsprämien aushandeln, den Zeitpunkt der Zahlung und die für den Kapazitätsabbau erforderlichen Mittel festlegen[487]. Hauptbestandteil des Vertrages war eine Kapazitätsabbauverpflichtung, die die Kartellmitglieder dazu verpflichtete, ihre Kapazitäten entsprechend dem noch zu erstellenden Stillegungsplan so abzubauen, daß der gesamte Wirtschaftszweig sich an die veränderten Marktbedingungen anpassen konnte[488]. Als Kapazitätsabbaumaßnahme sollten grundsätzlich nur die Vernichtung, Verschrottung und der Verkauf der Produktionsbänder in außereuropäische Länder zulässig sein[489]. Ausnahmsweise war auch der Verkauf in europäische Länder zugelassen, und zwar nach Schweden, Finnland, UdSSR, Polen, England und Portugal[490]. Der Verkauf innerhalb Deutschlands hingegen sollte nur gestattet sein, wenn der Verkauf beim Erwerber keine Kapazitätsausweitung nach sich ziehen würde[491]. Weiterer wichtiger

---

483 Siehe BKartA, Beschluß v. 29. 4.1987, Akten des BKartA, B1 – a.a.O., Hefter II lf. Nr. 220 (222).

484 Die wichtigsten Bestimmungen sind abgedruckt in der Bekanntmachung Nr. 84/86 des BKartA über den Antrag auf Erteilung der Erlaubnis zu einem Strukturkrisenkartell für Leichtbauplatten v. 15. 9.1986, BAnz. Nr. 180 v. 27. 9.1986, S. 13586f. = WuW 1987, 25f.

485 § 1 des Kartellvertrages, Bekanntmachung Nr. 84/86 des BKartA, a.a.O., v. 15. 9.1986, BAnz. Nr. 180 v. 27. 9.1986, S. 13586; siehe auch WuW Kurzinformationen, Antrag auf Strukturkrisenkartell für Leichtbauplatten, WuW 1986, 852.

486 § 2 des Kartellvertrags, Akten des BKartA, B1 – a.a.O., Bekanntmachung Nr. 84/86 des BKartA, a.a.O., v. 15. 9.1986, BAnz. Nr. 180 v. 27. 9.1986, S. 13586.

487 WuW Kurzinformationen, Antrag auf Strukturkrisenkartell für Leichtbauplatten, WuW 1986, 852.

488 § 6 des Kartellvertrags, Bekanntmachung Nr. 84/86 des BKartA, a.a.O., v. 15. 9.1986, BAnz. Nr. 180 v. 27. 9.1986, S. 13586.

489 Ebenda; siehe auch WuW Kurzinformationen, Antrag auf Strukturkrisenkartell für Leichtbauplatten, WuW 1986, 852.

490 § 6 des Kartellvertrags, Bekanntmachung Nr. 84/86 des BKartA, a.a.O., v. 15. 9.1986, BAnz. Nr. 180 v. 27. 9.1986, S. 13586.

491 Ebenda.

Bestandteil des Vertrages war ein Kapazitätserweiterungsverzicht während der Laufzeit des Kartells[492].

Die Kartellmitglieder verpflichteten sich, pro Quadratmeter verkaufte Verrechnungseinheit[493] 0,75 DM in eine Kartellkasse einzuzahlen[494] und die Anzahl der monatlich produzierten und verkauften Leichtbauplatten zu melden[495]. Darüber hinaus sollten Produktions- und Verkaufsquoten für die Hersteller vereinbart werden, die sich am Durchschnittsmarktanteil jedes Kartellmitglieds in den Jahren 1983 bis 1985 orientierten[496]. Auf die jeweiligen Quoten sollte sowohl die eigene Produktion als auch der Verkauf angerechnet werden sowie die Importe des Unternehmens von Dritten oder von mit dem Unternehmen im Sinne des Aktienrechts verbundenen Unternehmen[497]. Im Fall der Über- oder Unterschreitung der Quoten sollten die Mitglieder verpflichtet werden, ab dem fünften Monat eines laufenden Kalenderjahres monatlich einen der Quote entsprechenden Mengenausgleich herzustellen[498]. Die zugeteilten Quoten sollten jedoch unter den Kartellmitgliedern übertragbar sein, so daß ein Quotenzukauf grundsätzlich möglich sein sollte[499]. Weiter sollten einheitliche Kartellpreise und –konditionen vereinbart werden[500]. Damit sollte der mit dem Kapazitätsabbau einhergehende Mindererlös ausgeglichen sowie die Stillegungskosten aufgebracht werden[501].

Zur Durchführung des Strukturkrisenkartells sollten vier Organe eingerichtet werden: die Gesellschafterversammlung, der Beirat, die Geschäftsführung und

---

[492] § 7 des Kartellvertrags, Bekanntmachung Nr. 84/86 des BKartA, a.a.O., v. 15. 9.1986, BAnz. Nr. 180 v. 27. 9.1986, S. 13586.

[493] Ein Quadratmeter Verrechnungseinheit (VE) entspricht einer Leichtbauplatte mit einer Fläche von 1 m² und einer Stärke von 2,5 m.

[494] § 10 des Kartellvertrags, Bekanntmachung Nr. 84/86 des BKartA, a.a.O., v. 15. 9.1986, BAnz. Nr. 180 v. 27. 9.1986, S. 13586.

[495] § 7 des Kartellvertrags, Bekanntmachung Nr. 84/86 des BKartA a.a.O. v. 15. 9.1986, BAnz. Nr. 180 v. 27. 9.1986, S. 13586.

[496] §§ 8 und 9 des Kartellvertrags, Bekanntmachung Nr. 84/86 des BKartA, a.a.O., v. 15. 9.1986, BAnz. Nr. 180 v. 27. 9.1986, S. 13586.

[497] § 11 des Kartellvertrags, Bekanntmachung Nr. 84/86 des BKartA, a.a.O., v. 15. 9.1986, BAnz. Nr. 180 v. 27. 9.1986, S. 13586.

[498] § 11 des Kartellvertrags, Bekanntmachung Nr. 84/86 des BKartA, a.a.O., v. 15. 9.1986, BAnz. Nr. 180 v. 27. 9.1986, S. 13586.

[499] § 14 des Kartellvertrags, Bekanntmachung Nr. 84/86 des BKartA, a.a.O., v. 15. 9.1986, BAnz. Nr. 180 v. 27. 9.1986, S. 13587.

[500] § 16 des Kartellvertrags, Bekanntmachung Nr. 84/86 des BKartA, a.a.O., v. 15. 9.1986, BAnz. Nr. 180 v. 27. 9.1986, S. 13587.

[501] Ebenda.

die Technische Kommission[502]. Die Gesellschafterversammlung sollte für die Dauer der Gesellschaft die Mitglieder des Beirats wählen[503]. Der Beirat seinerseits sollte die Geschäftsführung bei der Leitung des Kartells beraten und überwachen und ihr jegliche Weisung erteilen können[504]. Die Technische Kommission sollte die Einhaltung der Abbauzusagen überwachen und die Befugnis erhalten, sämtliche zur Erfüllung ihrer Aufgaben notwendigen Erhebungen durchzuführen[505]. Insbesondere sollte sie die Einhaltung der Stillegungsverpflichtungen der Mitglieder überwachen[506].

Weiter sah der Kartellvertrag zur Sicherung des Abbaus Vertragsstrafen vor. So wurde vereinbart, daß eine Vertragsstrafe in Höhe von 50 Prozent des vertragswidrigen Umsatzerlöses, mindestens jedoch ein Betrag von 10.000 DM fällig werden würden[507], wenn ein Kartellmitglied die festgelegten Mindestkaufpreise nicht einhalten, sich nicht an festgelegte Verkaufskonditionen halten, falsche Angaben gegenüber der Abrechnungsstelle oder dem Treuhänder machen oder Überprüfungen nicht dulden bzw. angeforderte Unterlagen nicht vorlegen würde[508]. Zudem sollte jeglicher Verstoß gegen das Kapazitätserweiterungsverbot das Kartellmitglied zur Zahlung eines Betrages von 100.000 DM verpflichten[509].

Eine Kündigung des Vertrages sollte nur aus wichtigem Grund zulässig sein[510], wobei der Vertrag in einem solchen Fall zwischen den verbleibenden Mitgliedern unverändert fortgeführt werden sollte[511]. Dies sollte auch für den Fall gelten, daß ein Mitglied aufgrund von Konkurs aus dem Vertrag ausschei-

---

[502] § 19 des Kartellvertrags, Bekanntmachung Nr. 84/86 des BKartA, a.a.O., v. 15. 9.1986, BAnz. Nr. 180 v. 27. 9.1986, S. 13587.

[503] § 20 des Kartellvertrags, Akten des BKartA, B1 – a.a.O., Anlagen.

[504] Ebenda.

[505] § 23 des Kartellvertrags, Akten des BKartA, B1 – a.a.O., Anlagen.

[506] Ebenda.

[507] § 13 Nr. 3 des Kartellvertrags, Bekanntmachung Nr. 84/86 des BKartA, a.a.O., v. 15. 9.1986, BAnz. Nr. 180 v. 27. 9.1986, S. 13586.

[508] § 13 Nr. 1 des Kartellvertrags, Bekanntmachung Nr. 84/86 des BKartA, a.a.O., v. 15. 9.1986, BAnz. Nr. 180 v. 27. 9.1986, S. 13586.

[509] § 13 Nr. 2 des Kartellvertrags, Bekanntmachung Nr. 84/86 des BKartA, a.a.O., v. 15. 9.1986, BAnz. Nr. 180 v. 27. 9.1986, S. 13586.

[510] § 28 des Kartellvertrags, Bekanntmachung Nr. 84/86 des BKartA, a.a.O., v. 15. 9.1986, BAnz. Nr. 180 v. 27. 9.1986, S. 13587.

[511] Ebenda.

den würde[512]. Für alle Streitigkeiten aus diesem Vertrag wurde die Zuständigkeit eines Schiedsgerichtes festgelegt[513].

(b) Kapazitätsermittlung

Die Kapazität wurde pro Band bei zweischichtigem Betrieb, d. h. insgesamt 14 vollen Produktionsstunden pro Tag, und potentiellen 180 Produktionstagen pro Jahr ermittelt. Hierbei waren die branchenbedingte Winterpause, Schlechtwetter, und technisch bedingte Ausfallzeiten eingerechnet[514].

(c) Stellungnahmen zu der Antragstellung

Die von der Antragstellung informierten Verbände und Ministerien reagierten überwiegend positiv auf das geplante Strukturkrisenkartell für die Leichtbauplattenindustrie. So stand die Bundesvereinigung Mittelständischer Bauunternehmen e.V. (BVMB) einem Strukturkrisenkartell durchaus positiv gegenüber[515]. Von Seiten dieses Verbandes bestanden selbst gegen die geplanten Preiserhöhungen keine Bedenken, da nach seiner Ansicht die sich für die Bauherren ergebenden Mehrkosten in den Bagatellbereich einzuordnen seien, da Leichtbauplatten nur einen kleinen Anteil an den Herstellungskosten für Wohnungsbau und Bauten des allgemeinen Hochbaus ausmachten[516]. Auch der Bundesverband des Deutschen Baustoffhandels e.V. und der Bundesverband Steine u. Erden e.V. sowie das Ministerium für Wirtschaft, Mittelstand und Technologie Baden-Württemberg und Ministerium für Wirtschaft und Verkehr Nordrhein-Westfalens als Landeskartellbehörden äußerten keine Bedenken gegen ein Strukturkrisenkartell für die Leichtbauplattenindustrie[517]. Der Wirtschaftsminister Nordrhein-Westfalens teilte dem Bundeskartellamt sogar ausdrücklich mit,

---

[512] § 28 des Kartellvertrags, Bekanntmachung Nr. 84/86 des BKartA, a.a.O., v. 15. 9.1986, BAnz. Nr. 180 v. 27. 9.1986, S. 13587.

[513] § 33 des Kartellvertrages, Bekanntmachung Nr. 84/86 des BKartA, a.a.O., v. 15. 9.1986, BAnz. Nr. 180 v. 27. 9.1986, S. 13587.

[514] Erneuter Antrag vom 26. 6.1987, Akten des BKartA, B1 – 25 64 10 – G – 60/87, lf. Nr. 1 (11).

[515] Schreiben der Bundesvereinigung Mittelständischer Bauunternehmen e.V. (BVMB) v. 1.10.1986, Akten des BKartA, B1 – a.a.O., Hefter I, lf. Nr. 113 (114).

[516] Schreiben der Bundesvereinigung Mittelständischer Bauunternehmen e.V. (BVMB) v. 1.10.1986, Akten des BKartA, B1 – a.a.O., Hefter I, lf. Nr. 113 (114).

[517] Siehe Schreiben des Bundesverbands des Deutschen Baustoffhandels e.V. v. 14.10.1986, Akten des BKartA, B1 – a.a.O., Hefter I, lf. Nr. 119; Schreiben des Bundesverbands Steine und Erden e.V. v. 17. 9.1986, Akten des BKartA, B1 – a.a.O., Hefter I, lf. Nr. 120; Schreiben des Ministeriums für Wirtschaft, Mittelstand und Technologie Baden-Württemberg v. 28.10.1986, Akten des BKartA, B1 – a.a.O., Hefter I, lf. Nr. 121 (124); Schreiben des Ministeriums für Wirtschaft und Verkehr v. 5.11.1986, Akten des BKartA, B1 – a.a.O., Hefter I, lf. Nr. 125.

daß er ein Strukturkrisenkartell für die Leichtbauplattenindustrie begrüßen würde[518]. Er sah in dieser Kartellierung einen seriösen Plan zur Anpassung der Produktionskapazität eines altbewährten Baustoffes[519]. Durch die geplanten Abfindungen konnte seiner Ansicht nach den aus dem Markt scheidenden Unternehmen ein geordneter Rückzug ermöglicht werden. Der Wirtschaftsminister vertrat die Ansicht, daß ohne eine solche Kartellierung ein ruinöser Verdrängungswettbewerb zu erwarten sei, dem nur drei bis vier der beteiligten großen finanzstarken Unternehmen gewachsen sein dürften. Der Zentralverband des Deutschen Baugewerbes und der Hauptverband der deutschen Bauindustrie hingegen sahen die Voraussetzung eines nachhaltigen Absatzrückgangs nicht gegeben, da der Rückgang der Nachfrage ihrer Ansicht nach nur auf einer kurzfristigen konjunkturellen Abschwächung beruhte, die durch den Auftragseinbruch im Bauhauptgewerbe bedingt war[520].

2. Zurückweisung des Antrags

Trotz des überwiegend positiven Echos auf das beantragte Strukturkrisenkartell für die Leichtbauplattenindustrie wies das Bundeskartellamt den Antrag mit Beschluß vom 29. 4.1987 zurück[521], da es die Voraussetzung der Notwendigkeit der Vereinbarung i. S. d. § 4 GWB a. F. als nicht erfüllt ansah[522]. Im folgenden soll untersucht werden, inwieweit die Zurückweisung des Antrags durch das Bundeskartellamt gerechtfertigt war.

(a) Normadressaten

Zunächst waren die Antragsteller unproblematisch Normadressaten i. S. d. § 4 GWB a. F., da es sich um Industriebetriebe aus der Leichtbauplattenindustrie handelte, die in eigener Fertigung Leichtbauplatten herstellten.

(b) Absatzrückgang infolge nachhaltiger Änderung der Nachfrage

Fraglich ist, ob der Absatzrückgang auf einer nachhaltigen Änderung der Nachfrage beruhte. Zur Klärung dieser Frage ist zunächst eine sachliche und räumliche Marktabgrenzung vorzunehmen[523].

---

[518] Schreiben des Ministers für Wirtschaft, Mittelstand und Technologie des Landes Nordrhein-Westfalen v. 5.12.1986, Akten des BKartA, B1 – a.a.O., Hefter I, lf. Nr. 160 (161).

[519] Ebenda.

[520] Siehe Schreiben des Zentralverbandes des Deutschen Baugewerbes v. 12. 1.1986, Akten des BKartA, B1 – a.a.O., Hefter I, lf. Nr. 128; Schreiben des Hauptverbandes der deutschen Bauindustrie e.V. v. 18.11.1986, Akten des BKartA, B1 – a.a.O., Hefter I, lf. Nr. 145.

[521] BKartA, Beschluß v. 29. 4.1987, Akten des BKartA, B1 – a.a.O., Hefter II lf. Nr. 220ff.; siehe auch Bericht in WuW 1987, 446.

[522] Siehe auch BKartA, TB 1987/88, BT-Drucks. 11/4611, S. 54.

[523] S. o. unter A.II.2(a), S. 6.

(1) Sachliche und räumliche Marktabgrenzung

Das Bundeskartellamt ging bei der Bestimmung des Absatzrückgangs zu Recht von einem eigenständigen Markt für Leichtbauplatten aus[524]. Leichtbauplatten sind Dämmstoffe, die dem Wärme-, Brand-, und Schallschutz dienen. Haupteinsatzbereich dieser Platten ist der Hoch- und Wohnungsbau, da Leichtbauplatten insbesondere als Wand- und Deckenelemente verwendet werden[525]. Der Einsatz im Wand- und Deckenbereich sowie die Möglichkeit, Leichtbauplatten mit herkömmlichen mineralischen Putzen zu versehen, unterscheidet sie wesentlich von den Substitutionsprodukten Polystyrol- und Polyurethan-Hartschaum, Perlite und mineralischen Faserdämmstoffen. Aufgrund dieser Eigenschaften sind Leichtbauplatten auch nicht durch andere Dämmstoffe zu ersetzen[526]. Aus unternehmerischer Sicht war auch keine Umstellung der Anlagen auf andere Erzeugnisse möglich[527].

Das Bundeskartellamt nahm weiter in räumlicher Hinsicht zu Recht einen bundesweiten Markt an, da die Hersteller überzeugend nachgewiesen hatten, daß Lieferungen süddeutscher Hersteller selbst bis nach Schleswig-Holstein keine Seltenheit seien und somit bundesweit erfolgten[528].

(2) Quantifizierung des Absatzrückgangs

Der Absatz von Leichtbauplatten war rückläufig. Die Gesamtproduktion von Leichtbauplatten war in dem Zeitraum von 1976 bis 1986 um zwei Drittel geschrumpft[529]. So war die Produktion der Leichtbauplatten von 44 Mio. qm Verrechungseinheiten (VE) im Jahre 1972 stetig mit Ausnahme eines kleinen Anstiegs um 0,8 Mio. qm VE im Jahre 1985 bis auf 11,5 Mio. qm VE im Jahre 1986 zurückgegangen[530]. Aufgrund dieser langanhaltenden negativen Entwicklung über einen Zeitraum von 14 Jahren lag ein dauerhafter Absatzrückgang vor.

---

524 BKartA, Beschluß v. 29. 4.1987, Akten des BKartA, B1 – a.a.O., Hefter II lf. Nr. 220 (223).

525 Ebenda.

526 BKartA, Beschluß v. 29. 4.1987, Akten des BKartA, B1 – a.a.O., Hefter II lf. Nr. 220 (223).

527 Ebenda.

528 BKartA, Beschluß v. 29. 4.1987, Akten des BKartA, B1 – a.a.O., Hefter II lf. Nr. 220 (224).

529 Gesprächsvermerk des BKartA v. 2. 4.1984, Akten des BKartA, B1 – a.a.O., Hefter I, lf. Nr. 22.

530 Siehe Übersicht der Produktionsentwicklung 1972 -- 1986 des statistischen Bundesamtes, Akten des BKartA, B1 – 25 64 10 – G – 60/87, lf. Nr. 187.

Angesichts der Beständigkeit dieser Entwicklung konnte von konjunkturellen Schwankungen nicht mehr gesprochen werden[531].

(3) Nachhaltige Änderung der Nachfrage

Der Absatzrückgang beruhte auf einer Änderung der Nachfrage[532], was sich an der geringen Kapazitätsauslastung der Hersteller zum Zeitpunkt der Antragstellung von nur noch 45 Prozent zeigte[533]. Ein Nachfragerückgang auf Null lag jedoch nicht vor, im Gegenteil waren Leichtbauplatten kein „totes Produkt", sondern es bestand wegen der fehlenden Substitutionsmöglichkeit auch in Zukunft noch ein langfristiger Bedarf nach Leichtbauplatten[534].

Die Nachfrageänderung war auch nachhaltig. Zum einen hatte sie sich über die letzten 14 Jahre erstreckt. Zum anderen war auch für die Zukunft keine Besserung in Sicht, da insbesondere der Wohnungsbau, mit 60-70 Prozent des Absatzes von Leichtbauplatten der Hauptabnehmer, als weiter rückläufig prognostiziert wurde[535].

Der langanhaltende Absatzrückgang und die drückenden Überkapazitäten hatten insbesondere bei kleinen und mittelständischen Unternehmen zu einer existenzbedrohenden Lage geführt, so daß mit zunehmenden Konzentrationen in der Branche zu rechnen war[536]. Darüber hinaus hatten in den vorangegangenen 15 Jahren vor den ersten Vorgesprächen im Jahre 1984 bereits 19 Verbandsmitglieder die Leichtbauplattenproduktion einstellen müssen[537]. In der Zeit zwischen den ersten Vorgesprächen 1984 und der offiziellen Antragstellung 1986 hatten zwei weitere Hersteller die Produktion aufgeben müssen.

Angesichts der starken Unterschiede zwischen den Marktteilnehmern sowohl hinsichtlich ihrer Finanzkraft als auch hinsichtlich der Möglichkeit, aufgrund konzerninternen Verbundes mit anderen Produktionsbereichen Kostenvorteile zu erzielen, war zu erwarten, daß ein Ausscheidungsprozeß bei weiterhin unbeschränktem Wettbewerb verstärkt einsetzen würde[538]. So mußte man davon aus-

---

531 BKartA, Beschluß v. 29. 4.1987, Akten des BKartA, B1 – a.a.O., Hefter II lf. Nr. 220 (228).

532 Vermerk des BKartA v. 18. 3.1986, Akten des BKartA, B1 – a.a.O., Hefter I, lf. Nr. 65.

533 Vermerk des BKartA v. 18. 3.1986, a.a.O., Hefter I, lf. Nr. 65.

534 Ebenda.

535 Vermerk des BKartA v. 17.12.1986, Akten des BKartA, B1 – a.a.O., Hefter I, lf. Nr. 163 (165).

536 BKartA, Beschluß v. 29. 4.1987, Akten des BKartA, B1 – a.a.O., Hefter II lf. Nr. 220 (230).

537 Gesprächsvermerk des BKartA v. 2. 4.1984, Akten des BKartA, B1 – a.a.O., Hefter I, lf. Nr. 22 (26).

538 BKartA, Beschluß v. 29. 4.1987, Akten des BKartA, B1 – a.a.O., Hefter II lf. Nr. 220 (230).

gehen, daß auch kleinere Wettbewerber ausscheiden würden, die zwar leistungsfähig gewesen wären, aber mangels ausreichender Kapitaldecke weitere Verlustjahre nicht durchstehen könnten[539]. Demgegenüber wären Großunternehmen, obwohl z. T. vergleichsweise teuer produzierend, in der Lage und auch gewillt gewesen, für die Phase der Marktbereinigung noch einige Verlustjahre in Kauf zu nehmen.

(4) Planmäßige Anpassung der Kapazität an den Bedarf

Die Anpassung der Kapazitäten sollte auch planmäßig und auf Dauer erfolgen. Der Kapazitätsabbau sollte nach vereinbarten Stillegungsplänen durchgeführt werden[540]. Als Abbaumaßnahmen waren grundsätzlich nur die Vernichtung, Verschrottung und der Verkauf der Produktionsbänder in außereuropäische Länder vorgesehen[541]. Der Verkauf in europäische Länder sollte nur in bestimmte Länder gestattet werden, bei denen ein Export nach Deutschland nicht zu erwarten sei[542]. Ein Verkauf innerhalb Deutschlands sollte nur dann zulässig sein, wenn der Verkauf beim Erwerber keine Kapazitätserweiterung nach sich ziehen würde[543]. Diese Abbaumaßnahmen stellten sicher, daß der Abbau der Kapazitäten dauerhaft erfolgte.

(c) Notwendige Vereinbarungen

Auch dem Bundeskartellamt erschien aufgrund des nachhaltigen Absatzrückganges eine gemeinsame planmäßige Kapazitätsanpassung grundsätzlich notwendig[544]. Allerdings genügte nach Ansicht des Amtes der vorgelegte Plan nicht den Anforderungen des § 4 GWB a. F.

(1) Keine Geeignetheit der Maßnahmen

So hatte das Bundeskartellamt Zweifel daran, ob die vereinbarten Maßnahmen dafür geeignet waren, die planmäßige Anpassung der Kapazität an die Nachfrage herbeizuführen sowie diese sicherzustellen. Das Bundeskartellamt hatte insbesondere Bedenken bezüglich der Geeignetheit der Maßnahmen im

---

[539] Ebenda.

[540] § 6 des Kartellvertrags, Bekanntmachung Nr. 84/86 des BKartA a.a.O. v. 15. 9.1986, BAnz. Nr. 180 v. 27. 9.1986, S. 13586.

[541] Ebenda; siehe auch WuW Kurzinformationen, Antrag auf Strukturkrisenkartell für Leichtbauplatten, WuW 1986, 852.

[542] Ebenda; siehe auch WuW Kurzinformationen, Antrag auf Strukturkrisenkartell für Leichtbauplatten, WuW 1986, 852.

[543] Ebenda; siehe auch WuW Kurzinformationen, Antrag auf Strukturkrisenkartell für Leichtbauplatten, WuW 1986, 852.

[544] BKartA, Beschluß v. 29. 4.1987, Akten des BKartA, B1 – a.a.O., Hefter II lf. Nr. 220 (230).

Hinblick auf die Importsituation und den relativ niedrigen Schranken für den Marktzutritt[545]. Transportkosten spielen bei Leichtbauplatten keine ausschlaggebende Rolle, so daß Importe aus dem angrenzenden Ausland jederzeit möglich sind. Das von den Antragstellern vorgebrachte vermeintliche Importhindernis einer baurechtlichen Einzelzulassung in Deutschland hätte dem Import ebenfalls nur dann entgegengestanden, wenn die Leichtbauplatten nicht entsprechend den DIN-Vorschriften hergestellt würden. Dem Bundeskartellamt waren aber bereits ausländische Anbieter bekannt, die Leichtbauplatten nach DIN produzierten[546]. Zudem hatte ein Antragsteller in mehreren westeuropäischen Ländern Fertigungskapazitäten in der Leichtbauplattenindustrie durch die Übernahme mehrerer ausländischer Firmen übernommen, so daß vom Bundeskartellamt auch deshalb ein Import größeren Umfangs befürchtet wurde[547].

Die Zweifel des Bundeskartellamts an der Geeignetheit der Maßnahmen waren berechtigt. Das Ziel des Strukturkrisenkartells, Überkapazitäten langfristig abzubauen, war durch die Importsituation gefährdet. Die bislang geringe Importquote hing mit den durch den Verdrängungswettkampf ausgelösten niedrigen Preisen zusammen, so daß ein Export nach Deutschland bislang unrentabel war. Transportkosten machten selbst nach Angaben der Hersteller bei Leichtbauplatten keinen großen Kostenfaktor aus. Somit konnte, insbesondere wenn die Preise auf dem deutschen Markt im Rahmen der Kartellierung angehoben würden, ein Anreiz für ausländische Hersteller geschaffen werden, nach Deutschland zu exportieren. Auch das Erfordernis einer baurechtlichen Zulassung für die Leichtbauplatten hätte gerade bei einer längeren Kartellaufzeit von drei Jahren kein Hindernis dargestellt. Insbesondere für das Kartellmitglied mit Beteiligungen an ausländischen Leichtbauplattenunternehmen wäre es ohne weiteres möglich gewesen, den deutschen Markt zu beliefern, da ausländische Betriebe teilweise schon nach deutschen DIN-Normen produzierten. Somit bestand zweifelsohne die Gefahr, daß der Kartellzweck durch Importe aus dem Ausland gefährdet würde.

(2) Ungesicherter Kapazitätsabbau

Weiter beanstandete das Bundeskartellamt, daß die Umsetzung des Kapazitätsabbaus zu ungesichert erschien. Zwar sollten laut Kartellvertrag die stillegungsbereiten Unternehmen für ihr Ausscheiden aus dem Markt entschädigt werden. Die hierzu erforderlichen Mittel sollten von den produzierenden Kartellmitgliedern durch Zahlung von 0,85 DM zuzüglich Mehrwertsteuer pro Quadratmeter im Inland verkaufter Verrechnungseinheit an das Kartell aufgebracht

---

[545] BKartA, Beschluß v. 29. 4.1987, a.a.O., Hefter II lf. Nr. 220 (231).

[546] BKartA, Beschluß v. 29. 4.1987, a.a.O., Hefter II lf. Nr. 220 (232).

[547] BKartA, Beschluß v. 29. 4.1987, a.a.O., Hefter II lf. Nr. 220 (232).

werden, wobei die Antragsteller dies davon abhängig machen wollten, daß ihnen einheitliche Kartellpreise und -konditionen zugestanden würden. Gerade dies sah das Bundeskartellamt als problematisch an, da es die Verknüpfung von Kartellpreisen und der Realisierung der Stillegungsverpflichtung für zu unsicher hielt[548]. Schließlich hing nach seiner Auffassung in einem solchen Fall der Erfolg des Kapazitätsabbaus davon ab, ob sich die Preis- und Rabattvorstellungen der Vertragspartner am Markt tatsächlich durchsetzen ließen. Dies war aber, wie das Bundeskartellamt überzeugend ausführte, zu riskant. Gerade wegen der Gefahr durch Importe aus dem angrenzenden Ausland erschien die Durchsetzung dieser Preise fast schon unwahrscheinlich.

(3) Verlagerung der Lasten auf die Marktgegenseite

Hauptkritikpunkt des Bundeskartellamts an dem Antrag war die Verknüpfung von Preis- und Quotenabsprachen mit der Finanzierung und Realisierung des Kapazitätsabbaus, da dadurch die wirtschaftlichen Lasten gänzlich auf die Marktgegenseite verlagert würden[549]. Die Folgen der Strukturkrise wären also ohne eigene Opfer ausschließlich vom Handel bzw. von den Endverbrauchern getragen worden[550].

Auch diese Argumentation des Bundeskartellamts überzeugt auf der ganzen Linie. Es läßt sich mit der Zielsetzung des § 4 GWB a. F. nicht vereinbaren, daß die Antragsteller die Kosten und Risiken des Kapazitätsabbaus der Marktgegenseite aufbürden. Ein Strukturkrisenkartell darf nicht dazu mißbraucht werden, Industriebranchen auf Kosten der Verbraucher zu bereinigen.

(4) Zweifel an der Stillegungsbereitschaft

Darüber hinaus hatte das Bundeskartellamt erhebliche Zweifel an der Stillegungsbereitschaft einiger Hersteller[551]. Zur Begründung führte es an, daß einige Hersteller, welche die Leichtbauplattenproduktion aufgeben wollten, selbst bei nachhaltiger Befragung keinerlei Vorstellungen davon entwickeln konnten, wie es nach einer Stillegung weitergehen sollte[552]. Dies verdeutlichte nach Ansicht des Bundeskartellamts, daß diese sich mit dem Gedanken einer Stillegung nicht eingehend auseinandergesetzt hatten und im Ernstfall die Stillegung nicht durchgeführt werden würde.

Die Tatsache, daß die Zweifel an der Stillegungsbereitschaft einiger Hersteller das Bundeskartellamt in ihrem Beschluß bestärkte, den Antrag zurückzuweisen,

---

[548] BKartA, Beschluß v. 29. 4.1987, a.a.O., Hefter II lf. Nr. 220 (233).

[549] Ebenda.

[550] BKartA, Beschluß v. 29. 4.1987, a.a.O., Hefter II lf. Nr. 220 (234).

[551] BKartA, Beschluß v. 29. 4.1987, a.a.O., Hefter II lf. Nr. 220 (234).

[552] BKartA, Beschluß v. 29. 4.1987, a.a.O., Hefter II lf. Nr. 220 (235).

verwundert ein wenig, da sich die Unternehmen in Optionsverträgen mit der Kartellgesellschaft über die Stillegung vertraglich geeinigt hatten. Kartellmitglieder, die ihren Stillegungsverpflichtungen nicht nachgekommen wären, hätten somit von den übrigen Kartellmitgliedern auf gerichtlichem Wege dazu gezwungen werden können, ihren vertraglichen Pflichten nachzukommen. Da die Zweifel an der Stillegungsbereitschaft jedoch nicht ausschlaggebend für die Zurückweisung des Antrags waren, ist unerheblich, inwieweit sie von der Beschlußkammer für eine Begründung der Zurückweisung hätten herangezogen werden können.

(5) Keine Notwendigkeit der flankierenden Maßnahmen

Weiter sah das Bundeskartellamt die vorgesehenen Wettbewerbsbeschränkungen in Form von Preis-, Rabatt- und Quotenabsprachen nicht als notwendig an[553]. Im Falle einer falschen Einschätzung von Produktionskapazitäten und Nachfragevolumen durch die Antragsteller fehlte es dem Plan nach Ansicht des Bundeskartellamts mithin an der Eignung zur Beseitigung der Strukturkrise[554]. Hingegen würde im Falle einer richtigen Einschätzung der Produktionskapazität der damit verbundene Rückgang des Angebots zu Preissteigerungen führen. Aus diesen gestiegenen Preisen könnten die Kartellmitglieder dann Beträge erwirtschaften, die erheblich zur Finanzierung der Stillegungsentschädigung beitragen könnten. Es sei daher ausschließlich die Vereinbarung eines Kapazitätsabbauplans erforderlich, da die mit den Preis- und Quotenabsprachen angestrebten Ziele aufgrund der Reaktionen des Marktes ohnehin erreicht würden[555]. Dies hätten bereits die Preissteigerungen gezeigt, die infolge des Kartellantrags eingetreten seien. Diese Argumentation überzeugt ebenfalls. Flankierende Maßnahmen, wie Preis-, Rabatt- und Quotenabsprachen, können zwar zur Stabilisierung des Kartells insbesondere in der schwierigen Anfangsphase genehmigt werden. Sie dürfen aber nicht dazu führen, daß die Kosten des Kapazitätsabbaus dem Verbraucher aufgebürdet werden. Diese Gefahr bestand aber bei dem geplanten Strukturkrisenkartell für Leichtbauplatten.

(6) Änderungsvorschlag des Bundeskartellamts

Unter der Bedingung, daß die Antragsteller die vom Bundeskartellamt genannten Bedenken ausräumten, erklärte sich die Behörde in den Verhandlungen mit den Antragstellern bereit, abweichend vom vorliegenden Antrag ein Strukturkrisenkartell zu erlauben, das lediglich einen verbindlichen Kapazitätsabbau-

---

[553] BKartA, Beschluß v. 29. 4.1987, a.a.O., Hefter II lf. Nr. 220 (236).

[554] Wichtigste Bestimmungen abgedruckt in Bekanntmachung Nr. 56/87 des BKartA a.a.O. v. 6. 7.1987, BAnz. Nr. 124 v. 10. 7.1987, S. 8502; Änderungen im Verhältnis zum ursprünglichen Text abgedruckt in WUW 1987, 727f.

[555] BKartA, Beschluß v. 29. 4.1987, a.a.O., Hefter II lf. Nr. 220 (237).

plan vorsah[556]. Um dieses Ziel rasch und effektiv zu erreichen, sollte die abzubauende Kapazität zu einem möglichst frühen Termin stillgelegt sein[557]. Auf diese Weise hätte nach Ansicht des Bundeskartellamts dem Anliegen der Antragsteller weitgehend Rechnung getragen werden können. Dieser Vorschlag wurde von den Antragstellern jedoch nicht akzeptiert. Die mangelnde Bereitschaft der Hersteller, auch die Risiken einer Fehleinschätzung des Marktes mitzutragen, bestärkte wiederum die Beschlußabteilung in ihren Zweifeln hinsichtlich der Eignung und Notwendigkeit des beantragten Kartells zur Behebung der Strukturkrise, so daß es einen ablehnenden Beschluß erließ[558].

(7) Zwischenergebnis

Insgesamt fehlte es dem Kartellvertrag daher jedenfalls an der erforderlichen Notwendigkeit i. S. d. § 4 GWB a. F., so daß die Zurückweisung des Antrags durch das Bundeskartellamt mit Beschluß vom 29. 4.1987 rechtmäßig war.

3. Beschwerde der Antragsteller

Wegen der Versagung der Erlaubnis zu einem Strukturkrisenkartell für die Leichtbauplattenindustrie legte der Kartellvertreter am 26. 5.1987 Beschwerde gegen den Beschluß des Bundeskartellamts vom 29. 4.1987 beim damals zuständigen Kammergericht Berlin ein und beantragte, unter Aufhebung des angefochtenen Bescheids die Beschwerdegegnerin zu verpflichten, den Antrag nach Maßgabe der Rechtsauffassung des Gerichts zu genehmigen[559]. Nach Einreichung der Beschwerde erklärten sich die Vertreter der Antragsteller in einem informellen Gespräch mit dem Bundeskartellamt dann aber plötzlich doch bereit, die Vorschläge des Bundeskartellamts über einen Kapazitätsabbau ohne Preis-, Rabatt- und Quotenvereinbarungen mit einem raschen Kapazitätsabbau anzunehmen[560]. Man wollte deshalb – wohl aus Kostengründen - einen geänderten Antrag nicht als neuen Antrag verstanden wissen, sondern als qualitatives Minus gegenüber dem bisherigen Antrag[561]. Eine entsprechende Vereinbarung sollte im Zuge des Prozeßvergleichs im anhängigen Beschwerdeverfahren getroffen werden[562]. Die Beamten des Bundeskartellamts wiesen die Antragsteller jedoch zu Recht darauf hin, daß dieser Weg über ein Prozeßvergleich nicht ein-

---

[556] Ebenda.

[557] BKartA, Beschluß v. 29. 4.1987, a.a.O., Hefter II lf. Nr. 220 (237).

[558] BKartA, Beschluß v. 29. 4.1987, a.a.O., Hefter II lf. Nr. 220 (238).

[559] Beschwerdeschrift des Kartellvertreters v. 26. 5.1987, Akten des BKartA, B1 – a.a.O., Hefter II, lf. Nr. 256f.

[560] Vermerk des BKartA v. 16. 6.1987, Akten des BKartA, B1 – a.a.O., Hefter II, lf. Nr. 262.

[561] Ebenda.

[562] Vermerk des BKartA v. 16. 6.1987, Akten des BKartA, B1 – a.a.O., Hefter II, lf. Nr. 262.

geschlagen werden konnte, da das Verfahren durch die Entscheidung der Beschlußabteilung vom 29. 4.1987 bereits abgeschlossen war[563]. Daraufhin erklärten sich die Antragsteller bereit, einen neuen Antrag gemäß § 4 GWB a. F. zu stellen[564] und nahmen die Beschwerde beim Kammergericht zurück[565].

4. Erneute Antragstellung und Genehmigung

Am 10. 7.1987 stellte der Kartellvertreter einen entsprechend geänderten Antrag auf Erlaubnis eines Strukturkrisenkartells[566]. Das Bundeskartellamt gab dem Antrag am 22. 7.1987 statt und erteilte die Erlaubnis für ein Strukturkrisenkartell in der Leichtbauplattenindustrie für die kurze Dauer von sechs Monaten[567]. An dem Kartell beteiligten sich 17 der insgesamt 18 inländischen Hersteller von Leichtbauplatten[568]. Der einzige Kartellaußenseiter hatten einen Marktanteil von ca. einem Prozent[569].

(a) Kartellvertrag

Wesentlicher Inhalt des abgeänderten Kartellvertrages[570] waren eine Kapazitätsabbauverpflichtung[571] und ein Kapazitätserweiterungsverzicht[572]. Die im vorherigen Antrag enthaltenen Regelungen über Quoten, Ausgleichszahlungen, Preise, Rabatte, Boni und Konditionen wurden ersatzlos gestrichen. Als neue Regelung kam hinzu, daß nunmehr jedes Unternehmen in einem als „Haftungsübernahme-Verpflichtungserklärung" bezeichneten Vertrag die selbstschuldneri-

---

563 Vermerk des BKartA v. 16. 6.1987, a.a.O., Hefter II, lf. Nr. 263.

564 Vermerk des BKartA v. 24. 6.1987, a.a.O., Hefter I, lf. Nr. 265.

565 Schreiben des Kartellvertreters v. 25. 8.1987, Akten des BKartA, B1 – a.a.O., Hefter II, lf. Nr. 278.

566 Bekanntmachung Nr. 56/87 des BKartA über den erneuten Antrag auf Erteilung der Erlaubnis zu einem Strukturkrisenkartell für Leichtbauplatten v. 6. 7.1987, BAnz. Nr. 124 v. 10. 7.1987, S. 8502.

567 BKartA, Beschluß v. 22. 7.1987, WuW/E BKartA, 2271ff. – „Leichtbauplatten"; siehe folgende Berichte in der Presse: Handelsblatt v. 12. 8.1987 „Berliner Behörde erlaubt Kartell"; Die Welt v. 12. 8.1987 „Leichtbau-Kartell"; Tagesspiegel v. 12. 8.1987 „Kartell für Leichtbauplatten".

568 BKartA, Beschluß v. 22. 7.1987, WuW/E BKartA, 2271 – „Leichtbauplatten".

569 Ebenda.

570 Wichtigste Bestimmungen abgedruckt in Bekanntmachung Nr. 56/87 des BKartA a.a.O. v. 6. 7.1987, BAnz. Nr. 124 v. 10. 7.1987, S. 8502; Änderungen im Verhältnis zum ursprünglichen Text abgedruckt in WUW 1987, 727f.

571 § 6 des Kartellvertrages, Bekanntmachung Nr. 56/87 des BKartA a.a.O. v. 6. 7.1987, BAnz. Nr. 124 v. 10. 7.1987, S. 8502.

572 § 7 des Kartellvertrages, Bekanntmachung Nr. 56/87 des BKartA a.a.O. v. 6. 7.1987, BAnz. Nr. 124 v. 10. 7.1987, S. 8502.

sche Haftung zur Erfüllung der Stillegungsentschädigungspflicht der Kartellgesellschaft gegenüber den stillegungsbereiten Firmen übernahm, die wiederum durch eine Bankbürgschaft abzusichern war[573]. Darüber hinaus verpflichteten sich die Gesellschafter, entsprechend ihrer jeweiligen Beteiligungshöhe, die zur Deckung ihres satzungsgemäßen Aufwandes notwendigen Mittel zur Verfügung zu stellen[574]. Damit wurde das Risiko des Kapazitätsabbaus vollständig den Antragstellern auferlegt.

(b) Stellungnahmen

Zu dem zweiten Antrag auf ein Strukturkrisenkartell für die Leichtbauplatten nahmen nur der Zentralverband des Deutschen Baugewerbes und der Hauptverband der Deutschen Bauindustrie Stellung und sprachen sich erneut gegen ein Strukturkrisenkartell aus[575]. Sie beklagten, daß die Leichtbauplattenhersteller die Preise um bis zu 30 Prozent angehoben hätten[576]. Diese Entwicklung ließe nach ihrer Auffassung nur den Schluß zu, daß die Kapazitäten der Hersteller bereits ausgelastet waren und kein Absatzrückgang vorlag[577].

(c) Vorliegen der Voraussetzungen

Die Voraussetzungen für eine Freistellung des Strukturkrisenkartells waren durch den geänderten Antrag erfüllt. Die im Zurückweisungsbeschluß vom 29. 4.1987 aufgeführten Zweifel bezüglich der Notwendigkeit der Maßnahmen waren durch den neuen Antrag gegenstandslos geworden[578]. Wie in dem Zurückweisungsbeschluß bereits als Kompromißlösung vorgeschlagen, hat das Bundeskartellamt den Antrag auf ein Strukturkrisenkartell in Form eines reinen Kapazitätsabbaukartells ohne die im vorherigen Antrag enthaltenen Regelungen über Quoten, Ausgleichszahlungen, Preise, Rabatte, Boni und Konditionen genehmigt. Ein Scheitern des Kapazitätsabbaus ging nun ausschließlich zu Lasten der Antragsteller[579].

---

[573] Vgl. § 10 des Kartellvertrags, Bekanntmachung Nr. 56/87 des BKartA a.a.O. v. 6. 7.1987, BAnz. Nr. 124 v. 10. 7.1987, S. 8502; WuW 1987, 727 (728).

[574] § 8 des Kartellvertrags, Bekanntmachung Nr. 56/87 des BKartA a.a.O. v. 6. 7.1987, BAnz. Nr. 124 v. 10. 7.1987, S. 8502; WuW 1987, 727 (728).

[575] Schreiben des Zentralverbands des deutschen Baugewerbes v. 16. 7.1987, Akten des BKartA, B1 – 25 64 10 – G – 60/87, lf. Nr. 196; Schreiben des Hauptverbands der Deutschen Bauindustrie v. 17. 7.1987, Akten des BKartA, B1 – 25 64 10 – G – 60/87, lf. Nr. 197.

[576] Schreiben des Hauptverbands der Deutschen Bauindustrie v. 17. 7.1987, Akten des BKartA, B1 – 25 64 10 – G – 60/87, lf. Nr. 197 (198).

[577] Ebenda.

[578] Ebenda.

[579] BKartA, Beschluß v. 22. 7.1987, WuW/E BKartA, 2271 – „Leichtbauplatten".

Die Grundvoraussetzung des auf nachhaltiger Änderung der Nachfrage beruhenden Absatzrückgangs war weiterhin erfüllt, da sich in den vier Monaten die Lage auf dem Markt für Leichtbauplatten nicht gebessert hatte.

5. Kartellverlauf

Die Einzelheiten der Stillegungsverpflichtung und die Höhe der Entschädigungszahlungen sowie ein Wettbewerbsverbot wurden in sog. Optionsverträgen geregelt, die von der Kartellgesellschaft mit den einzelnen stillegungsbereiten Unternehmen abgeschlossen wurden[580]. Danach wurden innerhalb von sechs Monaten nach Kartellgenehmigung bei neun Unternehmen zehn der insgesamt 25 Fertigungsbänder der Kartellmitglieder stillgelegt[581]. Die jährliche Kapazität verringerte sich nach Angaben der Antragsteller somit von 22,7 Mio. qm VE auf 13,6 Mio. qm VE und konnte damit um ca. 40 Prozent reduziert werden[582]. Unter Annahme des künftigen jährlichen Verkaufs von 8,7 Mio. qm VE sollte die Auslastung der verbleibenden Kartellmitglieder bei rund 64 Prozent liegen, was nach Darstellung der Antragsteller bereits eine rentable Produktion erlaubte[583].

Der Kapazitätsabbau erfolgte fast ausschließlich durch Verschrottung der Produktionsanlagen und wurde von der Technischen Kommission überwacht[584]. Nur einzelne Teile der Produktionsanlagen, wie beispielsweise Sägeanlagen, wurden an Händler verkauft[585]. Bei einem kleinen Unternehmen wurden in Teile einer Produktionsanlage Sperrvorrichtungen eingebaut, da es gemäß der Stillegungsvereinbarung einen Teil der Anlage noch für die Herstellung von Leichtbauplatten für den Eigenbedarf nutzen durfte, um Rolladenkästen herzustellen[586]. Nach Angaben der Technischen Kommission kam es während des Abbaus zu keinem Zeitpunkt zu Schwierigkeiten bei der Einhaltung der Stillegungsverpflichtungen[587]. Vereinbarungsgemäß am 1. 2.1988 meldete die Technische Kommission den Vollzug sämtlicher Stillegungsvereinbarungen[588]. Wäh-

---

580 BKartA, Beschluß v. 22. 7.1987, Akten des BKartA, B1 – 25 64 10 – G – 60/87, lf. Nr. 200 (203); siehe Anlage 4 des Antrags des Kartellvertreters vom 10. 7.1987, Akten des BKartA, B1 – 25 64 10 – G – 60/87, lf. Nr. 120ff.

581 Ebenda.

582 BKartA, TB 1987/88, BT-Drucks. 11/4611, S. 57.

583 Ebenda.

584 Vgl. Abschlußberichte und Protokolle der Technischen Kommission, Akten des BKartA, B1 – 25 64 10 – G – 60/87, Anlagen.

585 Ebenda.

586 Abschlußberichte und Protokolle der Technischen Kommission, Akten des BKartA, B1 – 25 64 10 – G – 60/87, Anlagen.

587 Abschlußbericht der Technischen Kommission vom 1. 2.1988 über den Gesamt-Stillegungsvollzug, Akten des BKartA, B1 – 25 64 10 – G – 60/87, Anlagen.

588 Ebenda.

rend der Laufzeit des Kartells haben sechs Unternehmen ihre Produktionskapazitäten zur Herstellung von Leichtbauplatten vollständig vernichtet und sind aus dem Markt für Leichtbauplatten ausgeschieden[589]. Dafür kassierten sie je nach Größe Ausgleichszahlungen zwischen 340.000 DM und 3,5 Mio. DM[590]. Zwar waren unter den ausscheidenden Unternehmen auch zwei Konzernunternehmen, überwiegend ging die Stillegung aber zu Lasten kleinerer und mittlerer Betriebe. So sind vier kleine und mittlere Unternehmen aus dem Markt ausgeschieden. Die beiden größten Konzernunternehmen profitierten daher sicherlich vom Ausscheiden der kleineren Konkurrenten.

Im Strukturkrisenkartell Leichtbauplatten erfolgte der Kapazitätsabbau mithin überwiegend durch das Ausscheiden von Unternehmen aus dem Markt gegen Ausgleichszahlungen.

6. Bewertung des Kartells

Mit dem Strukturkrisenkartell Leichtbauplatten hat das Bundeskartellamt für die Dauer von nur sechs Monaten ein reines Kapazitätsabbaukartell ohne Regelungen hinsichtlich der Erzeugung, Preisgestaltung, Absatzbedingungen und Lieferungen genehmigt.

Rückblickend läßt sich feststellen, daß auch im Strukturkrisenkartell Leichtbauplatten der vorgesehene Kapazitätsabbauplan erfüllt wurde und die Gesamtkapazitäten der Branche um 40 Prozent reduziert wurden. Somit wurden mit Hilfe eines Strukturkrisenkartells wiederum erhebliche Überkapazitäten erfolgreich abgebaut. Der Abbau erfolgte bis auf den Verkauf von Einzelteilen der Produktionsanlagen fast ausschließlich durch Verschrottung. Nach Angaben sowohl des Bundeskartellamts als auch der Kartellmitglieder geschah der Abbau völlig unproblematisch und reibungslos.

Bis auf vorübergehende Preiserhöhungen in Anbetracht der Kartellierung kam es während des Kartellverlaufs zu keinen weiteren negativen Auswirkungen auf die Verbraucher. Im Hinblick auf den Charakter als reines Abbaukartell betraf das Kartell nur einen einzelnen Wettbewerbsparameter. Daher handelte es sich bei dieser Form des Strukturkrisenkartells um ein Kartell mit der geringsten möglichen Wettbewerbsbeschränkung. Die Risiken und Lasten des Kartells wurden dabei vollständig von den Kartellmitgliedern getragen, sieht man von den Preissteigerungen ab, die sich in Anbetracht der Kartellierung durch eine plötzlich gesteigerte Nachfrage aus Angst vor Versorgungsengpässen ergaben. Entsprechend schwer taten sich die Antragsteller zunächst auch mit der Zustimmung zu diesem reinen Abbaukartell. Erst nach Zurückweisung des ursprüngli-

---

[589] Abschlußbericht der Technischen Kommission vom 1.2.1988 über den Gesamt-Stillegungsvollzug, Akten des BKartA, B1 – 25 64 10 – G – 60/87, Anlagen.

[590] Ebenda.

chen Antrags, als den Kartellmitgliedern bewußt geworden war, daß das Bundeskartellamt weder Preis- noch Quotenvereinbarungen genehmigen würde, ließen sie sich auf den Vorschlag des Bundeskartellamts ein.

Etwas überraschend könnte die Tatsache gewesen sein, daß die zahlreichen Bedenken des Bundeskartellamts aus dem Zurückweisungsbeschluß in der Freistellung plötzlich für gegenstandslos erklärt wurden. So hatte sich beispielsweise an der Gefährdung des Kapazitätsabbaus durch potentielle Importe nichts geändert. Es ist aber zu berücksichtigen, daß durch die fehlenden Preis- und Rabattregelungen in dem neuen Antrag der Anreiz für ausländische Hersteller, in den wenig rentablen deutschen Markt zu exportieren, weitaus geringer gewesen sein dürfte. Die Importquote war zudem in den vergangenen Jahren niedrig gewesen und es war daher nicht ersichtlich, warum sie, wenn nicht die Preise erhöht würden, plötzlich ansteigen sollte. Auch wenn Verbände von steigenden Preisen in Anbetracht der anstehenden Kartellierung berichteten, war den ausländischen Herstellern sicherlich bewußt, daß diese Preissteigerungen nur vorübergehender Natur sein würden. Auch die kurze Dauer des Kartells von sechs Monaten verminderte die Gefahr drohender Importe. Wie bereits vom Bundeskartellamt in seinem Beschluß vom 29. 4.1987 dargelegt, bedurfte es nämlich vor dem Import nach Deutschland der baurechtlichen Genehmigung von Leichtbauplatten. Man konnte daher davon ausgehen, daß der Kapazitätsabbau der Kartellmitglieder bereits abgeschlossen sein würde, bis ausländische Hersteller diese Genehmigungsverfahren durchlaufen, ihre Produktionen gegebenenfalls umgestellt und neue Vertriebssysteme errichtet hätten. Weiter muß berücksichtigt werden, daß die Gefährdung des Kapazitätsabbaus durch Importe ausschließlich zu Lasten der Antragsteller ging, da diese in dem neugefaßten Antrag gänzlich das Risiko und die Kosten des Kapazitätsabbaus trugen, so daß diese selbst gezwungen waren, entsprechend zu reagieren.

Das Strukturkrisenkartell führte durch die komplette Aufgabe der gesamten Leichtbauplattenproduktion einiger Unternehmen zu einer sehr starken Marktbereinigung. Dabei hat das Bundeskartellamt sich durch Besichtigungen ein Bild von der Unternehmenslandschaft machen können und so sichergestellt, daß nur unrentable Betriebe gegen Ausgleichszahlungen stillgelegt wurden. Durch die Ausgleichszahlungen zum Teil in beträchtlicher Höhe erhielten finanziell angeschlagene Unternehmen darüber hinaus finanzielle Mittel, um sich verstärkt anderen Geschäftsbereichen zuzuwenden.

Insgesamt gesehen war das Strukturkrisenkartell Leichtbauplatten als Erfolg zu werten. Innerhalb von nur sechs Monaten gelang es einer Branche, sich von beträchtlichen Überkapazitäten zu befreien. Dies erfolgte ohne begleitende Wettbewerbsbeschränkungen wie Preisabsprachen oder Quotenregelungen. Die negativen Auswirkungen des Kartells konnten so auf ein Minimum reduziert werden.

III. Vergleich der genehmigten Strukturkrisenkartelle

Mit den beiden Strukturkrisenkartellen hat das Bundeskartellamt zwei unterschiedliche Arten von Strukturkrisenkartellen genehmigt. Im Kartell Betonstahlmatten wurden neben den Abbaumaßnahmen umfangreiche flankierende Maßnahmen hinsichtlich der Preisgestaltung, Absatzbedingungen und Lieferung genehmigt und eine recht lange Laufzeit von fünf Jahren bewilligt. Im Kartell Leichtbauplatten hingegen wurde nur ein reines Abbaukartell ohne jegliche weitere wettbewerbsbeschränkende Maßnahmen für eine sehr kurze Dauer von sechs Monaten genehmigt. Das Ziel des umfassenden Kapazitätsabbaus unter Beibehaltung einer wettbewerbsfähigen Marktstruktur wurde in beiden Fällen erreicht.

Positiv hervorzuheben ist, daß das Bundeskartellamt in beiden Fällen neben der Verschrottung unter gewissen Auflagen auch den Verkauf als zulässige Abbaumaßnahme zugelassen hat. Der radikale Weg der Verschrottung mag bei Einzweckmaschinen wie bei Schweißmaschinen für Betonstahlmatten für die Unternehmen noch akzeptabel sein. Hingegen wäre dies bei technisch hochwertigen Mehrzweckmaschinen nicht der Fall. Allerdings muß beim Verkauf durch Auflagen sichergestellt werden, daß ein dauerhafter Abbau nicht gefährdet wird. So scheint auch das Bundeskartellamt aufgrund der negativen Erfahrungen mit Re-Importen der Maschinen nur noch den Verkauf von Anlagen in außereuropäische Länder genehmigen zu wollen.

Beim Vergleich der beiden genehmigten Strukturkrisenkartelle fällt vor allem auf, daß die Kartellbehörde im Strukturkrisenkartell Leichtbauplatten im Gegensatz zum Fall Betonstahlmatten dem Wunsch der Antragsteller auf flankierende Maßnahmen hinsichtlich Preisgestaltung und Absatzbedingungen nicht nachgekommen ist. Dies mag sicherlich zum einen damit zusammenhängen, daß die Leichtbauplattenhersteller in ihrem ersten Kartellantrag Preisabsprachen vorgesehen hatten, mit Hilfe derer die Kosten des Kapazitätsabbaus den Verbrauchern aufbürdet werden sollten und dies mit § 4 GWB a. F. nicht vereinbar gewesen wäre[591]. Die Betonstahlmattenhersteller hatten hingegen in den Jahren vor der Kartellierung einen derartigen Preiskampf entfacht, daß sie mit ihren Preisregelungen lediglich Preise festlegen wollten, die gerade über den Selbstkostenpreis ihrer Produkte lagen, was ohne weiteres zulässig war. Zum anderen waren die Voraussetzungen zur Genehmigung von Preis- und Quotenregelungen im Fall Betonstahlmatten sehr viel günstiger. Auf der einen Seite gab es von Anfang an Importe aus dem angrenzenden Ausland, so daß sich überhöhte Preise für Betonstahlmatten am Markt nicht durchsetzen ließen, wohingegen der Import auf der anderen Seite aber dadurch begrenzt wurde, daß die hohen Transportkosten für Betonstahlmatten den Import nicht unbeschränkt zuließen. Im Fall Leicht-

---

[591] S. o. unter A.II.4, S. 15.

bauplatten waren diese Rahmenbedingungen ungünstiger. Produkte aus dem Ausland mußten erst ein Zulassungsverfahren durchlaufen. Dies hätte sicherlich für eine Übergangszeit ein Importhindernis dargestellt. Erhöhte Preise hätten sich zumindest für diesen Zeitraum durchsetzen lassen können. Auftretende Lieferengpässe hätten für diesen Zeitraum nicht durch Importware unverzüglich behoben werden können. Zwar könnte man der Kartellbehörde an dieser Stelle entgegenhalten, daß, wenn derartige Entwicklungen eingetreten wären, sie jederzeit im Rahmen ihrer Mißbrauchsaufsicht gemäß § 12 Abs. 2 GWB die Kartellerlaubnis hätte widerrufen können. Allerdings hätte die Mißbrauchsaufsicht über das Kartell erhebliche Ressourcen des Bundeskartellamts gebunden. So waren einige Beamte des Bundeskartellamts der Ansicht, daß der Aufwand bezüglich der Mißbrauchsaufsicht in keinem Verhältnis zu dem Ergebnis gestanden hätte.

Bei der Genehmigung eines reinen Abbaukartells im Fall Leichtbauplatten spielten sicherlich auch die Erfahrungen des Bundeskartellamts mit dem Strukturkrisenkartell Betonstahlmatten eine Rolle, die nicht nur positiv waren. Die zahlreichen Schwierigkeiten während des Kartells, wie anfängliche Versorgungsschwierigkeiten, Preissteigerungen von bis zu 25 Prozent, Unstimmigkeiten über die Höhe der Lieferquoten, Nichteinhalten der genehmigten Preisabreden durch einzelne Kartellmitglieder, Umgehungsversuche der Abbaumaßnahmen im Laufe des Kartells und Widerstände einzelner Kartellmitglieder, die vereinbarten Abbaumaßnahmen durchzuführen, waren der Wettbewerbsbehörde noch in bester Erinnerung. Diese Probleme hatten teilweise erhebliche Belastungen der Verbraucher zu Folge und hätten mehrmals auch beinahe zum Auseinanderbrechen des Kartells geführt. In Anbetracht dieser Erfahrungen war die Bereitschaft des Bundeskartellamts, ein so umfassendes Strukturkrisenkartell mit flankierenden Maßnahmen für eine längere Dauer zu genehmigen, gesunken.

Erheblicher Vorteil eines reinen Abbaukartells ist, daß es nur einen Wettbewerbsparameter, den Kapazitätsabbau, berührt und daher die geringste mögliche Wettbewerbsbeschränkung darstellt. Daher ist die Form des Strukturkrisenkartells als reines Abbaukartell sehr zu begrüßen. Die Kartellmitglieder tragen in einem solchen Fall die Kosten des Abbaus allein und ein etwaiges Scheitern des Kartells geht nur zu ihren Lasten. Problematisch ist natürlich, daß sich Unternehmen auf Strukturkrisenkartelle ohne Preisabsprachen und Quotenregelungen, die ihnen eine gewisse Sicherheit für dieses Unterfangen bieten, nur schwerlich einlassen werden. Auch im Fall Leichtbauplatten hat es Jahre gedauert und erst einer ablehnenden Entscheidung des Bundeskartellamts bedurft, bis sich die Unternehmen auf ein reines Abbaukartell einließen. Allerdings ist hierzu anzumerken, daß ein Strukturkrisenkartell in erster Linie den Unternehmen dient. Der Verbraucher profitiert, wenn überhaupt, nur mittelfristig von der Erhaltung einer gesunden Wettbewerbsstruktur mittels eines Strukturkrisenkartells. Daher sollte ein Strukturkrisenkartell nur in der Form genehmigt werden, in der es den Verbraucher am wenigsten belastet. Darüber hinaus ermöglicht die kurze Dauer des Kartells eine schnelle Bereinigung der Branche. Die Abbaupläne müssen vorher konkret feststehen und nicht nur in Konzepten umrissen sein, so daß Unstimmigkeiten im Verlaufe des Kartells verhindert werden können. Ein Strukturkrisenkartell mit umfangreichen Bestimmungen über Preise und Quoten für eine lange Dauer stellt dagegen selbst unter sehr günstigen Bedingungen zumindest in der Anfangsphase eine erhebliche Belastung für die Verbraucher dar und ist, wie der Fall Betonstahlmatten gezeigt hat, auch für die Kartellmitglieder nur schwer durchführbar. Die Schwierigkeiten in der Praxis, möglichst alle Wettbewerber einer Branche für die Genehmigung eines Strukturkrisenkartells an einen Tisch zu bekommen, sind enorm. Fast noch schwieriger erscheint es nach den Erfahrungen mit dem Strukturkrisenkartell Betonstahlmatten, die Wettbewerber über einen langen Zeitraum von fünf Jahren zusammen zu halten.

Nach der Auswertung der Akten des Bundeskartellamts und Gesprächen mit Beamten des Bundeskartellamts scheint die Praxis des Amtes dahin zu gehen, Strukturkrisenkartelle im Rahmen des § 6 GWB nur in Form reiner Abbaukartelle ohne flankierende Maßnahmen für eine möglichst kurze Dauer zu genehmigen. So hat sich das Bundeskartellamt noch im Jahr 2000 bei Vorgesprächen mit der Transportbetonindustrie über die Genehmigung eines Strukturkrisenkartells für diese Branche vehement gegen die Genehmigung von flankierenden Preis- und Quotenabsprachen im Rahmen von Strukturkrisenkartellen ausgesprochen[592]. Dies entspricht in etwa auch der Praxis der europäischen Kommission, die im zweiten Teil der Arbeit vorgestellt werden soll.

IV. Gescheiterte Vorhaben

In der Vergangenheit wurden darüber hinaus zahlreiche Anträge auf die Freistellung von Strukturkrisenkartellen gestellt bzw. informelle Vorgespräche über mögliche Strukturkrisenkartelle mit dem Bundeskartellamt geführt worden. Im folgenden soll untersucht werden, warum diese geplanten Strukturkrisenkartelle nicht freigestellt wurden.

1. Antrag der Schuhbeschlag-Vereinigung e.V.

Am 4. 3.1958 stellte erstmals die Schuhbeschlag-Vereinigung e.V. im Namen von 15 Unternehmen einen Antrag auf ein Strukturkrisenkartell nach § 4 GWB a. F.[593]. Unter Schuhbeschlag-Erzeugnissen versteht man Schuhstifte, Drahthandtacks, Sohlennägel und Stiefeleisen[594]. Nach längeren Verhandlungen

---

[592] BKartA, TB 1999/2000, BT-Drucks. 14/6300, S. 109.

[593] BKartA, TB 1958, BT-Drucks. 1000, S. 44.

[594] Bekanntmachung des BKartA Nr. 51/58 v. 1.10.1958, a.a.O., BAnz. Nr. 197 v. 14.10.1958 = WuW/E BKartA 115 (116).

mit dem Bundeskartellamt wegen materiellrechtlicher Bedenken bezüglich der geplanten Preis- und Konditionenregelungen wurde am 12. 9.1958 ein geänderter Antrag von nunmehr lediglich 13 Herstellern von Schuhbeschlag eingereicht, in der auf eine Preis- und Konditionenregelung verzichtet wurde[595]. Eine Erlaubnis für das Strukturkrisenkartell wurde jedoch vom Bundeskartellamt mit Beschluß vom 14.12.1959 auch für diesen Antrag abgelehnt[596]. Zwar hatte die Prüfung des Bundeskartellamts ergeben, daß ein auf nachhaltiger Änderung der Nachfrage beruhender Absatzrückgang vorgelegen hatte[597]. So war der mengenmäßige Absatz zwischen 1954 und 1958 im Inlands- und Auslandsgeschäft um fast 50 Prozent zurückgegangen[598]. Es fehlte jedoch an der Planmäßigkeit der Kapazitätsanpassung[599]. Die Antragsteller waren trotz wiederholter mündlicher und schriftlicher Aufforderung durch das Bundeskartellamt keine Verpflichtung eingegangen, eine planmäßige Anpassung der Kapazität an den zurückgegangenen Bedarf herbeizuführen[600], und erklärten sich schließlich zur Vorlage eines derartigen Planes außerstande[601]. Man hatte sich lediglich darauf einigen können, den anfallenden Inlandsbedarf nach Quoten aufzuteilen[602]. Ein dauerhafter Kapazitätsabbau war in dem eingebrachten Plan hingegen nicht vorgesehen[603].

2. Antrag der Vereinigung Deutscher Sensenwerke

Am 14. 5.1958 stellten acht in der Vereinigung Deutscher Sensenwerke zusammengeschlossene Unternehmen einen Antrag auf Erlaubnis eines Struktur-

---

595 Bekanntmachung des BKartA Nr. 51/58 v. 1.10.1958 über den Erlaubnisantrag für Krisenkartell für Schuhbeschlaghersteller, BAnz. Nr. 197 v. 14.10.1958 = WuW/E BKartA 115ff.; siehe auch BKartA, TB 1958, BT-Drucks. 1000, S. 44.

596 Beschluß des BKartA v. 14.12.1959 – B1-301797-G-1/58 - „Schuhbeschlag“, BAnz. Nr. 5 v. 9. 1.1960 = WuW/E BKartA 115 (116).

597 Beschluß des BKartA v. 14.12.1959 – a.a.O. - „Schuhbeschlag“, BAnz. Nr. 5 v. 9. 1.1960 = WuW 1960, 152; siehe auch BKartA, TB 1959, BT-Drucks. 1795, S. 23.

598 Beschluß des BKartA v. 14.12.1959 – a.a.O. - „Schuhbeschlag“, BAnz. Nr. 5 v. 9. 1.1960 = WuW/E BKartA 115 (116).

599 Beschluß des BKartA v. 14.12.1959 – a.a.O. - „Schuhbeschlag“, BAnz. Nr. 5 v. 9. 1.1960 = WuW/E BKartA 115 (117).

600 Ebenda; siehe auch BKartA, TB 1959, BT-Drucks. 1795, S. 68.

601 Beschluß des BKartA v. 14.12.1959 – a.a.O. - „Schuhbeschlag“, BAnz. Nr. 5 v. 9. 1.1960 = WuW/E BKartA 115 (117).

602 BKartA, TB 1959, BT-Drucks. 1795, S. 23.

603 Siehe Beschluß des BKartA v. 14.12.1959 – a.a.O. - „Schuhbeschlag“, BAnz. Nr. 5 v. 9. 1.1960 = WuW/E BKartA 115 (117).

krisenkartells und eines Importkartells nach §§ 4 und 7 GWB a. F.[604]. Die Produktion an Sensen war nach Angaben der Antragsteller von 1,4 Millionen Stück vor 1939 auf 0,5 Millionen Sensen im Jahre 1958 zurückgegangen. Hauptursache für den starken Absatzrückgang sei die Mechanisierung in der Landwirtschaft gewesen[605]. Nachdem auch dieser Kartellvertrag auf rechtliche Bedenken des Bundeskartellamts gestoßen war, beantragten die Kartellmitglieder am 4.12.1958 erneut eine Kartellerlaubnis nach den §§ 4 und 7 GWB a. F., wobei sie für den Fall, daß das Bundeskartellamt die Voraussetzungen dieser Vorschriften nicht als gegeben ansehen sollte, eine Ministererlaubnis nach § 8 GWB beantragen wollten[606]. Dem neuen Antrag zufolge wollten sich die Kartellmitglieder verpflichten, innerhalb von drei Jahren neun Breithämmeranlagen stillzulegen und zu verschrotten sowie auf jegliche Kapazitätserweiterung zu verzichten[607]. Ein Unternehmen hatte sich bereits vorher gegenüber der Gemeinschaft verpflichtet, seine Produktion an Sensen auf die Dauer von fünf Jahren einzustellen und auch nicht mit anderen Produkten zu handeln[608]. Zu einer Freistellung durch das Bundeskartellamt kam es jedoch auch in diesem Fall nicht. Der Antrag der Gemeinschaft Deutscher Sensenwerke wurde vielmehr Anfang 1964 zurückgenommen[609], nachdem das Verfahren auf Wunsch der Antragsteller schon bis Ende 1963 geruht hatte[610]. Hintergrund dafür war, daß die Kapazitäten bereits während des Verfahrens an den Bedarf angepaßt worden waren, indem die beteiligten Unternehmen freiwillig eine entsprechende Anzahl von Schmiedehämmern abbauten[611].

3. Anträge der Mühlenkonventionen

Am 28. und 30. 6.1958 stellten die in drei Hauptgebiets- und neun Gebietskonventionen zusammengefaßten Handelsmühlen und einer Mühlenkonvention vereinigten handwerklichen Mühlen einen Antrag auf Erlaubnis zur Fortführung

---

[604] Bekanntmachung des BKartA Nr. 19/60 v. 29. 1.1960 über den Erlaubnisantrag eines Strukturkrisenkartells für Sensen, BAnz. Nr. 29 v. 12. 2.1960 =WuW 1960, 258; BKartA, TB 1958, BT-Drucks. 1000, S. 44.

[605] BKartA, TB 1959, BT-Drucks. 1795, S. 68.

[606] Siehe Bekanntmachung des BKartA Nr. 19/60 v. 29. 1.1960 Erlaubnisantrag eines Strukturkrisenkartells für Sensen, BAnz. Nr. 29 v. 12. 2.1960 = WuW 1960, 259.

[607] Vgl. Bekanntmachung Nr. 19/60 des BKartA v. 29. 1.1960, a.a.O., BAnz. Nr. 29 v. 12. 2.1960 = WuW 1960, 259.

[608] Ebenda.

[609] Vgl. Bekanntmachung Nr. 6/64 des BKartA vom 15. 1.1964 über die Rücknahme vom Erlaubnisantrag für ein Strukturkrisenkartell der Sensen-Industrie, BAnz. Nr. 17 v. 25. 1.1964 = WuW 1964, 220.

[610] BKartA, TB 1964, BT-Drucks. IV/3752, S. 22.

[611] Ebenda.

des sog. Mühlenkartells nach § 106 Abs. 2 GWB a. F, demgemäß bereits vor Inkrafttreten des GWB bestehende Kartelle unwirksam wurden, wenn nicht innerhalb von sechs Monaten ein Antrag auf Freistellung bei der zuständigen Kartellbehörde gestellt wurde[612]. Für das sog. Mühlenkartell hatte der Bundeswirtschaftsminister vor am 9.11.1955 auf Antrag der Arbeitsgemeinschaft Deutscher Handelsmühlen eine vorläufige Befreiung erteilt[613].

Das bislang praktizierte sog. Mühlenkartell war in drei „Gebietskonventionen" unterteilt: eine für Schleswig-Holstein, Niedersachsen, Bremen und Westberlin, eine für Nordrhein-Westfalen, und eine für Rheinland-Pfalz, Hessen, Baden-Württemberg und Bayern[614]. Diese Konventionen ermöglichten ins einzelne gehende Preisabsprachen je nach der örtlichen Lage der Unternehmen und gestatteten den kleineren Mühlen, ihr Mehl zu etwas niedrigeren Preisen zu verkaufen[615]. Darüber hinaus sah das Mühlenkartell Produktionsquoten vor, die nach der Produktion des Jahres 1954 berechnet wurden[616]. Überkapazitäten sollten dadurch abgebaut werden, daß Mitglieder die Vermahlungsquote einer von ihnen erworbenen, gepachteten oder genutzten außenstehenden Mühle übernehmen konnten, wenn deren Betrieb auf Dauer stillgelegt wurde[617].

Wegen dieser Problematik war im übrigen schon 1957 das sog. Mühlengesetz in Kraft getreten. Dieses sah ebenfalls bereits verschiedene Maßnahmen zum Kapazitätsabbau vor. So wurden zum einen neue Investitionen, einschließlich derjenigen zur Erweiterung bestimmter Kapazitäten, von einer Erlaubnis des Wirtschaftsministers abhängig gemacht[618]. Diese konnte auch nur dann erteilt werden, wenn die Nachfrage nach Mehl in dem entsprechenden Gebiet nicht anders gedeckt werden konnte. Zum anderen war der Abbau von bis zu 10.000 t täglicher Kapazität vorgesehen. Nachdem durch die Neufassung des Mühlenge-

---

612 Bekanntmachung Nr. 13/59 des BKartA v. 20. 3.1959 über den Erlaubnisantrag für Strukturkrisenkartelle industrieller und handwerklicher Mühlen; BAnz. Nr. 63 v. 3. 4.1959 = WuW 1959, 516f.; BKartA, TB 1958, BT-Drucks. 1000, S. 44; siehe ausführlich zum Fall der Mühlenkartelle *Buxbaum*, ZHR 131, 97.

613 Vorläufige Genehmigung vom 9. November 1955, WuW/E BWM 24 (25); siehe auch Bekanntmachung Nr. 13/59 des BKartA v. 20. 3.1959 a.a.O., BAnz. Nr. 63 v. 3. 4.1959 = WuW 1959, 516.

614 Bekanntmachung Nr. 13/59 des BKartA v. 20. 3.1959 a.a.O., BAnz. Nr. 63 v. 3. 4.1959 = WuW 1959, 516.

615 Ebenda.

616 Bekanntmachung Nr. 13/59 des BKartA v. 20. 3.1959 a.a.O., BAnz. Nr. 63 v. 3. 4.1959 = WuW 1959, 516.

617 Bekanntmachung Nr. 13/59 des BKartA v. 20. 3.1959 a.a.O., BAnz. Nr. 63 v. 3. 4.1959 = WuW 1959, 516.

618 Bekanntmachung Nr. 13/59 des BKartA v. 20. 3.1959 a.a.O., BAnz. Nr. 63 v. 3. 4.1959 = WuW 1959, 516.

setzes vom 9. 6.1959 die Frist für die öffentlich geförderten Stillegungen von Mühlen bis zum 31. 1.1960 verlängert wurde, hielt das Bundeskartellamt es für zweckmäßig, eine abschließende Entscheidung bis nach Ablauf der Frist zurückzustellen[619].

Am 8. 7.1960 stellten 23 in der Mühlenkonvention Saarland zusammengeschlossene Handelsmühlen ebenfalls Anträge auf Freistellung eines Strukturkrisenkartells nach § 4 a. F. und hilfsweise auf eine Ministererlaubnis nach § 8 GWB[620]. Der wesentliche Inhalt des Kartellvertrages entsprach dem vom Bundesminister für Wirtschaft am 8.11.1955 vorläufig und widerruflich genehmigten Kernvertrag, der den Kartellverträgen der bereits in den Jahren 1955 bis 1957 errichteten drei Hauptgebietskonventionen und neun Gebietskonventionen industrieller Mühlen zugrunde lag[621].

Obwohl die Mühlenkonventionen bisher noch keine vertragliche Regelung über einen planmäßigen Abbau überschüssiger Mühlenkapazitäten eingereicht hatten, hatte das Bundeskartellamt aus diesem Grunde Bedenken, die Erlaubnisanträge zurückzuweisen[622]. Grund waren Überlegungen, daß der freiwillige Zusammenschluß der marktbeteiligten Unternehmen in wettbewerbspolitischer Sicht einer gesetzlichen Marktordnung vorzuziehen sei. Zum anderen war das sog. Mühlengesetz nochmals bis zum 31. 3.1962 verlängert worden.

Eine abschließende Entscheidung mußte das Bundeskartellamt aber nicht treffen, da im Jahre 1962 die industriellen und handwerklichen Mühlen ihre Kartellanträge wieder zurücknahmen[623]. Auch ihnen war es nämlich nicht gelungen, sich auf einen gemeinsamen Abbauplan zu einigen[624].

4. Antrag der Feuerfestindustrie

Im Jahre 1966 beantragten elf Unternehmen der Feuerfestindustrie die Erlaubnis zu einem Strukturkrisenkartell[625]. Der Antrag wurde damit begründet,

---

619 BKartA, TB 1959, BT-Drucks. 1795, S. 24.

620 Bekanntmachung des BKartA Nr. 104/60 v. 7. 9.1960 über den Erlaubnisantrag für Strukturkrisenkartell saarländischer Mühlen, BAnz. Nr. 176 v. 13. 9.1960 = WuW 1960, 770.

621 Vgl. Bekanntmachung Nr. 104/60 des BKartA v. 7.09.1960 a.a.O., BAnz. Nr. 176 v. 13.09.1960 = WuW 1960, 770.

622 BKartA, TB 1961, BT-Drucks. IV/378, S. 41.

623 BKartA, TB 1962, BT-Drucks. IV/1220, S. 52.

624 Vgl. BKartA, TB 1972, BT-Drucks. 7/986, S. 13.

625 Bekanntmachung des BKartA Nr. 93/78 v. 9. 8.1978 über den Erlaubnisantrag zu einem Strukturkrisenkartell der Feuerfesten Industrie, BAnz. Nr. 201 v. 25.10.1966 = WuW 1967, 27f.; BKartA, TB 1966, BT-Drucks. V/1950, S. 31.

daß durch den Rückgang des Verbrauchs an feuerfesten Steinen[626] erhebliche Überkapazitäten entstanden seien[627]. Der Kartellvertrag sah ein Erweiterungsverbot bestehender Produktionsanlagen, einen Kapazitätsabbau und eine Kontingentierung des Absatzes nach Quoten vor[628]. Der Kapazitätsabbau sollte nach einem festgelegten Plan erfolgen, gemäß dem innerhalb von drei Jahren 150 000 t an Überkapazitäten abgebaut werden sollten[629]. Nach weiteren drei Jahren sollten noch einmal 150 000 t Kapazität abgebaut werden, um die Produktionseinrichtungen dem voraussichtlichen Bedarf anzupassen[630]. Auch in diesem Fall gelang es den Unternehmen jedoch nicht, sich auf einen gemeinsamen Abbauplan zu einigen, so daß auch sie ihren Freistellungsantrag zurückzogen[631].

5. Antrag von Synthesefaser-Herstellern

Im August 1978 beantragten die deutschen Partner eines europäischen Synthesefaser-Abkommens ein Strukturkrisenkartell für die Synthesefaserindustrie[632]. Nach dem Kartellvertrag sollten bis zum 30. 6.1979 Überkapazitäten in Höhe von 400.000 t abgebaut werden. Das waren etwa 15 Prozent der westeuropäischen Kapazitäten bei textilen Synthesefasern[633]. Darüber hinaus sollte ein Kapazitätserweiterungsverbot vereinbart werden, das bis zum 31.12.1981 gelten sollte[634]. Weiter sah der Kartellvertrag einen Transfer von realer Produktion zugunsten der vier Produzenten in Italien vor, um eine erhöhte Auslastung der italienischen Kapazitäten zu erreichen[635]. Da diese Vereinbarung bereits vorher bei der Kommission angemeldet worden war und sich die Kommission auch mit

---

626 Als feuerfeste Steine wurden Silikasteine, Schamottesteine, Magnesit, Magnesitchrom- und Chrommagnesitsteine, Spezialsteine, wie Sillimanit-, Korund-, Bauxit-, SiC-, Chromerz- und Kohlenstoffsteine, Grafitstopfen und –ausgüsse, Feuerfleichtsteine sowie sonstige feuerfeste Steine bezeichnet.

627 BKartA, TB 1966, BT-Drucks. V/1950, S. 31.

628 Bekanntmachung des BKartA Nr. 93/78 v. 9. 8.1978 a.a.O., BAnz. Nr. 201 v. 25.10.1966 = WuW 1967, 27.

629 Ebenda.

630 Ebenda.

631 Vgl. BKartA, TB 1972, BT-Drucks. 7/986, S. 13.

632 Bekanntmachung des BKartA Nr. 93/78 v. 9. 8.1978 über den Antrag auf Erteilung der Erlaubnis eines Strukturkrisenkartells für ein Europäisches Synthesefaser-Abkommen, BAnz. Nr. 159 v. 25. 8.1978 = WuW 1978, 702f.

633 Bekanntmachung des BKartA Nr. 93/78 v. 9. 8.1978 a.a.O., BAnz. Nr. 159 v. 25. 8.1978 = WuW 1978, 702; siehe auch Wirtschaftswoche Nr. 49 v. 1.12.1978 „Angst vor den Italienern", S. 53 (54).

634 Bekanntmachung des BKartA Nr. 93/78 v. 9. 8.1978 a.a.O., BAnz. Nr. 159 v. 25. 8.1978 = WuW 1978, 702.

635 Ebenda.

einer Freistellung dieses Kartells befaßte, kam eine Freistellung durch das Bundeskartellamt nicht mehr in Betracht[636].

6. Vorgespräche mit der Zementindustrie

Im Jahre 1975 führten Unternehmer der Zementindustrie von Nordrhein-Westfalen Vorgespräche mit dem Bundeskartellamt über die Möglichkeit eines Abbaus von Überkapazitäten in Nordrhein-Westfalen im Rahmen eines Strukturkrisenkartells[637]. Nach Darstellung der Zementhersteller litten insbesondere die westfälischen Zementmischer unter erheblichen Überkapazitäten[638]. Bei einer durchschnittlichen Produktionskapazität von 14 Millionen Tonnen hatten sie im Vorjahr nur elf Millionen absetzen können[639]. Das geplante Kartell sollte Marktanteile für die einzelnen Mörtelhersteller festlegen und Absprachen über die Stillegung ungenutzter Kapazitäten herbeiführen[640]. Allerdings stellte sich im Sommer 1976 heraus, daß ein Kartellvertrag nicht zustande kommen würde, weil einige kleine Hersteller nicht dazu bereit waren, sich zur Einhaltung von bestimmten Liefermengen und zur Stillegung von Produktionsanlagen zu verpflichten und somit ein gemeinsamer Abbauplan nicht möglich war[641].

Im Jahre 1978 teilte ein Unternehmen der Zementindustrie dem Bundeskartellamt erneut mit, daß mit anderen Zementherstellern Maßnahmen zum Abbau von Produktionskapazitäten in Westfalen getroffen werden sollten[642]. Die Beteiligten wollten über eine gemeinsam zu gründende Tochtergesellschaft bestehende Produktionsanlagen erwerben und stillegen[643]. Das Bundeskartellamt gab aber, noch bevor ein Antrag nach § 4 GWB a. F. gestellt wurde, zu erkennen, daß ein derartiger Antrag keine Aussicht auf Erfolg hätte[644]. Nach Ansicht des Bundeskartellamts fehlte es an einem auf nachhaltiger Änderung der Nachfrage beruhenden Absatzrückgang[645]. Zum einen sei der Absatz nämlich gegenüber dem Vorjahr gestiegen, zum anderen würden noch bestehende Überkapazitäten nicht auf einem Absatzrückgang beruhen, sondern darauf, daß sich der Absatz nicht in

---

[636] Die Darstellung erfolgt unten unter D.II, S. 117.

[637] BKartA, TB 1976, BT-Drucks. 8/704, S. 43.

[638] Siehe Wirtschaftswoche Nr. 26 v. 25. 6.1976, S. 34.

[639] Ebenda.

[640] Wirtschaftswoche Nr. 26 v. 25. 6.1976, S. 34.

[641] BKartA, TB 1976, BT-Drucks. 8/704, S. 43.

[642] BKartA, TB 1978, BT-Drucks. 8/2980, S. 49.

[643] Ebenda.

[644] BKartA, TB 1978, BT-Drucks. 8/2980, S. 49.

[645] Ebenda.

dem zum Zeitpunkt der Investitionsentscheidung erwarteten Umfang erhöht hatte[646].

7. Vorgespräche mit dem Fachverband Betonstahlmatten

Auch der Fachverband Betonstahlmatten führte im Jahre 1978 mit dem Bundeskartellamt Vorgespräche und legte einen Vertragsentwurf für ein Strukturkrisenkartell seiner Mitglieder vor[647]. Einen offiziellen Antrag stellte man aber noch zurück. Der Entwurf sah einen Abbau bestehender Überkapazitäten um rund 25 Prozent, die Einrichtung einer Kapazitätsabbaukommission und einer Überwachungsstelle, Stillegungsprämien, Produktions- und Absatzquoten sowie Vertragsstrafen bei Nichteinhaltung der vorgesehenen Abbaumaßnahmen und bei Quotenüberschreitungen vor[648]. Auch in diesem Fall gab das Bundeskartellamt nach seiner Vorprüfung aber zu erkennen, daß kein auf nachhaltiger Änderung der Nachfrage beruhender Absatzrückgang vorlag[649], so daß ein Antrag auf Freistellung eines Strukturkrisenkartells nicht mehr gestellt wurde.

8. Vorgespräche mit dem Fachverband Stahlblechverarbeitung

Auch der Fachverband Stahlblechverarbeitung e.V. hatte im Jahr 1978 für eine von ihm betreute Gruppe von Stahlblechherstellern mit dem Bundeskartellamt Vorgespräche für ein Strukturkrisenkartell aufgenommen[650]. Umsatzeinbußen durch einen Geschmackswandel der Abnehmer sowie Billigimporte aus Italien und Belgien hatten zu einem Rückgang der Zahl der Hersteller seit 1969 von 21 auf 9 geführt. Der Auslastungsgrad ihrer Kapazitäten lag nur noch bei etwa 50 Prozent[651]. In einem Entwurf eines Abbauplans war als erste Stufe ein Verschrottungssatz von 20 Prozent vorgesehen[652]. Ein Strukturkrisenkartell kam aber nicht zustande, da sich der Markt positiv entwickelte und die Hersteller daher ihr Vorhaben zurückstellten[653].

9. Vorgespräche mit Schlachtunternehmen

Im Februar 1996 führte das Bundeskartellamt Gespräche über ein „Strukturkrisenkartell Schlachthöfe“[654]. An dem geplanten Kartell sollten sich unter der Federführung des deutschen Bauernverbandes und des Deutschen Raiffeisen-

---

[646] BKartA, TB 1978, BT-Drucks. 8/2980, S. 49.

[647] BKartA, TB 1978, BT-Drucks. 8/2980, S. 51.

[648] Ebenda.

[649] Ebenda.

[650] BKartA, TB 1978, BT-Drucks. 8/2980, S. 59.

[651] Ebenda.

[652] Ebenda.

[653] BKartA, TB 1978, BT-Drucks. 8/2980, S. 60.

[654] BKartA, TB 1995/96, BT-Drucks. 13/7900, S. 79.

verbandes siebzehn große und mittelständische Schlachtunternehmen beteiligen. Die Grundvoraussetzung eines auf nachhaltiger Änderung der Nachfrage beruhenden Absatzrückgangs schien dem Bundeskartellamt aus damaliger Sicht gegeben[655]. Allerdings wurden die weiteren Voraussetzungen im einzelnen nicht mehr geprüft, da die Kartellpläne bereits an brancheninternen Widerständen scheiterten[656].

10. Vorgespräche mit der Transportbetonindustrie

Im Jahr 2000 führte das Bundeskartellamt Vorgespräche mit der Transportbetonindustrie über die Bildung eines Strukturkrisenkartells im Großraum Berlin[657]. Angesichts stark gesunkener Bautätigkeit bei der auch längerfristig keine nachhaltige Verbesserung zu erwarten war, schätzte die Transportbetonindustrie die dortigen Überkapazitäten auf rund 50 Prozent[658]. Im Rahmen eines Strukturkrisenkartells, dem sich bisher 35 Unternehmen mit 107 Werken angeschlossen hatten, sollte versucht werden, einen Abbau der Überkapazitäten zu erreichen[659]. Dabei wies das Bundeskartellamt darauf hin, daß lediglich ein geregelter Kapazitätsabbau ohne Preis- und Quotenabsprachen sowie keine periodischen und zeitnahen Erhebungen von Produktionskennziffern bei den Kartellmitgliedern erfolgen dürften[660]. Angesichts der Bußgeldverfahren gegen Transportbetonunternehmen sollte der Anschein vermieden werden, daß unter dem Schutzmantel eines Strukturkrisenkartells eine Planung und Steuerung der Produktion bei den Kartellmitgliedern erfolgen könnte[661]. Auch dieses Vorhaben scheiterte schließlich jedoch daran, daß die Unternehmen sich nicht auf einen gemeinsamen Abbauplan einigen konnten[662].

V. Gründe fürs das Scheitern der Anträge und Vorgespräche

Wie die Darstellung der zahlreichen erfolglosen Anträge und Vorgespräche zeigt, war die Hauptursache für ein Scheitern der geplanten Strukturkrisenkartelle, daß es den Unternehmen nicht gelang, das Erfordernis des planmäßigen Kapazitätsabbaus zu erfüllen, da sie sich nicht auf einen gemeinsamen Kapazitätsabbauplan einigen konnten. So wäre beispielsweise in den Fällen der Schuhbeschlagindustrie, der Zementindustrie und der Schlachtunternehmen eine Freistel-

---

655 Vgl. BKartA, TB 1995/96, BT-Drucks. 13/7900, S. 79.

656 BKartA, TB 1995/96, BT-Drucks. 13/7900, S. 80.

657 BKartA, TB 1999/2000, BT-Drucks. 14/6300, S. 109.

658 Ebenda.

659 BKartA, TB 1999/2000, BT-Drucks. 14/6300, S. 109.

660 Ebenda.

661 BKartA, TB 1999/2000, BT-Drucks. 14/6300, S. 109.

662 BKartA, TB 2001/2002, BT-Drucks. 15/1226, S. 146.

lung von Strukturkrisenkartellen durchaus möglich gewesen, da die Grundvoraussetzung des § 6 GWB bzw. § 4 GWB a. F., ein auf nachhaltiger Änderung der Nachfrage beruhender Absatzrückgang, nach der Vorprüfung des Bundeskartellamts jeweils gegeben war. In dem Erfordernis des planmäßigen Kapazitätsabbaus liegt – wie diese Fälle zeigen – die Hauptschwierigkeit für ein Strukturkrisenkartell. Die Voraussetzung der Notwendigkeit der Maßnahmen des § 6 GWB ist nur dann gegeben, wenn ihm alle oder zumindest die meisten Unternehmen des betreffenden Industriezweigs angehören, da es ansonsten an der erforderlichen Wahrscheinlichkeit des Erreichens des Kapazitätsabbaus fehlt[663]. Dies bedeutet aber, daß für eine Erlaubnis eines Strukturkrisenkartells sich nahezu alle Unternehmen einer Branche, die sich sonst im Wettbewerb oftmals fast feindlich gegenüberstehen, zusammen finden und sich auf einen gemeinsamen Kapazitätsabbau einigen müssen. Wie die gescheiterten Anträge und informellen Vorgespräche zeigen, ist dies in der Praxis sehr schwierig zu bewerkstelligen. Denn schon ein nicht ganz unbedeutender Wettbewerber, der sich nicht an dem Kartell beteiligen möchte, kann den Kartellzweck und damit die Freistellung des Strukturkrisenkartells gefährden. Die Praxis zeigt, daß es oftmals unmöglich ist, fast alle Unternehmen einer Branche zu vereinigen, um einen gemeinsamen Kapazitätsabbau durchzuführen.

Ein weiterer Grund für das Scheitern von geplanten Strukturkrisenkartellen war, daß es an einem „auf nachhaltiger Änderung der Nachfrage beruhender Absatzrückgang" fehlte. So lehnte das Bundeskartellamt in Vorgesprächen ein geplantes Strukturkrisenkartell für die Betonstahlmattenhersteller im Jahre 1978 ab, da nach Auffassung der Behörde kein nachhaltiger Absatzrückgang gegeben war. Bei den Vorgesprächen mit der Zementindustrie und mit der Stahlblechverarbeitung scheiterte das Zustandekommen von Strukturkrisenkartellen daran, daß eine Vorprüfung des Bundeskartellamts zwar ergeben hatte, daß erhebliche Überkapazitäten bestanden, sich dann aber der Markt überraschend positiv entwickelte, so daß es weiterer Prüfung nicht mehr bedurfte. Darüber hinaus beruhten im Fall der Zementindustrie noch bestehende Überkapazitäten nicht auf einem Absatzrückgang, sondern darauf, daß sich der Absatz nicht in dem zum Zeitpunkt der Investitionsentscheidung erwarteten Umfang erhöht hatte. Im Fall der Sensenhersteller kam ein Strukturkrisenkartell nicht zustande, da es den Antragstellern gelang, den Kapazitätsabbau freiwillig ohne Kartellierung zu bewerkstelligen.

Die vielen gescheiterten Versuche, Strukturkrisenkartelle anzumelden, zeigen, welch hohe Hürden der gesetzliche Rahmen im deutschen Recht für die Genehmigung von Strukturkrisenkartelle aufstellt. In der Praxis führten diese strengen Voraussetzungen in der Regel dazu, daß Strukturkrisenkartelle erst genehmigt

---

[663] S. o. unter A.II.4, S. 15.

wurden, wenn eine gesamte Branche über viele Jahre unter Überkapazitäten gelitten hatte. Erst dann fand sich in der Branche die erforderliche Einigkeit, um einen gemeinsamen Kapazitätsabbauplan aufzustellen. Die strengen Voraussetzungen führten dazu, daß Strukturkrisenkartelle nur in seltenen Ausnahmefällen genehmigt wurden. Allerdings stellt der § 6 GWB nur eine Ausnahmevorschrift vom Grundsatz des Kartellverbots in § 1 GWB dar. Die nur ausnahmsweise gewährten Genehmigungen sind somit letztlich Ausdruck der gesetzgeberischen Wertung.

C. Europäische Strukturkrisenkartelle

Nach dem zweiten Weltkrieg hat sich im Zuge einer fortschreitenden Einigung Europas auch das europäische Kartellrecht entwickelt. Dieses findet seine Regelungen vor allem in den Art. 81 bis 86 EG, die gleichzeitig mit dem GWB in Kraft getreten sind. Erst mit der Einführung der Kartellverfahrensverordnung Nr. 17/62[664] vom 6. 2.1962, durch die das Anmeldeverfahren für wettbewerbsbeschränkende Vereinbarungen geregelt wurde, erlangte das europäische Kartellrecht aber Bedeutung. Bis dahin waren gegen Art. 81 Abs. 1 EG verstoßende Kartelle „vorläufig gültig", bis die zuständigen Behörden über ihre Nichtigkeit gemäß Art. 81 Abs. 2 EG entschieden hatten.

I. Kartellverbot des Art. 81 Abs. 1 EG und Ausnahmen

Art. 81 Abs. 1 EG entspricht im Wortlaut der jetzigen Fassung des § 1 GWB, der im Zuge der sechsten Gesetzesnovelle von 1998 an den Wortlaut des Art. 81 Abs. 1 EG angeglichen worden war[665], enthält aber darüber hinaus noch die sog. Zwischenstaatlichkeitsklausel. Danach muß die fragliche wettbewerbsbeschränkende Maßnahme geeignet sein, den Handel zwischen den Mitgliedsstaaten zu beeinträchtigen.

Der Tatbestand des Art. 81 Abs. 1 EG nennt in Hs. 2 lit. a – e verschiedene Regelbeispiele, bei deren Vorliegen von einer unzulässigen Wettbewerbsbeschränkung auszugehen ist[666]. Als Beispiel für eine wettbewerbsbeschränkende Vereinbarung führt Art. 81 Abs. 1 Hs. 2 lit. b EG die Einschränkung oder Kontrolle der Erzeugung, des Absatzes, der technischen Entwicklung oder der Investitionen an. Dieses Regelbeispiel umfaßt eine ganze Reihe „klassischer" Kartelle, u. a. Strukturkrisenkartelle[667].

Strukturkrisenkartelle enthalten Vereinbarungen über den Abbau von Kapazitäten beispielsweise in der Form von Produktionsstillegungen oder Betriebsschließungen. Diese stellen eine Einschränkung und Kontrolle der Erzeugung bzw. des Absatzes dar und sind daher gemäß Art. 81 Abs. 1 Hs. 2 lit. b EG verboten. Gleiches gilt für die Vereinbarung von Produktionsquoten zur Stabilisierung eines Kartells[668]. Investitionsverbote zur Verhinderung einer Erweiterung der Kapazitäten während des gemeinsamen Kapazitätsabbaus fallen ebenfalls unter das Verbot des Art. 81 Abs. 1 Hs. 2 lit. b EG. Regelungen bezüglich der

---

[664] ABl. 1962 Nr. P 13/204.

[665] Amtl. Begr. BT-Drucks. 13/9720, 31.

[666] *Brinker* in Schwarze, EUV, Art. 81, Rn. 41.

[667] *Emmerich*, S. 401.

[668] Vgl. hierzu Kommission, Entsch. v. 12.12.1978, ABl. 1979 Nr. L 21/16 „Blanc de Céruse".

Vereinbarung von Preisen oder Konditionen, die von den Kartellmitgliedern flankierend zur Stabilisierung des Kartells vereinbart werden, fallen dagegen unter das Verbot des Art. 81 Abs. 1 Hs. 2 lit. a EG, der die unmittelbare oder mittelbare Festsetzung der An- oder Verkaufspreise oder sonstiger Geschäftsbedingungen untersagt[669].

Strukturkrisenkartelle fallen aufgrund der sog. Zwischenstaatlichkeitsklausel unter das Kartellverbot des Art. 81 Abs. 1 EG, wenn sie den Handel zwischen den Mitgliedsstaaten spürbar beeinträchtigen. Die Zwischenstaatlichkeitsklausel ist erfüllt, wenn die angemeldete Vereinbarung beispielsweise Unternehmen aus mehreren Mitgliedstaaten verbindet und diese ihrer Tätigkeit – insbesondere auch durch Tochter- und Schwestergesellschaften – auf dem Gebiet des Gemeinsamen Marktes nachgehen und die betreffenden Erzeugnisse zwischen den Mitgliedstaaten gehandelt werden[670]. Wegen des Verstoßes gegen Art. 81 Abs. 1 EG sind Strukturkrisenkartelle grundsätzlich nichtig gemäß Art. 81 Abs. 2 EG. Nach Art. 81 Abs. 3 EG können gegen das Kartellverbot des Art. 81 Abs. 1 EG verstoßende Vereinbarungen, Beschlüsse oder aufeinander abgestimmte Verhaltensweisen freigestellt werden. Allein zuständig für die Freistellung war bislang nach Art. 9 Abs. 1 der Verordnung (EWG) Nr. 17/62[671] die Kommission. Nach der neuen Verordnung (EG) Nr. 1/03[672] gelten seit dem 1. 5.2004 Vereinbarungen, Beschlüsse von Unternehmensvereinbarungen und abgestimmte Verhaltensweisen nach der neuen Kartellverfahrensverordnung zukünftig hingegen als per se freigestellt, wenn sie die Voraussetzungen des Art. 81 Abs. 3 EG erfüllen. Das bisherige Freistellungsmonopol der Kommission entfällt somit[673].

---

[669] Vgl. hierzu Kommission, Entsch. v. 16. 7.1969, ABl. 1969 Nr. L 192/5 „Quinine"; EuGH, Urt. v. 15. 7.1970, Rs. 41/69, Slg. 1970, 661 (773, 769) „Chemiefarma/Kommission"; EuGH, Urt. v. 14. 7.1972, Rs. 48/69, Slg. 1972, 619 (658) „ICI/Kommission"; Kommission, Entsch. v. 30. 6.1970, ABl. 1970 Nr. L 148/9; Kommission, Entsch. v. 23.12.1971, ABl. 1972 Nr. L 22/16 „NCH"; Kommission, Entsch. v. 22.12.1972, ABl. 1972 Nr. L 303/24 „Cimbel"; Kommission, Entsch. v. 22.12.1972, ABl. 1972 Nr. L 303/45 „GISA"; Kommission, Entsch. v. 17. 6.1974, ABl. 1974 Nr. L 160/1 „Verres d´emballage"; Kommission, Entsch. v. 29.12.1974, ABl. 1974 Nr. L 343/19 „Roulements à billes"; Kommission, Entsch. v. 23.12.1977, ABl. 1978 Nr. L 70/54 „Parchemin végétal"; EuGH, Urt. v. 17.10.1972, Rs. 8/72, Slg. 1972, 977 (992) „VCH"; EuGH, Urt. v. 26.11.1975, Rs. 73/74, Slg. 1975, 1491 (1514) „Papier Peints"; Kommission, Entsch. v. 8. 1.1975, ABl. 1975 Nr. L 29/26 „Conserves de champignons".

[670] Kommission, Entsch. v. 2. 7.1984, ABl. 1984 Nr. L 207/17 (22 Tz. 27) „Kunstfasern".

[671] Verordnung (EWG) Nr. 17/62, ABl. 1962 Nr. P 13/204ff.

[672] Verordnung (EG) Nr. 1/03 des Rates v. 16.12.2002 zur Durchführung der in den Art. 81 u. 82 niedergelegten Wettbewerbsregeln, ABl. 2003 Nr. L 1/1 = EuZW 2003, Beil. z. H. 3.

[673] Hierzu ausführlich siehe unten unter G.I, S. 167.

Teilweise wurde in früheren Verfahren der Kommission gegen Unternehmen von Unternehmerseite vorgebracht, daß es im Falle von Überkapazitäten und Dumpingpraktiken keiner Freistellung nach Art. 81 Abs. 3 EG bedürfe, da bestehende Überkapazitäten und die Abwehr von Dumpingpraktiken eine Rechtfertigung für einen Verstoß gegen Art. 81 Abs. 1 EG darstellten[674]. Dies ist jedoch abzulehnen. Art. 81 Abs. 1 EG ist eine Vorschrift zwingenden Rechts, die nicht ausgeschlossen oder sonstwie unterlaufen werden darf[675]. Ausnahmen von dieser Vorschrift sind nur im Rahmen des Art. 81 Abs. 3 EG zulässig[676]. Zudem ist der Schutz der "freien Marktwirtschaft" nicht Sache der Unternehmer, sondern staatlichem Handeln vorbehalten[677]. Dieser Schutz obliegt vor allem der Kommission, die die Pflicht hat, die im EG-Vertrag niedergelegten Grundsätze in eine allgemeine Politik umzusetzen und das Verhalten der Unternehmen im Lichte dieser Grundsätze zu steuern[678].

Weiter wurde es in Verfahren der Kommission gegen Unternehmen als eine Rechtfertigung für einen Verstoß gegen Art. 81 Abs. 1 EG angesehen, wenn staatliche Behörden der Mitgliedstaaten die Maßnahmen gekannt oder sogar ausdrücklich gebilligt haben[679]. Auch dies ist aber abzulehnen, da im Interesse einer einheitlichen Rechtsanwendung eine Freistellung von Art. 81 Abs. 1 EG nur nach den Voraussetzungen des Art. 81 Abs. 3 EG erfolgen darf. Ein Verstoß gegen die Wettbewerbsregeln des EG-Vertrages kann nicht schon deshalb entfallen, weil nationale Behörden aus Gründen, die unter Gesichtspunkten des nationalen Interesses einleuchtend sein mögen, das Verhalten der beteiligten Unternehmen genehmigt oder stillschweigend gebilligt haben[680] bzw. die Maßnahmen unterstützt oder gefördert haben[681].

---

[674] Vgl. Kommission, Entsch. v. 6. 8.1984, ABl. 1984 Nr. L 220/27 (39 Tz. 73) „Zinc Producer Group".

[675] So auch Kommission, Entsch. v. 7.12.1984, ABl. 1985 Nr. L 95/1 (43 Tz. 12.2) „Aluminiumeinfuhren aus Osteuropa".

[676] Ebenda.

[677] Ebenda.

[678] EuGH, Urt. v. 7. 6.1983, Verb. Rs. 100-103/80, Slg. 1983, 1825 (1905) „Pioneer"; Kommission, Entsch. v. 7.12.1984, ABl. 1985 Nr. L 95/1 (43 Tz. 12.2) „Aluminiumeinfuhren aus Osteuropa".

[679] Kommission, Entsch. v. 6. 8.1984, ABl. 1984 Nr. L 220/27 (39 Tz. 74) „Zinc Producer Group"; Kommission, Entsch. v. 5.12.1984, ABl. 1985 Nr. 35/20 (25 Tz. 28) „Feuerversicherung".

[680] Kommission, Entsch. v. 5.12.1984, ABl. 1985 Nr. 35/20 (25 Tz. 28) „Feuerversicherung".

[681] Kommission, Entsch. v. 7.12.1984, ABl. 1985 Nr. L 95/1 (38f. Tz. 10.1f.) „Aluminiumeinfuhren aus Osteuropa"; vgl. auch Kommission, Entsch. v. 12.12.1983, ABl. 1983 Nr. L 376/30 (34 Tz. 25) „IEA".

Auch die sich aus dem EG-Vertrag und aus Art. 10 Abs. 2 Verordnung (EWG) Nr. 17/62[682] ergebende Verpflichtung der Kommission, Verfahren zur Anwendung der Wettbewerbsregeln in enger und stetiger Verbindung mit den zuständigen Behörden der Mitgliedsstaaten durchzuführen, führt in diesem Zusammenhang zu keinem anderen Ergebnis[683]. Zwar sollte die Kommission bei der Anwendung der Wettbewerbsregeln grundsätzlich Situationen vermeiden, in denen ohne Grund wirtschaftspolitische Entscheidungen der Mitgliedstaaten durchkreuzt werden. Bei eindeutigen Verstößen gegen zwingende Grundsätze des EG-Wettbewerbsrechts kann jedoch ein Konflikt nur zugunsten der Normen des EG-Rechts entschieden werden[684].

Nach der Rechtsprechung des EuGH wäre eine Rechtsfertigung eines Verstoßes gegen Art. 81 Abs. 1 EG allenfalls wegen Notstandes denkbar[685]. Dazu müßten die betreffenden Unternehmen jedoch darlegen können, daß ihre Existenz auf dem Spiel steht. Ein solcher Nachweis für sämtliche Kartellbeteiligten dürfte jedoch schwierig zu erbringen sein, da bei einer Existenznot aller Beteiligten der damit einhergehende Ausscheidungs- und Konsolidierungsprozeß in der Regel schon stattgefunden hat.

Art. 81 Abs. 3 EG sieht gleichermaßen generelle Freistellungen für Gruppen von Vereinbarungen wie Einzelfreistellungen für bestimmte Verträge vor. Eine Gruppenfreistellung für Strukturkrisenkartelle existiert bislang nicht. Daher kommt nur eine Einzelfreistellung in Betracht. Einzelne Vereinbarungen konnten nach der bislang geltenden Verordnung (EWG) Nr. 17/62[686] auf Anmeldung der beteiligten Unternehmen hin bei Vorliegen der Voraussetzungen des Art. 81 Abs. 3 EG von der Kommission freigestellt werden. Der Kommission stand dabei ein Beurteilungsspielraum zu, der nur begrenzt der Kontrolle durch den EuGH bzw. das EuG zugänglich war[687]. Seit dem 1. 5.2004 sind Vereinbarungen, die die Voraussetzungen des Art. 81 Abs. 3 EG erfüllen, hingegen per se freigestellt[688].

II. Freistellung von Strukturkrisenkartellen

Eine eigenständige Ausnahmeregelung für Strukturkrisenkartelle gibt es im EG-Vertrag nicht. Auch der EGKS-Vertrag, dessen Geltungsdauer bereits am

---

682 Verordnung (EWG) Nr. 17/62, ABl.1962 Nr. P 13/204ff.

683 Kommission, Entsch. v. 5.12.1984, ABl. 1985 Nr. 35/20 (25 Tz. 28) „Feuerversicherung".

684 Kommission, Entsch. v. 5.12.1984, ABl. 1985 Nr. 35/20 (25 Tz. 28) „Feuerversicherung".

685 EuGH, Urt. v. 7. 6.1983, Verb. Rs. 100-103/80, Slg. 1983, 1825 (1901f.) „MDF"; so auch Gleiss/Hirsch, Art. 85 (1) Rn. 324.

686 Verordnung (EWG) Nr. 17/62, ABl. 1962 Nr. P 13/204ff.

687 *Weiß* in Calliess/Ruffert, Art. 81 Rn. 151.

688 Hierzu ausführlich siehe unten unter G.I, S. 167.

23. 7.2002 ausgelaufen ist[689] und dessen Anwendungsbereiche in den Anwendungsbereich des EG-Vertrages überführt wurden[690], sah keine Krisenkartelle vor[691]. Lediglich Art. 6 der Verordnung (EWG) Nr. 1017/68[692] ermöglichte bislang im Bereich Verkehr die Genehmigung von Strukturkrisenkartellen, wenn der Rat auf dem Verkehrsmarkt einen Krisenzustand festgestellt hat. Nachdem der EuGH in seiner Rechtsprechung klargestellt hat, daß die Wettbewerbsregeln des EG-Vertrages auch für den Verkehr gelten, mußten die speziellen Verfahrensvorschriften für diesen Sektor jedoch aufgehoben werden[693]. Dies geschah mit der neuen Kartellverfahrensverordnung (EG) Nr. 1/03[694], die bereits im Januar 2003 in Kraft getreten ist und seit dem 1. 5.2004[695] Anwendung findet.

Spezielle Regelungen für Wirtschaftskrisen im EG-Vertrag fehlen, da dem EG-Vertrag die Perspektive eines stetigen Wirtschaftswachstums zugrunde liegt. So wird bereits in der Präambel des EG-Vertrages der Vorsatz ausgesprochen, die stetige Besserung der Lebens- und Beschäftigungsbedingungen der Völker als wesentliches Ziel anzustreben. Weiter benennt Art. 2 EG die Förderung einer harmonischen, ausgewogenen und nachhaltigen Entwicklung des Wirtschaftslebens als eine Aufgabe der Gemeinschaft. Aufgrund der zunächst positiven wirtschaftlichen Entwicklung der Europäischen Gemeinschaft hatte die Kommission zunächst keinen Grund, sich mit einer Freistellung von Krisenkartellen zu beschäftigen. Erst Mitte der 70er Jahre zwang die anhaltende Rezession in Europa die Kommission, sich erstmals mit der Bekämpfung von Strukturkrisen befassen[696]. So versuchte die Kunstfaserbranche mehrmals vergeblich gemäß Art. 81 Abs. 3 EG, für Vereinbarungen über ein Strukturkrisenkartell eine Freistellung vom Kartellverbot des Art. 81 Abs. 1 EG zu erreichen[697]. Die Kommission sah

---

[689] Vgl. § 97 EGKS.

[690] *Herdegen*, S. 37.

[691] *Friden/Jorna* in Groeben, Art. 85 Rn. 40; *Wallenberg*, RIW 1996, 753 (755).

[692] Verordnung (EWG) Nr. 1017/68, ABl. 1968 Nr. L 175/1.

[693] Verordnung (EG) Nr. 1/03 des Rates v. 16.12.2002 zur Durchführung der in den Art. 81 u. 82 niedergelegten Wettbewerbsregeln, ABl. 2003 Nr. L 1/1 (Erw. Gr. 7, 36).

[694] Verordnung (EG) Nr. 1/03 des Rates v. 16.12.2002 zur Durchführung der in den Art. 81 u. 82 niedergelegten Wettbewerbsregeln, ABl. 2003 Nr. L 1/1 = EuZW 2003, Beil. z. H. 3.

[695] Art. 45 Verordnung (EG) Nr. 1/03 a.a.O., ABl. 2003 Nr. L 1/1 (25).

[696] Zur Strukturkrise in der *Textilindustrie* vgl. Kommission, Fünfter WB (1975), Tz. 105f., Sechster WB (1976), Tz. 222ff., Achter WB (1978), Tz. 42f., Elfter WB (1981), Tz. 46f.; zur Strukturkrise in der *Eisen- und Stahlindustrie* vgl. Kommission, Siebter WB (1977), Tz. 259ff.

[697] Kommission, Zweiter WB (1972), Tz. 31 - Antrag der Polyester-Stapelfaserhersteller; Kommission, Achter WB (1978), Tz. 42 - Antrag elf europäischer Chemiefaserhersteller; Elfter WB (1981), Tz. 46.

zunächst die Voraussetzungen einer Freistellung nach Art. 81 Abs. 3 EG nicht als gegeben an[698]. Daraus kann jedoch nicht gefolgert werden, daß die Kommission zum damaligen Zeitpunkt ein Strukturkrisenkartell grundsätzlich nicht mit Art. 81 Abs. 3 EG als vereinbar sah. Zu berücksichtigen ist nämlich, daß die angemeldeten Vereinbarungen über reine Abbaumaßnahmen hinaus auch Absprachen bezüglich Verkaufspreise und Produktionsquoten enthielten[699], die für sich genommen einer Freistellung entgegenstanden, so daß es auf die Frage einer generellen Zulässigkeit nicht ankam.

Im Jahre 1978 verkündete die Kommission, sie erarbeite auf der Grundlage von Art. 83 Abs. 1 EG einen Entwurf einer Gruppenfreistellungsverordnung - basierend auf der deutschen Ausnahmeregelung für Strukturkrisenkartelle des § 4 GWB a. F. -, um für Strukturkrisenkartelle eine Ausnahmeregelung einzuführen[700]. In diesem Entwurf war vorgesehen, daß Absprachen über einen gemeinsamen Kapazitätsabbau freigestellt werden konnten, wenn sie im allgemeinen Interesse der Gemeinschaft notwendig waren und einer dauerhaften veränderten Nachfrageentwicklung innerhalb der Gemeinschaft Rechnung trugen[701]. Neben Vereinbarungen über den Kapazitätsabbau sollten auch Preis- und Quotenabsprachen zugelassen werden, soweit sie für die Kapazitätsanpassung unerläßlich sein würden[702]. Allerdings wurde dieser Entwurf aufgrund von Meinungsverschiedenheiten innerhalb der Kommission wieder verworfen[703]. So wurden Bedenken geäußert, daß mittels einer solchen Verordnung Kartellen in verschiedenen Sektoren Tür und Tor geöffnet würde[704]. Weiter herrschte eine hohe Skepsis bezüglich der Tauglichkeit von Strukturkrisenkartellen für die Sanierung von an strukturellen Überkapazitäten leidenden Wirtschaftszweigen[705].

Auch bezüglich einer Einzelfreistellung hatte die Kommission sich zunächst einer Freistellung von Strukturkrisenkartellen nach Art. 81 Abs. 3 EG verschlossen, da sie in diesen Fällen die Voraussetzungen des Art. 81 Abs. 3 EG als nicht erfüllt ansah[706]. Im Wettbewerbsbericht des Jahres 1981 ließ sie jedoch durch-

---

698 Kommission, Zweiter WB (1972), Tz. 31; Achter WB (1978), Tz. 42.

699 Ebenda.

700 Kurzinformationen, WuW 1978, 256; Der Entwurf wurde veröffentlicht in der F.A.Z. v. 21.06.1978 „Wie Brüssel die Krisenkartelle erlauben will"; siehe dazu *Vogelaar*, (1985) SRICL, 35 (41f.); *Joliet*, (1981) WO, 403 (413).

701 Kurzinformationen, WuW 1978, 329.

702 Ebenda.

703 *Sharpe*, [1980] CMLR, 75 (81); *Joliet*, (1981) WO, 403 (413).

704 Vgl. *Joliet*, (1981) WO, 403 (413).

705 Ebenda.

706 So noch Kommission, Elfter WB (1981), Tz. 46-48; siehe auch Kommission, Achter WB (1978), Tz. 42.

blicken, daß Strukturkrisenkartelle dann vom Kartellverbot des Art. 81 Abs. 1 EG freigestellt werden könnten, wenn sich diese lediglich auf den Abbau von Überkapazitäten beschränkten[707]. Eine Vereinbarkeit mit Art. 81 Abs. 3 EG sei dagegen nicht gegeben, wenn die angemeldeten Vereinbarungen Absprachen über Preise, Produktions- oder Liefermengen enthielten[708]. Dies gelte auch für Vereinbarungen, die eine Beteiligung der überwiegenden Mehrheit der Unternehmen aus der betroffenen Branche und Maßnahmen zur Einhaltung einer strengen Disziplin hinsichtlich der gesamten wirtschaftlichen Tätigkeit der Kartellmitglieder und Schutzmaßnahmen gegenüber der Außenkonkurrenz vorsahen[709].

Aufgrund der andauernden Wirtschaftskrise veröffentlichte die Kommission sodann im Zwölften Wettbewerbsbericht des Jahres 1982 in den „Wettbewerbsregeln und Maßnahmen zum Abbau struktureller Überkapazitäten" ihre Freistellungspolitik bezüglich der Freistellung von Strukturkrisenkartellen[710]. Diese sog. Wettbewerbsregeln hat sie im XXIII. Wettbewerbsbericht des Jahres 1993 wiederholt und noch etwas ausgestaltet[711]. Diese Wettbewerbsregeln haben zwar keine rechtliche Verbindlichkeit, entfalten aber eine Selbstbindung der Kommission in ihrer Verwaltungspraxis. Auch wenn das bisherige Freistellungsmonopol der Kommission durch die neue Kartellverfahrensverordnung Nr. 1/03 entfallen ist, stellen die Wettbewerbsregeln der Kommission für die jetzige automatische Freistellung einen Leitfaden für die Zulässigkeit von Strukturkrisenkartellen nach Art. 81 Abs. 3 EG dar.

III. Wettbewerbsregeln der Kommission

In diesen sog. Wettbewerbsregeln aus den Jahren 1982 und 1993 stellte die Kommission Erfordernisse auf, nach denen Strukturkrisenkartelle freistellt werden sollen. Diese Erfordernisse gelten auch für die automatische Freistellung von Vereinbarungen nach Art. 81 Abs. 3 EG aufgrund der neuen Verordnung (EG) Nr. 1/03[712] weiter, da diese Verordnung nur verfahrensrechtliche Vorschriften enthält und sich an den materiellen Voraussetzungen der Freistellung von Strukturkrisenkartellen nichts geändert hat.

Die Kommission hält in ihren Wettbewerbsregeln an der wettbewerbspolitischen Grundhaltung fest, daß in einem marktwirtschaftlichen System die Unter-

---

[707] Kommission, Elfter WB (1981), Tz. 46.

[708] Kommission, Elfter WB (1981), Tz. 46.

[709] Ebenda.

[710] Kommission, Zwölfter WB (1982), Tz. 38-41.

[711] Kommission, XXIII. WB (1993), Tz. 83-88.

[712] Verordnung (EG) Nr. 1/03 des Rates v. 16.12.2002 zur Durchführung der in den Art. 81 u. 82 niedergelegten Wettbewerbsregeln, ABl. 2003 Nr. L 1/1 = EuZW 2003, Beil. z. H. 3.

nehmen in erster Linie selbst zu beurteilen haben, von welchem Augenblick an die Aufrechterhaltung ihrer bisherigen Produktionskapazitäten wirtschaftlich nicht mehr vertretbar sei, und welche Maßnahmen sie zu deren Abbau treffen würden[713]. Sie erkennt jedoch an, daß der Wettbewerb nicht immer für das Ausscheiden unrentabler Betriebe aus dem Markt sorgt[714]. Einzelne Unternehmen könnten nämlich ihre Verluste innerhalb ihrer Gruppe auf Kosten gesunder Unternehmen ausgleichen und zusätzlich könnten Verzerrungen durch Zuschüsse von außen entstehen[715]. Vor diesem Hintergrund sollen wettbewerbsbeschränkende Vereinbarungen für ganze Wirtschaftszweige zulässig sein, sofern sie zur Überwindung von Strukturkrisen lediglich Kapazitätsabbau vorsehen und die Entscheidungsfreiheit der beteiligten Unternehmen im übrigen unberührt lassen[716].

1. Strukturell bedingte Überkapazitäten

Eine Freistellung für Strukturkrisenkartelle ist nach den Wettbewerbsregeln der Kommission nur bei Vorliegen von strukturell bedingten Überkapazitäten möglich. Ein Eingreifen bei konjunkturbedingten Schwierigkeiten einer Branche lehnt die Kommission hingegen ab[717]. Strukturell bedingte Überkapazitäten liegen nach Auffassung der Kommission vor, wenn sämtliche betroffene Unternehmen über einen längeren Zeitraum hinweg eine erhebliche Minderung des Auslastungsgrads ihrer Anlagen, Produktionseinbußen und wesentliche Verluste hinnehmen müssen, und wenn mittelfristig keine dauerhafte Verbesserung zu erwarten ist[718]. Auf ein Verschulden der Überkapazitäten durch die Unternehmer kommt es nicht an. Die Kommission stellt nur auf die tatsächliche Situation und auf objektive Kriterien ab[719]. Sie ist bereit, Vereinbarungen zum Abbau dieser Überkapazitäten zu genehmigen, wenn außerdem die Voraussetzungen des Art. 81 Abs. 3 EG gegeben sind.

---

[713] Kommission, Zwölfter WB (1982), Tz. 38; vgl. Kommission, Entsch. v. 22.12.1972, ABl. 1972 Nr. L 303/24 (36 Tz. 19) „Cimbel"; siehe auch schriftliche Antwort der Kommission auf Frage Nr. 104/78 (1978), ABl. 1978 Nr. C 161/44; in Bezug auf die europäische Petroleumindustrie: COM (83) 304.

[714] Kommission, Zwölfter WB (1982), Tz. 38.

[715] Ebenda.

[716] Ebenda.

[717] Kommission, Entsch. v. 5.12.1984, ABl. 1985 Nr. L 35/20 (31 Tz. 39) „Feuerversicherung"; zustimmend *Wallenberg*, RIW 1986, 753 (755).

[718] Kommission, Zwölfter WB (1982), Tz. 38.

[719] Vgl. Kommission, Veröffentl., ABl. 1983 Nr. C 164/3 Nr. 2 „Zinc Shut-down Agreement".

2. Erfüllung der Voraussetzungen des Art. 81 Abs. 3 EG

Nach den Wettbewerbsregeln der Kommission erfüllen Strukturkrisenkartelle unter folgenden Bedingungen die Voraussetzungen des Art. 81 Abs. 3 EG.

(a) Verbesserung der Warenerzeugung

Eine Freistellung nach Art. 81 Abs. 3 EG setzt zunächst voraus, daß eine Absprache zur Verbesserung der Warenerzeugung oder -verteilung oder zur Förderung des technischen oder wirtschaftlichen Fortschritts beiträgt. Im Rahmen von Strukturkrisenkartellen kommt nur die Verbesserung der Warenerzeugung in Betracht. Diese ist nach den Grundsätzen der Kommission dann gegeben, wenn der Kapazitätsabbau langfristig eine Rentabilitätssteigerung und somit die Rückkehr zur Wettbewerbsfähigkeit erwarten läßt, und wenn durch die koordinierte Schließung von Betrieben die damit verbundenen sozialen Auswirkungen gemildert, auf mehrere Unternehmen verteilt und zeitlich gestreckt werden können[720]. Zu diesem Zweck muß die jeweilige Vereinbarung für jeden Standort einen detaillierten und verbindlichen Betriebsschließungsplan enthalten, welcher gewährleistet, daß einerseits die Überkapazitäten nicht nur eingefroren, sondern unwiderruflich beseitigt werden und daß andererseits während ihrer Geltungsdauer außer den im Umstrukturierungsplan vorgesehenen Ersatzinvestitionen keine neue Kapazitäten geschaffen werden[721]. Im XXIII. Wettbewerbsbericht wurde noch hinzugefügt, daß ausnahmsweise auch neue Kapazitäten geschaffen werden dürfen, wenn es sich um die Wiedereingliederung von Arbeitskräften im Rahmen des Umstrukturierungsplans handelt[722].

(b) Angemessene Beteiligung der Verbraucher am Gewinn

Die zweite positive Freistellungsvoraussetzung nach Art. 81 Abs. 3 EG fordert, daß die Verbraucher an dem entstehenden Gewinn angemessen beteiligt werden. Im Falle eines Strukturkrisenkartells bejaht die Kommission einen Nutzen für die Verbraucher, wenn sich diese nach dem Kapazitätsabbau einer verbesserten und gesunden Angebotsstruktur gegenübersehen, und wenn sie während der Dauer der Vereinbarung trotz der Wirkung des laufenden Kapazitätsabbaus die Vorteile eines wirksamen Wettbewerbs zwischen den beteiligten Unternehmen genießen[723].

---

720 Kommission, Zwölfter WB (1982), Tz. 39; vgl. auch Kommission, XXIII. WB (1993), Tz. 85 (i).

721 Ebenda.

722 Vgl. auch Kommission, XXIII. WB, (1993), Tz. 85 (i).

723 Kommission, Zwölfter WB, Tz. 39; vgl. auch Kommission, XXIII. WB (1993), Tz. 85 (ii).

(c) *Unerläßlichkeit der Wettbewerbsbeschränkungen*

Darüber hinaus verlangt Art. 81 Abs. 3 lit. a EG, daß den beteiligten Unternehmen nur Beschränkungen auferlegen werden, die unerläßlich sind, die oben genannten Ziele zu erreichen. Diese Voraussetzung ist nach Ansicht der Kommission erfüllt, wenn die Vereinbarung ausschließlich dem Abbau der überschüssigen Kapazitäten dient und wenn sie von vornherein auf den für die technische Durchführung des Kapazitätsabbaus erforderlichen Zeitraum befristet ist[724]. Um die tatsächliche Durchführung der zugesagten Kapazitätsverringerungen zu kontrollieren, kann ein Informationssystem eingeführt werden. Dieses darf allerdings nicht dazu mißbraucht werden, die verbleibenden Kapazitäten zu koordinieren oder Verkaufsbedingungen abzustimmen[725].

(d) *Keine Ausschaltung des Wettbewerbs*

Schließlich dürfen den beteiligten Unternehmen nach Art. 81 Abs. 3 lit. b EG keine Möglichkeiten eröffnet werden, für einen wesentlichen Teil der betreffenden Waren den Wettbewerb auszuschalten. Eine Ausschaltung des Wettbewerbs ist nach Ansicht der Kommission im Rahmen eines Strukturkrisenkartells aber kaum zu befürchten, da die Unternehmen auch bei einem geordneten Abbau von Kapazitäten nicht völlig auf ihre Handlungsfreiheit auf dem Markt verzichten[726]. Weiterhin werde durch die Anwesenheit dritter Untenehmen auf dem Markt sowie durch Einfuhren aus Drittländern in der Regel das Fortbestehen des Außenwettbewerbs gewährleistet[727]. Schließlich sei die Vereinbarung zeitlich begrenzt, so daß die Unternehmen nach dem Auslaufen der Vereinbarung wieder voneinander unabhängige Wettbewerber sein werden[728].

3. Fortbestehen eines wirksamen Wettbewerbs

Über das Vorliegen von strukturell bedingten Überkapazitäten und das Vorliegen der Voraussetzungen des Art. 81 Abs. 3 EG hinaus macht die Kommission eine Freistellung von Strukturkrisenkartellen davon abhängig, daß nach Abschluß der Sanierung eine ausreichende Zahl von Unternehmen in der Gemeinschaft übrig bleibt, damit auf dem Gemeinsamen Markt ein wirksamer Wettbewerb fortbesteht[729]. Dieses Erfordernis geht noch über die Voraussetzung des

---

[724] Kommission, Zwölfter WB (1982), Tz. 39; vgl. auch Kommission, XXIII. WB (1993), Tz. 85 (iii).

[725] Ebenda.

[726] Vgl. Kommission, Zwölfter WB (1982), Tz. 39; vgl. auch Kommission, XXIII. WB (1993), Tz. 85 (iv).

[727] Ebenda.

[728] Vgl. Kommission, Zwölfter WB (1982), Tz. 39; vgl. auch Kommission, XXIII. WB (1993), Tz. 85 (iv).

[729] Vgl. Kommission, Zwölfter WB (1982), Tz. 41.

Art. 81 Abs. 3 lit. b EG hinaus, der eine Ausschaltung des Wettbewerbs verbietet. Die Kommission will bei ihrer Freistellungsentscheidung dafür Sorge tragen, daß auch nach Ablauf des Kartells ein wirksamer Wettbewerb besteht.

4. Berücksichtigung der Beschäftigungslage

Im XXIII. Wettbewerbsbericht fügte die Kommission zudem noch hinzu, daß Umstrukturierungen so angelegt sein sollten, daß die Beschäftigungslage in dem betroffenen Sektor stabilisiert und abgesichert werden kann[730].

5. Alternative Vereinbarungen

Die Kommission kann als Alternative für sektorale Vereinbarungen, also solchen für einen gesamten Wirtschaftszweig, auch bilaterale und multilaterale Abkommen, d.h. solche zwischen einer begrenzten Anzahl von Unternehmen, akzeptieren. Voraussetzung für eine Freistellung solcher bi- und multilateraler Vereinbarungen ist jedoch, daß diese zu einer wechselseitigen Spezialisierung führen und auf diese Weise die Stillegung überschüssiger Kapazitäten ermöglichen[731].

IV. Vereinbarkeit der Wettbewerbsregeln mit Art. 81 Abs. 3 EG

Im folgenden soll überprüft werden, ob die Wettbewerbsregeln der Kommission den Voraussetzungen des Art. 81 Abs. 3 EG entsprechen.

1. Verbesserung der Warenerzeugung

Eine Freistellung nach Art. 81 Abs. 3 EG setzt zunächst voraus, daß eine Absprache zur Verbesserung der Warenerzeugung oder –verteilung oder zur Förderung des technischen oder wirtschaftlichen Fortschritts beiträgt. Wie bereits dargestellt[732], kommt für ein Strukturkrisenkartell die Verbesserung der Warenerzeugung in Betracht. Nach Auffassung der Kommission ist diese Voraussetzung bei einem Strukturkrisenkartell erfüllt, wenn der Abbau der Kapazitäten langfristig eine Rentabilitätssteigerung und die Rückkehr der Wettbewerbsfähigkeit erwarten läßt[733].

Dies dürfte auch gemäß Art. 81 Abs. 3 EG zulässig sein, da eine Rentabilitätssteigerung und die damit verbundene Rückkehr zur Wettbewerbsfähigkeit tatsächlich eine Verbesserung der Warenerzeugung darstellen. Bei einem Strukturkrisenkartell wird eine Rentabilitätssteigerung dadurch bewirkt, daß der Abbau von Überkapazitäten zu einer besseren Auslastung der Produktionsanlagen

---

[730] Kommission, XXIII. WB (1993), Tz. 88.

[731] Kommission, Zwölfter WB (1982), Tz. 40; vgl. auch Kommission, XXIII. WB (1993), Tz. 86.

[732] S. o. unter C.III.2(a), S. 103.

[733] Ebenda.

führt. Ein hoher Auslastungsgrad wiederum ermöglicht eine rentable Produktion. Um tatsächlich eine Rentabilitätssteigerung zu erreichen, muß von den Beteiligten vor der Durchführung eines Strukturkrisenkartells jedoch sichergestellt werden, daß die unwirtschaftlichsten Produktionsanlagen abgebaut werden, die modernsten und leistungsfähigsten Anlagen dagegen am Markt bleiben.

Nach den Wettbewerbsregeln ist eine Verbesserung der Warenerzeugung darüber hinaus nur dann zu bejahen, wenn die mit den Betriebsschließungen verbundenen sozialen Auswirkungen gemildert werden. Die Milderung der sozialen Auswirkung läßt sich mit dem Wortlaut der Verbesserung der Warenerzeugung zwar zunächst nicht vereinbaren, da man unter einer Verbesserung der Warenerzeugung nur den Produktionsvorgang versteht. Die grundsätzliche Einbeziehung von sozialen Belangen unter dem Tatbestandsmerkmal der Verbesserung der Warenerzeugung wurde jedoch vom EuGH anerkannt, da die Erhaltung von Arbeitsplätzen unter dem Gesichtspunkt der Verbesserung der allgemeinen Bedingungen der Warenerzeugung gerade unter den Voraussetzungen einer ungünstigen Wirtschaftskonjunktur zu den Zielen gehört, die Art. 81 Abs. 3 EG zu verfolgen gestattet[734].

Fraglich ist schließlich, ob die von der Kommission verlangte „Verbesserung der Warenerzeugung" den Anforderungen einer Verbesserung i. S. d. Art. 81 Abs. 3 EG entspricht. Eine Verbesserung i. S. d. Art. 81 Abs. 3 EG liegt nach einhelliger Auffassung des EuGH und der Literatur nur vor, wenn die Absprache „spürbare objektive Vorteile" hervorbringt, die geeignet sind, die mit der Wettbewerbsbeschränkung verbundenen Nachteile auszugleichen[735]. Erforderlich ist somit eine Abwägung der Vor- und Nachteile[736]. Die Steigerung der Rentabilität und der Wettbewerbsfähigkeit und die Milderung der sozialen Auswirkungen stellen spürbar objektive Vorteile dar. Da es sich hier notwendigerweise um eine Prognose handelt, genügt es, daß eine hohe Wahrscheinlichkeit für das Eintreten der erwarteten Vorteile besteht. Vorteile, die ausschließlich den Beteiligten selbst zugute kommen, sind nicht zu berücksichtigen[737]. Die prognostizierten Vorteile des Strukturkrisenkartells kommen aber gerade nicht ausschließlich den beteiligten Unternehmen zugute, da die Verbraucher von einer rentablen, wett-

---

[734] EuGH, Urt. v. 25.10.1977, Rs. 26/76, Slg. 1977, 1875 (1915) „Metro/Kommission".

[735] EuGH, Urt. v. 13. 7.1966, Verb. Rs. 56 u. 58/64, Slg. 1966, 321 (396) „Consten und Grundig"; *Sauter* in Immenga/Mestmäcker, EG-WbR I, Art. 85 Abs. 3, Rn. 4; *Grill* in Lenz, EGV, Art. 81 Rn. 41.

[736] EuGH, Urt. v. 17. 9.1985, Verb. Rs. 25 u. 26/84, Slg. 1985, 2736 (2746) „Ford"; Kommission, Entsch. v. 24.7.92, ABl. 1992 L 236/11 (19) „Parfums Givenchy"; *Grill* in Lenz, EGV, Art. 81 Rn. 41; *Sauter* in Immenga/Mestmäcker, EG-WbR I, Art. 85 Abs. 3, Rn. 5.

[737] Vgl. EuGH, Urt. v. 10.12.1985, Rs. 240-242, 261, 262, 268 u. 269/82, Slg. 1985, 3860 (3881) „Stichting Sigarettenindustrie"; *Grill* in Lenz, EGV, Art. 81 Rn. 41.

bewerbsfähigen Produktion in Form von qualitativ hochwertigen und langfristig preislich günstigen Produkten ebenfalls profitieren. Die Nachteile eines Strukturkrisenkartells, die sich durch die reduzierte Produktion in Form von Preissteigerungen äußern können, fallen gegenüber aufgeführten Vorteilen eines Strukturkrisenkartells nicht ins Gewicht.

2. Angemessene Beteiligung der Verbraucher am Gewinn

Die zweite materielle Freistellungsvoraussetzung nach Art. 81 Abs. 3 EG fordert, daß die Verbraucher an dem entstehenden Gewinn angemessen beteiligt werden. Der Begriff „Verbraucher" ist nicht wörtlich zu verstehen. Verbraucher in diesem Sinne sind nicht nur Endverbraucher als Konsumenten der angebotenen Waren, sondern alle unmittelbaren oder mittelbaren Abnehmer der in Betracht kommenden Erzeugnisse wie beispielsweise Händler, Weiterverarbeiter und Endverbraucher[738]. Die Kommission sieht in ihren Wettbewerbsregeln die Voraussetzung der angemessenen Beteiligung der Verbraucher am Gewinn als erfüllt an, wenn sich diese nach dem Kapazitätsabbau einer verbesserten und gesunden Angebotsstruktur gegenübersehen, und wenn während der Dauer der Vereinbarung weiter die Vorteile eines wirksamen Wettbewerbs zwischen den beteiligten Unternehmen bestehen bleiben[739].

In der Literatur wird zwar zum Teil bezweifelt, ob die Wettbewerbsregeln der Kommission die Voraussetzung der Verbraucherbeteiligung erfüllen[740], da ein Strukturkrisenkartell zunächst einmal durch den Abbau von Überkapazitäten in erster Linie den Unternehmen diene. Die Unternehmen würden, so die Auffassung der Literatur, durch den Abbau von zum Teil erdrückenden Überkapazitäten befreit und könnten bei erfolgreichem Verlauf des Kartells wieder rentabler produzieren. Auch würden sie von der Reduzierung der Überkapazitäten bei den Wettbewerbern profitieren, da Überkapazitäten in der Regel zu ruinösen Preiskämpfen führen würden.

Unter dem Begriff „Gewinn" sind alle Vorteile zu verstehen, die den Verbrauchern aufgrund einer Absprache zufließen[741]. Nach einhelliger Meinung stellen aber auch mittelbare Vorteile einen Gewinn im Sinne des Art. 81 Abs. 3 EG dar[742]. Einen solchen mittelbaren Vorteil könnte eine verbesserte und gesunde

---

[738] *Sauter* in Immenga/Mestmäcker, EG-WbR I, Art. 85 Abs. 3, Rn. 19; *Grill* in Lenz, EGV, Art. 81 Rn. 44.

[739] S. o. unter C.III.2(b), S. 103.

[740] *Sharpe*, [1980] CMLR, 75 (81); *Grevenstein*, [1985] ECLR, 56 (64); *Immenga*, RabelsZ 1985, 303 (323); *Joliet*, (1981), 403 (416).

[741] EuGH, Urt. v. 25.10.1977, Rs. 26/76, Slg. 1977, 1875 (1916) „Metro/Kommission"; *Sauter* in Immenga/Mestmäcker, EG-WbR I, Art. 85 Abs. 3, Rn. 19.

[742] *Grill* in Lenz, EGV, Art. 81 Rn. 44; *Koch* in Grabitz/Hilf, Art. 81 Rn. 175.

Angebotsstruktur darstellen. Überkapazitäten in einer Branche führen zu verschärften Preiskämpfen unter den Unternehmen, wovon die Verbraucher erst einmal durch niedrigere Preise profitieren. So ist eine Beseitigung dieser Überkapazitäten mittels eines Strukturkrisenkartells sicherlich zunächst auf den ersten Blick für die Verbraucher nachteilig, da die aus dem Preiskampf resultierenden Niedrigstpreise wieder ansteigen. Langfristig muß allerdings bedacht werden, daß strukturelle Überkapazitäten die gesamte Branche wirtschaftlich stark belasten und eine rentable Produktion unmöglich machen. Statt eines gesunden Wettbewerbs kommt es zu ruinösen Preiskämpfen, bei dem Wettbewerber versuchen, sich durch Niedrigstpreise aus dem Markt zu drängen. Kleine aber durchaus leistungsstarke Unternehmen, die nicht über die finanziellen Ressourcen verfügen, um diese Preiskämpfe durchzustehen, werden so aus dem Markt gedrängt. Unternehmen hingegen, die durch eine Integration in einen Konzernverbund die Verluste ausgleichen können, aber nicht unbedingt die leistungsstärksten Unternehmen sind, können am Markt bestehen bleiben. Durch die Verringerung der Zahl der Wettbewerber vermindern sich letztlich die Angebotsvielfalt und der Wettbewerb. Diese Entwicklung kann langfristig zu oligopolistisch oder sogar monopolistisch strukturierten Märkten führen, auf denen wenig oder gar kein Wettbewerb mehr herrscht. Nur der Wettbewerb garantiert aber dem Verbraucher langfristig niedrige Preise und auch die Qualität der Waren. Die Herstellung einer verbesserten und gesunden Angebotsstruktur ist somit gegeben und stellt folglich mittelbar einen Vorteil für die Verbraucher dar.

Das Erfordernis des weiterbestehenden wirksamen Wettbewerbs zwischen den Kartellmitgliedern kann nicht als eigenständiges Erfordernis gesehen werden. Die Beschränkung der Reichweite der Kartellierung stellt nur eine Limitierung der wettbewerbsbeschränkenden Effekte des Kartells und keine angemessene Verbraucherbeteiligung dar[743]. Das Erfordernis des wirksamen Wettbewerbs kann daher nur als Ergänzung zu dem Erfordernis der verbesserten und gesunden Angebotsstruktur verstanden werden. Eine eigenständige Bedeutung dieses Erfordernisses kann auch im übrigen deshalb nicht in Betracht kommen, da Art. 81 Abs. 3 lit. b EG eine Ausschaltung des Wettbewerbs für einen wesentlichen Teil der Waren verbietet[744].

Eine Beteiligung der Verbraucher muß angemessen sein. Eine angemessene Beteiligung der Verbraucher kann dann angenommen werden, wenn diese aus der Absprache erheblichen Nutzen ziehen, der die Nachteile übertrifft, die sich

---

[743] So auch *Blöße*, Diss., S. 110.

[744] Vgl. *Blöße*, Diss., S. 110.

für sie aus der Wettbewerbsbeschränkung ergeben[745]. Wie oben bereits erwähnt, kommt es bei einem Strukturkrisenkartell häufig zu Preiserhöhungen durch eine plötzlich erhöhte Nachfrage, da die Kapazitäten reduziert werden und die Verbraucher angesichts eines Strukturkrisenkartells häufig befürchteten Preissteigerungen zuvor kommen möchten. Durch die Aufrechterhaltung eines wirksamen Wettbewerbs unter den Kartellmitgliedern bleibt die Gefahr von Preissteigerungen jedoch begrenzt, so daß es nicht zu übermäßigen Belastungen der Verbraucher kommt. Dieser negativen Seite eines Strukturkrisenkartells steht die positive Aussicht auf eine verbesserte und gesunde Angebotsstruktur gegenüber. Nur eine solche Angebotsstruktur kann langfristig niedrige Preise und eine gute Qualität der Produkte für die Verbraucher garantieren. Dieser Vorteil überwiegt den Nachteil der Gefahr von Preissteigerungen, zumal die Erfahrungen mit Strukturkrisenkartellen gezeigt haben, daß Preissteigerungen nur die Anfangsphase des Kartells betreffen, in der es aus der Furcht vor Preissteigerungen zur vermehrten Nachfrage kommt[746]. Schon während des Verlaufs des Kartells sorgen der Wettbewerb unter den Kartellmitgliedern und der Außenwettbewerb für den erforderlichen Preiswettbewerb. Auch die Substituierbarkeit der Kartellprodukte mit anderen Produkten spielt hierbei eine erhebliche Rolle. So stellen die Preissteigerungen nur ein vorübergehendes Phänomen dar, das hinter dem langfristigen Vorteil einer gesunden und verbesserten Angebotsstruktur zurückstehen muß. Somit erfüllen die Wettbewerbsregeln der Kommission auch das Tatbestandsmerkmal der angemessenen Beteiligung der Verbraucher am Gewinn. Bei der Prüfung des Vorliegens dieser Voraussetzung handelt es sich wiederum um eine Prognoseentscheidung. Es genügte daher entsprechend der Verordnung (EWG) Nr. 17/62, wenn die Kommission in ihrer Freigabeentscheidung darlegt, daß die Beteiligung der Verbraucher am Gewinn hinreichend wahrscheinlich ist[747]. An dieser Beurteilung ändert sich auch nichts im Fall einer automatischen Freistellung nach der neuen Kartellverfahrensverordnung (EG) Nr. 1/03.

3. Unerläßlichkeit der Wettbewerbsbeschränkungen

Art. 81 Abs. 3 lit. a EG verbietet, daß die Unternehmen sich Beschränkungen auferlegen, die für die Erreichung der Ziele der Vereinbarung nicht unerläßlich sind. Gehen die Wettbewerbsbeschränkungen über das erforderliche Maß hin-

---

[745] Kommission, Entsch v. 29.12.1970, ABl. 1971 Nr. L 10/15 (21) „Wand und Bodenfliesen"; *Sauter* in Immenga/Mestmäcker, EG-WbR I, Art. 85 Abs. 3, Rn. 20; *Grill* in Lenz, EGV, Art. 81 Rn. 44.

[746] S. o. unter B.I.6(c), S. 44.

[747] Kommission, Entsch v. 29.12.1970, ABl. 1971 Nr. L 10/15 (21) „Wand und Bodenfliesen"; *Sauter* in Immenga/Mestmäcker, EG-WbR I, Art. 85 Abs. 3, Rn. 20; *Grill* in Lenz, EGV, Art. 81 Rn. 44.

aus, konnte von der Kommission keine Freistellung erteilt werden[748] bzw. ist eine entsprechende Vereinbarung nicht automatisch nach der neuen Kartellverfahrensverordnung (EG) Nr. 1/03 freigestellt. Die Absprachen sind daher am Maßstab des Verhältnismäßigkeitsgrundsatzes daraufhin zu überprüfen, ob die Verbesserungen nicht auch durch andere, den Wettbewerb weniger stark beschränkende und den Beteiligten zumutbare Mittel hätten erreicht werden können[749]. Die Verhältnismäßigkeit ist nach Ansicht der Kommission gewahrt, wenn die Vereinbarung ausschließlich dem Kapazitätsabbau dient und sie auf den für deren Durchführung erforderlichen Zeitraum befristet ist[750]. Absatz-, Produktions- und Preisabsprachen im Rahmen eines Strukturkrisenkartells sind nach Ansicht der Kommission unzulässig, da diese Instrumente zur Sanierung von Strukturen absolut untauglich seien[751]. Auch Marktaufteilungen sieht die Kommission grundsätzlich als unzulässig an[752]. Die Kommission verschließt sich ebenfalls gegenüber Schutzmaßnahmen gegen Wettbewerber von außen, da ein Strukturkrisenkartell den Wettbewerb so wenig wie möglich beschränken sollte[753]. Durch die Begrenzung der zulässigen Maßnahmen im Rahmen eines Strukturkrisenkartells auf solche, die nur dem Abbau der überschüssigen Kapazitäten dienen, beschränkt die Kommission die freistellungsfähigen Maßnahmen auf diejenigen, die in sachlicher Hinsicht für einen Kapazitätsabbau unerläßlich sind. Auch die zeitliche Begrenzung auf einen für den Kapazitätsabbau notwendigen Zeitraum wird dem Verhältnismäßigkeitserfordernis gerecht. Die Wettbewerbsbeschränkung eines Strukturkrisenkartells soll nicht länger dauern, als zur Erreichung des Ziels erforderlich ist. Daher erfüllen diese Erfordernisse die Voraussetzung der Unerläßlichkeit der Wettbewerbsbeschränkung des Art. 81 Abs. 3 lit. a EG.

Eine Auffassung hält der Kommission zwar entgegen, daß Absprachen über den Kapazitätsabbau nicht ohne Einfluß auf die Produktion und Lieferungen sein können[754], mithin in jedem Fall nicht unterläßliche Maßnahmen enthalten. Mittels solcher Absprachen könnte nämlich mittelbar das Marktverhalten koordiniert werden[755]. Hierbei muß jedoch berücksichtigt werden, daß es bei einem

---

[748] EuGH, Urt. v. 27. 1.1987, Rs. 45/85, Slg. 1987, 447 (461) „Verband der Sachversicherer".

[749] *Grill* in Lenz, Art. 81 Rn. 45.

[750] S. o. unter C.III.2(c), S. 104.

[751] Kommission, Zweiter WB (1972), Tz. 31; Zwölfter WB (1982), Tz. 39; XIII. WB (1983), Tz. 56; XXIII. WB (1993), Tz. 84; vgl. Kommission, Entsch. v. 22.12.1972, ABl. 1972 Nr. L 303/24 (35 Tz. 18) „Cimbel".

[752] Kommission, XIII. WB (1983), Tz. 56.

[753] Kommission, Elfter WB (1981), Tz. 46.

[754] *Wallenberg*, RIW 1986, 753 (758).

[755] Ebenda.

Strukturkrisenkartell um den Abbau von Überkapazitäten geht, die aufgrund zu geringer Nachfrage nicht genutzt werden können. Um eine stabile Marktversorgung auch bei plötzlich erhöhter Nachfrage sicherzustellen, ist ein vollständiger Abbau ohnehin unzulässig. Zulässig ist der Abbau hingegen nur in dem Maße, bis zu dem eine rentable Produktion wieder ermöglicht werden kann. Daher können die Unternehmen bei Produktion und Lieferung durch eine erhöhte Auslastung der nicht abzubauenden Kapazitäten flexibel auf Nachfrageänderungen reagieren. Mit bloßen Absprachen über den Kapazitätsabbau ist daher nicht schon eine Koordinierung des Marktverhaltens verbunden. Bislang wurde dieser Gefahr auch dadurch Rechnung getragen, daß die Kommission das Kartell während des Kartellverlaufs überwachte und dabei gegebenenfalls die Kartelldisziplin durch Androhung eines Widerrufs der Freistellung nach Art. 8 Abs. 3 der Verordnung (EWG) Nr. 17/62[756] wiederherstellen konnte. Diese Möglichkeit entfällt jedoch nach der neuen Kartellverfahrensverordnung (VO) Nr. 1/03[757]. Die Kommission könnte jedoch dennoch tätig werden, da das Strukturkrisenkartell in einem solchen Fall nicht mehr von Art. 81 Abs. 3 EG freigestellt wäre und gegen Art. 81 Abs. 1 EG verstoßen würde.

4. Keine Ausschaltung des Wettbewerbs

Nach Art. 81 Abs. 3 lit. b EG dürfen den beteiligten Unternehmen keine Möglichkeiten eröffnet werden dürfen, für einen wesentlichen Teil der betreffenden Waren den Wettbewerb auszuschalten. Demzufolge darf eine Freistellung nicht erteilt werden, wenn die Absprache den Beteiligten die Möglichkeit eröffnet, den Fortbestand des wirksamen Wettbewerbs zu gefährden[758]. Die Kommission sieht die Gefahr der Ausschaltung des Wettbewerbs bei Strukturkrisenkartellen als nicht gegeben: Erstens sei eine Ausschaltung des Wettbewerbs im Rahmen eines Strukturkrisenkartells kaum zu befürchten, da ein ausreichender interner Wettbewerb unter den Kartellmitglieder bestehen bleibe[759]. Zweitens herrsche durch dritte Untenehmen sowie durch Importe aus Drittländern in der Regel ein Außenwettbewerb[760] und drittens sei die Vereinbarung zeitlich begrenzt, so daß die Unternehmen nach dem Auslaufen der Vereinbarung wieder voneinander unabhängige Wettbewerber seien[761].

---

[756] Verordnung (EWG) Nr. 17/62, ABl.1962 Nr. P 13/204ff.

[757] Verordnung (EG) Nr. 1/03 des Rates v. 16.12.2002 zur Durchführung der in den Art. 81 u. 82 niedergelegten Wettbewerbsregeln, ABl. 2003 Nr. L 1/1 = EuZW 2003, Beil. z. H. 3.

[758] *Sauter* in Immenga/Mestmäcker, EG-WbR I, Art. 85 Abs. 3, Rn. 28; *Grill* in Lenz, EGV, Art. 81 Rn. 46.

[759] S. o. unter C.III.2(d), S. 104.

[760] Ebenda.

[761] S. o. unter C.III.2(d), S. 104.

Bezüglich der ersten Erwägung, das Weiterbestehen eines internen Wettbewerbs während der Kartellaufzeit, ist der Kommission dahingehend zuzustimmen, daß eine nach Art. 81 Abs. 3 EG zulässige Vereinbarung nur den koordinierten Abbau der Kapazitäten und damit lediglich einen Wettbewerbsparameter der Unternehmen betrifft. Über diesen Abbau von Überkapazitäten hinaus dürfen die Unternehmen keine weiteren Absprachen, wie beispielsweise hinsichtlich der Produktion oder des Verkaufs, treffen. Auf diese Weise besteht während des Kartells ein Wettbewerb zwischen den Unternehmen weiter. Eine Freistellung von Preis- und Quotenabsprachen hingegen würde – unabhängig von der Einschätzung der Kommission, daß derartige Maßnahmen zur Sanierung von Strukturen untauglich seien – zu einer Ausschaltung des Wettbewerbs für einen wesentlichen Teil der Waren führen. Eine Freistellung solcher flankierender Maßnahmen ist somit nach europäischem Wettbewerbsrecht nicht möglich.

Auch bei der zweiten Erwägung, daß ein Außenwettbewerb mit nicht am Kartell beteiligten Unternehmen und Importeuren aus Drittstaaten besteht, ist der Kommission grundsätzlich zuzustimmen. Allerdings muß die Kommission in der Praxis insbesondere bei sektoralen Strukturkrisenkartellen, wenn sich also eine überwiegende Zahl der Unternehmen einer Branche am Kartell beteiligt, sicherstellen, daß sich noch eine ausreichende Anzahl Wettbewerber am Markt befindet, die für einen Außenwettbewerb sorgen, um die Voraussetzung des Art. 81 Abs. 3 lit. b EG zu erfüllen. Auch bei Importen aus Drittstaaten muß im Einzelfall genau untersucht werden, ob aufgrund von Importhindernissen oder schwer transportabler Güter überhaupt ein ausreichender Wettbewerb besteht. Hier liegt auch die wesentliche Problematik hinsichtlich der Freistellung eines Strukturkrisenkartells nach Art. 81 Abs. 3 EG. Das Ziel, Überkapazitäten zu vermindern, wird sich einerseits um so eher erreichen lassen, je größer die Anzahl der teilnehmenden Unternehmen einer Branche und je kleiner der Marktanteil der Importe ist. Ansonsten besteht die Gefahr, daß Außenseiter oder Importe durch Ausweitung ihrer Kapazitäten bzw. Marktanteile den Erfolg des Strukturkrisenkartells gefährden. Andererseits gebietet Art. 81 Abs. 3 EG lit. b EG gerade das Bestehen eines Restwettbewerbs.

Auch die letzte Erwägung der Kommission, daß die Unternehmen nach Ablauf der Vereinbarung wieder unabhängige Wettbewerber sein werden, überzeugt. Durch die zeitliche Begrenzung der Vereinbarung auf das Erforderliche müssen die Unternehmen sich in ihrer Marktstrategie auf die Zeit nach der Vereinbarung einrichten. Daher ist davon auszugehen, daß sie sich mit dem Austausch marktstrategischer Überlegungen zurückhalten, um Informationen wie Preiskalkulationen oder Innovationspläne geheimzuhalten. Nur so können sie nach Ablauf der Vereinbarung auf dem Markt weiter bestehen.

5. Ergebnis

Im Ergebnis ist daher festzuhalten, daß die Kommission mit ihren Wettbewerbsregeln für die Freistellung von Strukturkrisenkartellen die Voraussetzungen des Art. 81 Abs. 3 EG erfüllt hat. Die Wettbewerbsregeln für die Freistellung von Strukturkrisenkartellen stellen somit eine sachgerechte Anwendung des Art. 81 Abs. 3 EG durch die Kommission dar. Seit dem 1. 5.2004 können sie für eine Beurteilung der Zulässigkeit von Strukturkrisenkartellen nach Art. 81 Abs. 3 EG herangezogen werden.

D. Europäische Strukturkrisenkartelle in der Praxis

Seit der Veröffentlichung ihrer Grundsätze im Jahre 1982 hat sich die Kommission in einer ganzen Reihe von Freistellungsentscheidungen mit sektoralen und bilateralen Strukturkrisenkartellen befaßt. Eine unmittelbare Vergleichbarkeit zur Freistellung von Strukturkrisenkartellen nach deutschem Recht besteht jedoch nur bei sektoralen Strukturkrisenkartellen, da es bei bilateralen Strukturkrisenkartellen nach der ständigen Praxis des Bundeskartellamts an der erforderlichen Notwendigkeit für eine Freistellung nach § 6 GWB fehlt. Für eine Freistellung nach § 6 GWB ist nämlich erforderlich, daß zumindest die überwiegende Zahl der Hersteller einer Branche an dem Kartell teilnimmt[762]. Eine Freistellung von bilateralen oder auch multilateralen Kartellen kommt somit nach § 6 GWB nicht in Betracht, sondern ist nur über die anderen Freistellungstatbestände des GWB, beispielsweise als Spezialisierungs- Mittelstands oder Rationalisierungskartell, denkbar. Aus diesem Grund soll hier der Schwerpunkt bei der Analyse auf die sektoralen Strukturkrisenkartelle gelegt werden.

I. Anmeldung eines Strukturkrisenkartells der Zinkhersteller

Am 10. 9.1982 beantragten die sechs größten Zinkhersteller der Gemeinschaft gemäß Art. 4 der Verordnung (EWG) Nr. 17/62[763] eine Freistellung für ein sektorales Strukturkrisenkartell nach Art. 81 Abs. 3 EG[764]. Außer diesen sechs Zinkherstellern existierten in der Gemeinschaft nur noch zwei weitere Zinkhersteller mit lediglich geringen Marktanteilen[765].

Nach Angaben der Kommission war die europäische Zinkbranche zum Zeitpunkt der Antragstellung von erheblichen Überkapazitäten geprägt[766]. Die Zinkhersteller hatten nach Angaben der Kommission über mehrere Jahre hinweg schwere Verluste erlitten und befanden sich in finanziellen Schwierigkeiten[767].

Die angemeldete Vereinbarung sah vor, daß jedes beteiligte Unternehmen freiwillig nach eigener Einschätzung Kapazitäten abbauen sollte[768]. Dieser Ab-

---

762 S. o. unter A.II.4, S. 15.

763 Verordnung (EWG) Nr. 17/62, ABl.1962 Nr. P 13/204ff.

764 Kommission, Veröffentl., ABl. 1983 Nr. C 164/3 „Zinc Shutdown Agreement"; Kommission, Pressemitteilung IP (84) 8 v. 9. 1.1984 = WuW 1984, 306.

765 Kommission, Veröffentl., ABl. 1983 Nr. C 164/3 „Zinc Shutdown Agreement".

766 Kommission, Veröffentl., ABl. 1983 Nr. C 164/3 Tz. 2 „Zinc Shutdown Agreement"; siehe auch *Bache/Bellis*, S. 375.

767 Ebenda.

768 Kommission, Veröffentl., ABl. 1983 Nr. C 164/3 Tz. 3 „Zinc Shutdown Agreement"; Kommission, XIII. WB (1983), Tz. 58; Kommission, Pressemitteilung IP (84) 8 v. 9. 1.1984 = WuW 1984, 306.

bau sollte aber nach dem Willen der Kommission nur bis zu einem bestimmten Prozentsatz der insgesamt in der Gemeinschaft bestehenden Kapazitäten erfolgen dürfen[769]. Auf diese Weise hätten nach Auffassung der Kommission noch genügend Kapazitäten und Anbieter existiert, um eine bedarfsgerechte Versorgung des Marktes zu gewährleisten[770]. Der Vertrag sah weiter vor, daß die Kartellmitglieder bis zum 9. 7.1983 einem Treuhänder ihre Abbaukapazitäten mitteilen sollten, der dafür sorgen sollte, daß die Abbaugrenzen eingehalten würden[771]. Für einen tatsächlich geleisteten Abbau war für die Unternehmen eine Ausgleichszahlung aus einem gemeinsamen Ausgleichsfonds vorgesehen, um die jeweiligen Unternehmen bei den Abbaukosten und den damit verbundenen sozialen Aufwendungen zu unterstützen[772]. Darüber hinaus wurde ein Kapazitätserweiterungsverbot vereinbart, das den Unternehmen bis zum 31.12.1986 untersagte, neue Zinkschmelzanlagen innerhalb der Gemeinschaft in Betrieb zu nehmen bzw. Kapazitätserweiterungen an ihren bestehenden Zinkschmelzanlagen vorzunehmen[773]. Investitionen, die der Modernisierung der verbleibenden Einrichtungen dienten, ohne dabei wesentlich die Kapazitäten zu erhöhen, waren nach dem Vertrag dagegen gestattet[774]. Zur Sicherstellung der Einhaltung des Vertrages wurden Vertragsstrafen vereinbart[775]. Die Vereinbarung sollte bis zum 31.12.1986 gültig sein[776].

Angesichts der schweren Verluste der europäischen Zinkindustrie und der von vornherein zeitlich befristeten Vereinbarung zog die Kommission eine Freistellung in Betracht[777]. Allerdings wies die Kommission die Beteiligten darauf hin, daß sie bei einer nachhaltigen Besserung der wirtschaftlichen Situation der Zinkindustrie, das Strukturkrisenkartell nicht genehmigen würde[778]. Da sich im Spät-

---

[769] Kommission, Veröffentl., ABl. 1983 Nr. C 164/3 Tz. 3 „Zinc Shutdown Agreement".

[770] Ebenda.

[771] Ebenda.

[772] Kommission, Veröffentl. v. 26. 6.1983, ABl. 1983 Nr. C 164 Tz. 5 „Zinc Shut-Down Agreement"; Kommission, XIII. WB (1983), Tz. 58; Kommission, Pressemitteilung IP (84) 8 v. 9. 1.1984 = WuW 1984, 306.

[773] Kommission, Veröffentl., ABl. 1983 Nr. C 164/3 Tz. 8 „Zinc Shutdown Agreement".

[774] Kommission, Veröffentl., ABl. 1983 Nr. C 164/3 Tz. 10 „Zinc Shutdown Agreement".

[775] Kommission, Veröffentl., ABl. 1983 Nr. C 164/3 Tz. 9 „Zinc Shutdown Agreement".

[776] Kommission, Veröffentl., ABl. 1983 Nr. C 164/3 Tz. 12 „Zinc Shutdown Agreement".

[777] Kommission, XIII. WB (1983), Tz. 58; Kommission, Pressemitteilung IP (84) 8 v. 9. 1.1984 = WuW 1984, 306.

[778] Ebenda.

sommer 1983 die Lage auf dem Zinkmarkt tatsächlich erheblich verbesserte, zogen die Unternehmer ihre Anmeldung zurück[779].

II. Entscheidung Kunstfasern

In der Entscheidung Kunstfasern vom 4. 7.1984 stellte die Kommission nach langjährigen Verhandlungen mit der Chemiefaserindustrie erstmals ein sektorales Strukturkrisenkartell für die Dauer von drei Jahren frei[780].

1. Vorangegangene Freistellungsanträge

Dieser Entscheidung waren mehrere vergebliche Anläufe der Chemiefaserindustrie vorausgegangen, eine Freistellungsentscheidung der Kommission für ein Strukturkrisenkartell zu erhalten.

(a) Erste Anmeldung 1972

Bereits im Jahre 1972 hatten die größten Polyesterfaserhersteller eine Vereinbarung angemeldet, die u. a. auf eine Investitionskoordination und Produktionsrationalisierung abzielte, um so Überkapazitäten in diesem Sektor abzubauen und ihrem weiteren Entstehen vorzubeugen[781]. Die Vereinbarung enthielt Absprachen hinsichtlich Produktionsmengen und Verkaufskonditionen[782]. Die Kommission hegte keinen Zweifel, daß die Chemiefaserindustrie unter schweren Überkapazitäten litt, die auch strukturell bedingt waren[783]. In einer Debatte im Europäischen Parlament über die Gesamtsituation der Kunstfaserindustrie wurden die Überkapazitäten in dieser Branche auf etwa 25 Prozent geschätzt[784]. Eine wichtige Rolle bei der Entstehung dieser Überkapazitäten spielte nach Auffassung der Kommission der Anstieg der Importe aus Drittländern, die aufgrund von Niedriglöhnen zu Preisen produzieren konnten, die weit unter denen der Gemeinschaft lagen[785]. Eine Abschwächung der Nachfrage im In- und Ausland als Folge der Rezession hatte nach Ansicht der Kommission diese strukturellen

---

[779] Kommission, XIII. WB (1983), Tz. 58; Kommission, Pressemitteilung IP (84) 8 v. 9. 1.1984 = WuW 1984, 306.

[780] Kommission, Entsch. v. 4.07.1984, ABl. 1984 Nr. L 207/17 „Kunstfasern"; Kommission, XIV. WB (1984), Tz. 81; siehe ausführlich zum Krisenkartell europäischer Chemiefaserhersteller, *Wallenberg*, RIW 1986, 753ff.

[781] Kommission, Zweiter WB (1972), Tz. 31; siehe auch Achter WB (1978), Tz. 42; Kommission, Entsch. v. 4. 7.1984, ABl. 1984 Nr. L 207/17 (18 Tz. 9) „Kunstfasern".

[782] Kommission, Zweiter WB (1972), Tz. 31; Kommission, Entsch. v. 4. 7.1984, ABl. 1984 Nr. L 207/17 (18 Tz. 10) „Kunstfasern".

[783] Kommission, Zweiter WB (1972), Tz. 31; siehe auch Erster WB (1971), Tz. 171; siehe umfassend Siebter WB (1977), Tz. 203.

[784] ABl. Anhang Verhandlungen des Europäischen Parlaments Nr. 149, April 1972, S. 88ff.; Kommission, Achter WB (1978), Tz. 42.

[785] Kommission, Fünfter WB (1975), Tz. 105; vgl. Siebter WB (1977), Tz. 203.

Schwierigkeiten noch verstärkt[786]. Die Kommission sah jedoch, insbesondere aufgrund der Absprachen hinsichtlich der Produktions- und Verkaufspolitik, keine Möglichkeit, die angemeldete Vereinbarung freizustellen[787]. Sie befürchtete, daß aufgrund der Absprachen über Produktionsquoten und Verkaufskonditionen die für die Anwendung von Art. 81 Abs. 3 EG nötigen spürbaren Verbesserungen nicht zu erwarten seien[788]. Als die Kommission den Antragstellern ihre Einwände gegen die Vereinbarung mitteilte, zogen diese ihre Anmeldung zurück[789].

(b) Einwirken auf die Beihilfepolitik

In den darauffolgenden Jahren verstärkten die Mitgliedstaaten ihre Bemühungen, durch Beihilfen diesen Industriesektor zu unterstützen, um insbesondere in strukturschwachen Regionen Arbeitsplätze zu erhalten[790]. Dies führte jedoch zu einer Aufrechterhaltung und teilweise sogar noch zu einer Verstärkung der Überkapazitäten[791]. Erschwerend kam hinzu, daß es sich bei den italienischen Herstellern um staatliche Unternehmen handelte, die von der italienischen Regierung großzügig unterstützt wurden[792]. Die Kommission versuchte mehrfach, durch Mitteilungen an die Mitgliedsstaaten, diese Praxis zu unterbinden. So verfaßte sie Grundsätze, nach denen die Mitgliedstaaten ihre Beihilferegelungen zu gestalten hatten[793]. Demnach mußten Beihilfen entweder geeignet sein, die Anpassung des Sektors zu fördern, oder durch schwerwiegende Beschäftigungsprobleme begründet sein[794]. Als aufgrund der andauernden Wirtschaftskrise sowie der weiteren Errichtung neuer Kapazitäten sich die Situation für die europäische Kunstfaserindustrie nochmals verschlimmerte und ihr Kapazitätsausnutzungsgrad im Jahre 1977 durchschnittlich auf 70 Prozent sank[795], forderte die Kommission die Mitgliedsstaaten schließlich sogar auf, für einen Zeitraum von

---

[786] Kommission, Zweiter WB (1972), Tz. 31.

[787] Ebenda.

[788] Kommission, Achter WB (1978), Tz. 42.

[789] Kommission, Zweiter WB (1972), Tz. 31; siehe auch Achter WB (1978), Tz. 42; Kommission, Entsch. v. 4. 7.1984, ABl. 1984 Nr. L 207/17 (18 Tz. 9) „Kunstfasern".

[790] Vgl. Kommission, Sechster WB (1976), Tz. 222; siehe zu den Subventionen an die italienische Chemiefaserindustrie *Mann*, Schwerpunkte des Kartellrechts 1977/78, FIW Nr. 86, S. 83 (86).

[791] Kommission, Sechster WB (1976), Tz. 222.

[792] *Joliet*, (1981) WO, 403 (412).

[793] Kommission, Sechster WB (1976), Tz. 222.

[794] Ebenda.

[795] Kommission, Achter WB (1978), Tz. 42; Kommission, Entsch. v. 4. 7.1984, ABl. 1984 Nr. L 207/17 (18 Tz. 10) „Kunstfasern".

zwei Jahren von jeglichen Beihilfemaßnahmen abzusehen[796]. Dies sollte auch für Hilfsmaßnahmen gelten, die normalerweise nicht der Kommission gemeldet werden mußten[797].

(c) *Zweite Anmeldung 1978*

Am 14. 7.1978 unternahmen die elf wichtigsten europäischen Kunstfaserproduzenten einen erneuten Versuch und meldeten sowohl bei der Kommission[798] als auch beim Bundeskartellamt[799] eine Vereinbarung mit dem Ziel eines geregelten Kapazitätsabbaus an. Dieser Abbau bezog sich auf die Produkte Polyamid-Filamentgarne für textile Verwendungszwecke, Polyamid-Filamentgarne für Teppiche und Polyamid-Stapelfasern, Polyester-Filamentgarne für textile Verwendungszwecke und Polyester-Stapelfasern sowie Acrylfasern[800]. Nach dem Antrag sollten bis 1981 die Faserkapazitäten um rund 500.000 t, was etwa 13 Prozent der Gesamtproduktion entsprach, gedrosselt werden. Weiter sollten die italienischen Firmen auf den geplanten Ausbau ihrer Anlagen um ein Drittel verzichten[801]. Die Vereinbarung sah neben dem geplanten Kapazitätsabbau ein System von Produktions- und Lieferungsquoten für die betreffenden Erzeugnisse vor[802]. Bestimmungen über Importschutz und Preisbindungen waren dagegen nicht vorgesehen[803].

Nach vorläufiger Prüfung kam die Kommission zu dem Ergebnis, daß die Kontingentierungsmaßnahmen für die Produktion- und die Lieferung nicht mit Art. 81 Abs. 3 EG vereinbar seien und daher nicht genehmigt werden könnten[804]. Zur Begründung führte sie aus, daß es nicht Sache der Unternehmen sei, im Rahmen eines Kartells oder durch aufeinander abgestimmte Verhaltensweisen die Entwicklung ihrer Produktion oder ihrer Lieferungen festzulegen[805]. Die Kommission gab den Beteiligten aber die Möglichkeit, die Vereinbarung zu än-

---

796 Kommission, Siebter WB (1977), Tz. 204; Achter WB (1978), Tz. 42.

797 Kommission, Siebter WB (1977), Tz. 204.

798 Kommission, Achter WB (1978), Tz. 42; Elfter WB (1981), Tz. 46; Kurzinformationen, WuW 1978, 410; Kommission, Entsch. v. 4. 7.1984, ABl. 1984 Nr. L 207/17 (18 Tz. 11) „Kunstfasern".

799 Kurzinformationen, WuW 1978, 410.

800 Ebenda.

801 Kurzinformationen, WuW 1978, 410; vgl. Kommission, Entsch. v. 4. 7.1984, ABl. 1984 Nr. L 207/17 (18 Tz. 11) „Kunstfasern".

802 Kommission, Achter WB (1978), Tz. 42; Elfter WB (1981), Tz. 46.

803 Kurzinformationen, WuW 1978, 410.

804 Kommission, Achter WB (1978), Tz. 42; Elfter WB (1981), Tz. 46; Kommission, Entsch. v. 4. 7.1984, ABl. 1984 Nr. L 207/17 (19 Tz. 11) „Kunstfasern".

805 Kommission, Achter WB (1978), Tz. 42.

dern, und teilte den Antragstellern mit, daß sie selbst nach anderen Lösungsmöglichkeiten suchen würde, um die Restrukturierung der europäischen Kunstfaserindustrie beispielsweise mit einem Fonds oder anderen Mitteln der Gemeinschaft zu unterstützen[806]. In den Verhandlungen mit den Antragstellern machte die Kommission deutlich, daß sie ein Strukturkrisenkartell nur genehmigen würde, wenn die Vereinbarung auf den Abbau von Überkapazitäten beschränkt bliebe und die Unternehmen nicht gleichzeitig, sei es aufgrund einer Vereinbarung oder abgestimmter Verhaltensweisen Preise, Produktions- oder Liefermengen festsetzten[807]. Sie stellte zudem ausdrücklich klar, daß eine Vereinbarung, die die Einhaltung einer strengen Disziplin hinsichtlich der gesamten wirtschaftlichen Tätigkeit der Kartellmitglieder und Schutzmaßnahmen gegenüber Außenkonkurrenz vorsah, hingegen mit Art. 81 Abs. 3 EG nicht zu vereinbaren sei[808]. Daraufhin änderten die Antragsteller ihre Vereinbarung und strichen sämtliche Vorschriften, die das Geschäftsgebaren der beteiligten Unternehmen betrafen[809]. Sie wurden durch eine Verpflichtung der nicht-italienischen Vertragsparteien ersetzt, den italienischen Vertragsparteien bestimmte Mengen auf individueller Basis abzunehmen[810]. Diese Absprachen sah die Kommission aber ebenfalls als nicht zulässig an, da sie Merkmale einer Absprache zwischen den betroffenen Produktionsunternehmen aufwiesen[811].

Ende 1981 meldeten die Chemiefaserhersteller eine weitere Änderung an[812]. So sollte die gegenseitige Abnahmeverpflichtung der Produktionsunternehmen entfallen und die ursprüngliche Geltungsdauer der angemeldeten Ausgangsvereinbarung um sechs Monate, d.h. bis zum 30. 6.1982 verlängert werden[813].

Trotz der verschiedenen Änderungen erhielten die Antragsteller jedoch keine formelle Zustimmung der Kommission[814]. Dies war für die Unternehmen jedoch nicht mit einem Risiko verbunden, da nach Art. 15 Abs. 5 der Verordnung (EWG) Nr. 17/62[815] eine Geldbuße für Handlungen im Rahmen einer Vereinbarung, die nach der bei der Kommission vorgenommenen Anmeldung und vor der Entscheidung der Kommission nach Art. 81 Abs. 3 EG des Vertrages begangen wurden, nicht verhängt werden durfte.

---

[806] Kommission, Achter WB (1978), Tz. 42.

[807] Kommission, Elfter WB (1981), Tz. 46.

[808] Ebenda.

[809] Kommission, Elfter WB (1981), Tz. 47.

[810] Kommission, Elfter WB (1981), Tz. 47.

[811] Ebenda.

[812] Kommission, Elfter WB (1981), Tz. 48.

[813] Kommission, Elfter WB (1981), Tz. 48.

[814] Kommission, Entsch. v. 4. 7.1984, ABl. 1984 Nr. L 207/17 (19 Tz. 11) „Kunstfasern".

[815] Verordnung (EWG) Nr. 17/62, ABl.1962 Nr. P 13/204ff.

2. Freistellung des Strukturkrisenkartells Kunstfasern

Am 10.11.1982 meldeten schließlich zehn Chemiefaserhersteller erneut eine Vereinbarung an, die von der Kommission am 4. 7.1984 rückwirkend zum Zeitpunkt der Anmeldung freigestellt wurde[816].

(a) Kartellvertrag

Die Vereinbarung sah vor, daß die Kartellmitglieder ihre Produktionskapazitäten für sechs verschiedene Synthesefasern[817] um 354.000 t abbauten[818]. Durch diesen Abbau, der etwa 18 Prozent der gesamten Produktionskapazität entsprach[819], sollte für die beteiligten Unternehmen ein Auslastungsgrad von 85 Prozent erreicht werden[820]. Dabei ging man davon aus, daß sich der Absatz zwischen Juli 1984 und 1986 auf dem Absatzniveau von 1981 stabilisieren würde[821]. Auf der Basis der angestrebten Kapazitätsverringerung erstellte jedes Kartellmitglied seinen eigenen Abbauplan[822]. Diesem wurden die Kapazitäten zugrunde gelegt, die die Unternehmen gehabt hätten, wenn die Vereinbarung von 1978 umgesetzt worden wäre[823]. Die Abbaupflicht galt als nicht erfüllt, wenn die Kapazitäten lediglich Dritten zur Nutzung in Westeuropa übertragen oder verkauft wurden[824]. Der Verkauf von Kapazitäten außerhalb Europas war dagegen gestattet. Eine Änderung der Abbaupläne ließ man grundsätzlich zu, damit Kapazitätsübertragungen unter den Kartellmitgliedern möglich waren[825]. Beim Zukauf von Produktionskapazitäten von einem anderen Teilnehmer oder einem Dritter, wurde die jeweilige Produktionskapazität entsprechend neu festgesetzt[826]. In die Berechnung des Abbaus flossen auch die Kapazitätsherabset-

---

[816] Kommission, Entsch. v. 4. 7.1984, ABl. 1984 Nr. L 207/17ff. „Kunstfasern“; Kurzinformationen, WuW 1984, 524.

[817] Folgende Synthesefasern waren umfaßt: Polyamidtextilgarn, Polyamidteppichgarn, Polyestergarn, Polyamidfaser, Polyesterfaser, Acrylfaser.

[818] Kommission, Entsch. v. 4. 7.1984, ABl. 1984 Nr. L 207/17 (19 Tz. 16) „Kunstfasern“; Kommission, XIV. WB (1984), Tz. 81; Internationales, WuW 1984, 716.

[819] Kurzinformationen, WuW 1984, 524; Kommission, Pressemitteilung IP [84] 245 v. 6. 7.1984 = WuW 1984, 716.

[820] Kommission, Entsch. v. 4. 7.1984, ABl. 1984 Nr. L 207/17 (19 Tz. 16) „Kunstfasern“.

[821] Ebenda.

[822] Kommission, a.a.O., ABl. 1984 Nr. L 207/17 (19 Tz. 17) „Kunstfasern“.

[823] Ebenda.

[824] Kommission, a.a.O., ABl. 1984 Nr. L 207/17 (19 Tz. 18a) „Kunstfasern“.

[825] Ebenda.

[826] Kommission, a.a.O., ABl. 1984 Nr. L 207/17 (19 Tz. 20h) „Kunstfasern“.

zungen mit ein, die einige Unternehmen seit der Vereinbarung von 1978 schon durchgeführt hatten[827].

Die Beteiligten willigten grundsätzlich in eine Kontrolle ihrer Anlagen durch unabhängige Sachverständige ein[828]. Zudem mußte die Treuhandstelle laufend über die Durchführung und den Erfolg des Abbaus unterrichtet werden[829]. Des weiteren vereinbarten die Unternehmen während der Laufzeit des Kartells ein Kapazitätserweiterungsverbot[830].

Die Vereinbarung galt auch für eventuelle Rechtsnachfolger. Daher hatte der Verkäufer im Falle des vollständigen oder teilweisen Verkaufs von Kapazitäten an ein Kartellmitglied oder an einen Dritten dafür Sorge zu tragen, daß der Käufer die Grundsätze der Vereinbarung einhalten würde[831]. Dies galt jedoch nicht für den Fall, daß die Kapazitäten in Länder außerhalb Westeuropas verlagert würden[832]. Darüber hinaus verpflichteten sich die Unternehmen, daß ihre Beschäftigten im Rahmen der Umstrukturierung möglichst einer neuen Beschäftigung zugeführt würden[833].

Soweit sich die Situation bezüglich des Verhaltens nicht am Kartell beteiligter europäischer Firmen auf dem europäischen Markt, bezüglich Einfuhren aus nicht europäischen Quellen oder bezüglich des Schrumpfens der Exportmärkte wesentlich verändern würde, bestand eine Konsultationspflicht der Kartellmitglieder[834].

Zur Sicherung des Kartells wurden Vertragsstrafen für die Nichteinhaltung der Abbauverpflichtung und für unzulässige Erweiterungen der Kapazitäten in Höhe von 2000 Euro je Tonne jährlicher Überkapazität und eine zusätzliche Summe gleicher Höhe für jedes Jahr Verspätung vereinbart[835]. Für die Anmeldung derartiger Verstöße war ein Schiedsgerichtsverfahren vorgesehen[836]. Un-

---

[827] Kommission, a.a.O., ABl. 1984 Nr. L 207/17 (19 Tz. 17) „Kunstfasern".

[828] Kommission, a.a.O., ABl. 1984 Nr. L 207/17 (19 Tz. 18a) „Kunstfasern"; Kommission, XIV. WB (1984), Tz. 81; Kommission, Pressemitteilung IP [84] 245 v. 6. 7.1984 = WuW 1984, 716.

[829] Kommission, a.a.O., ABl. 1984 Nr. L 207/17 (20 Tz. 18d) „Kunstfasern".

[830] Kommission, a.a.O., ABl. 1984 Nr. L 207/17 (19 Tz. 18b) „Kunstfasern"; Kommission, XIV. WB (1984), Tz. 81; Kommission, Pressemitteilung IP [84] 245 v. 6. 7.1984 = WuW 1984, 716.

[831] Kommission, a.a.O., ABl. 1984 Nr. L 207/17 (20 Tz. 18h) „Kunstfasern".

[832] Ebenda; Kommission, Pressemitteilung IP [84] 245 v. 6. 7.1984 = WuW 1984, 716.

[833] Kommission, a.a.O., ABl. 1984 Nr. L 207/17 (19 Tz. 18c) „Kunstfasern".

[834] Kommission, a.a.O., ABl. 1984 Nr. L 207/17 (20 Tz. 18g) „Kunstfasern"; Kommission, XIV. WB (1984), Tz. 81.

[835] Kommission, a.a.O., ABl. 1984 Nr. L 207/17 (20 Tz. 18i) „Kunstfasern".

[836] Ebenda.

ternehmen mit Sitz in der EG oder in einem anderen westeuropäischen Land war es ferner jederzeit möglich, dem Kartell beizutreten[837].

(b) Unzulässige Bestimmungen

Einige Bestimmungen der angemeldeten Vereinbarungen mußten auf Verlangen der Kommission gestrichen werden. So mußte ein vorgesehenes Verbot, Investitionen mit der Folge erhöhter Kapazitäten ohne die Zustimmung der anderen Teilnehmer vorzunehmen, aus dem Vertrag herausgenommen werden[838]. Weiter wurde eine Bestimmung, die im Falle von Problemen bei der Durchführung eine Vermittlerrolle der Kommission vorsah, gestrichen, da eine eventuelle Erhöhung der Kapazitäten eines Kartellmitglieds unter die Klausel fiel, die eine Konsultationspflicht im Falle wichtiger Änderungen vorsah[839]. Die Kommission wollte nicht in die Durchführung des Kartells miteinbezogen werden. Weiter wurden Regelungen, die eine Übermittlung von Informationen über Lieferungen an die Treuhandstelle vorsahen und darüber hinaus eine über 95 Prozent hinausgehende Kapazitätsauslastung als einen Anlaß ansahen, die Kapazitätsangaben des betreffenden Unternehmens anzuzweifeln, gestrichen[840]. Die Kommission befürchtete, daß diese Informationen eine Kontrolle der Produktion und der Lieferungen hätte ermöglichen können[841], was nach ihrer Ansicht gerade nicht mit Art. 81 Abs. 1 EG vereinbar gewesen wäre. Schließlich wurde die Laufzeit der Vereinbarung von der Kommission um ein halbes Jahr gekürzt, so daß sie bereits am 31.12.1985 auslief[842].

(c) Einwände Dritter

Die Kommission veröffentlichte gemäß Art. 19 Abs. 3 der Verordnung (EWG) Nr. 17/62[843] den wesentlichen Inhalt der Anmeldung im Amtsblatt, um beteiligten Dritten Gelegenheit zur Äußerung zu geben[844]. Daraufhin teilten mehrere Verbände der Chemiefasern verarbeitenden Industrie der Kommission ihre Bedenken mit[845]. Diese Verbände wandten ein, daß der geplante Kapazitäts-

---

837 Kommission, a.a.O., ABl. 1984 Nr. L 207/17 (20 Tz. 18e) „Kunstfasern"; Kommission, XIV. WB (1984), Tz. 81; Kommission, Pressemitteilung IP [84] 245 v. 6. 7.1984 = WuW 1984, 716.

838 Kommission, a.a.O., ABl. 1984 Nr. L 207/17 (20 Tz. 19) „Kunstfasern".

839 Ebenda.

840 Kommission, a.a.O., ABl. 1984 Nr. L 207/17 (20 Tz. 19) „Kunstfasern".

841 Ebenda.

842 Ebenda.

843 Verordnung (EWG) Nr. 17/62, ABl.1962 Nr. P 13/204ff.

844 Kommission, a.a.O., ABl. 1984 Nr. L 207/17 (21 Tz. 23) „Kunstfasern".

845 Ebenda.

abbau angesichts der positiven Marktentwicklung zu umfangreich sei[846]. Weiter befürchteten sie, daß es durch den Kapazitätsabbau zu Lieferschwierigkeiten kommen würde[847]. Zudem würde es den Herstellern ermöglicht, Preiserhöhungen durchzusetzen[848].

Die Kommission entgegnete auf diese Einwände, daß die Marktentwicklung im Jahre 1983 zwar positiv gewesen sei, die Auslastung der Kapazitäten jedoch immer noch nur bei 76,6 Prozent gelegen habe[849]. Versorgungsschwierigkeiten waren nach Auffassung der Kommission ausgeschlossen, da lediglich eine Auslastung der Kartellmitglieder von 85 Prozent erreicht werden sollte und darüber hinaus andere Hersteller und Importeure den Markt mit einem Marktanteil von zusammen rund 30 Prozent belieferten. Schließlich hätte angesichts der anstehenden Kartellierung keine unnatürlich hohe Preissteigerung beobachtet werden können, so daß auch für den Zeitraum nach einer Freistellung keine Preissteigerungen zu erwarten seien.

(d) Verstoß gegen Art. 81 Abs. 1 EG

Die angemeldete Vereinbarung stellte eine Vereinbarung zwischen Unternehmen dar, die eine Einschränkung des Wettbewerbs innerhalb des Gemeinsamen Marktes bezweckte und bewirkte[850]. So stellte die Kommission zutreffend fest, daß die Verpflichtung, die Kapazitäten herabzusetzen, einer Vereinbarung über die Begrenzung der Produktionsmittel entsprach, somit auch eine Begrenzung der Investitionen der Parteien war und nach Art. 81 Abs. 1 Hs. 2 lit. b EG eine wettbewerbsbeschränkende Vereinbarung darstellte[851]. Diese Wettbewerbsbeschränkung war auch spürbar. Zwar erwähnte die Kommission diese Voraussetzung in ihrer Entscheidung nicht ausdrücklich. Allerdings bestanden angesichts der Tatsache, daß die Kartellmitglieder 70 Prozent des Marktanteils an Kunstfasern auf sich vereinigten, keine Veranlassung, an einer Spürbarkeit der Vereinbarung zu zweifeln.

Weiter war die Vereinbarung der Kunstfaserhersteller auch geeignet, den Handel zwischen den Mitgliedstaaten zu beeinträchtigen, da sie zwischen Unternehmen aus mehreren Mitgliedstaaten geschlossen wurde[852]. Diese waren im gesamten Gebiet des Gemeinsamen Marktes, insbesondere durch Tochter- und

---

[846] Kommission, a.a.O., ABl. 1984 Nr. L 207/17 (21 Tz. 23) „Kunstfasern“.

[847] Ebenda.

[848] Kommission, a.a.O., ABl. 1984 Nr. L 207/17 (21 Tz. 23) „Kunstfasern“.

[849] Kommission, a.a.O., ABl. 1984 Nr. L 207/17 (21 Tz. 24) „Kunstfasern“.

[850] Kommission, a.a.O., ABl. 1984 Nr. L 207/17 (21 Tz. 25) „Kunstfasern“.

[851] Kommission, a.a.O., ABl. 1984 Nr. L 207/17 (22 Tz. 26) „Kunstfasern“.

[852] Kommission, a.a.O., ABl. 1984 Nr. L 207/17 (22 Tz. 27) „Kunstfasern“.

Schwestergesellschaften, tätig[853]. Daher war auch die sog. Zwischenstaatlichkeitsklausel erfüllt.

(e) Freistellung nach Art. 81 Abs. 3 EG

Die Kommission hat die Vereinbarung vom Kartellverbot des Art. 81 Abs. 1 EG nach Art. 81 Abs. 3 EG freigestellt. Im folgenden soll untersucht werden, ob die Voraussetzungen des Art. 81 Abs. 3 EG tatsächlich vorlagen.

(1) Strukturell bedingte Überkapazitäten

Zur Freistellung eines Strukturkrisenkartells verlangt die Kommission in ihren Wettbewerbsregeln zunächst das Vorliegen strukturell bedingter Überkapazitäten[854]. Das Vorliegen von strukturell bedingten Überkapazitäten in der Kunstfaserbranche hat die Kommission in ihrer Entscheidung nicht sehr ausführlich dargelegt. Allerdings ergab sich in der Entscheidung durch die Darstellung der Vorgeschichte der Vereinbarung, daß die von der Kommission in ihren Wettbewerbsregeln geforderte erhebliche Minderung des Auslastungsgrads der Anlagen gegeben war. Auch existierten die geforderten erheblichen Einbußen in der Produktion.

So hatten die Chemiefaserhersteller laut Darstellung der Kommission von 1975 an mit immer größeren Überkapazitäten zu kämpfen und ihre Kapazitätsauslastung war auf 70 Prozent zurückgefallen[855]. Auf das Vorliegen von erheblichen Produktionseinbußen ging die Kommission in ihrer Entscheidung zwar nicht ausdrücklich ein. Doch konnte aufgrund der geringen Auslastung der Unternehmen von erheblichen Produktionseinbußen ausgegangen werden. Durch die unrentable Produktion waren Unternehmen auch von erheblichen Verlusten betroffen. So betrugen die Gesamtverluste der europäischen Chemiefaserindustrie im Jahre 1981 rund 1,2 Mrd. DM, 1983 immerhin noch 500 Mio. DM.

Weiter fordert die Kommission in ihren Wettbewerbsregeln, daß die Überkapazitäten über einen längeren Zeitraum anhalten[856]. Auch dieses zeitliche Kriterium war erfüllt, da bereits im Jahre 1975 erhebliche Überkapazitäten bestanden hatten, die nach Angaben der Kommission auch im Jahre 1982 im Bereich der synthetischen Chemiefasern noch gegeben waren[857]. So bestanden trotz eines teilweise schon durchgeführten Kapazitätsabbaus in den vorangegangen Jahren noch Überkapazitäten von rund 30 Prozent[858]. Die Textilhersteller Firma Athlet

---

[853] Ebenda.

[854] S. o. unter C.III.1, S. 102.

[855] Kommission, a.a.O., ABl. 1984 Nr. L 207/17 (18 Tz. 10) „Kunstfasern".

[856] S. o. unter C.III.1, S. 102.

[857] Kommission, a.a.O., ABl. 1984 Nr. L 207/17 (22 Tz. 28) „Kunstfasern".

[858] Ebenda.

Sport- und Freizeitbekleidung GmbH u. a., die später gegen die Entscheidung der Kommission Klage eingereicht hatten, bezweifelten diese Angaben und bezifferten die Überkapazitäten in Westeuropa mit lediglich ca. 20 Prozent[859]. Dies kann an dieser Stelle nicht überprüft werden. Da die Klage später aber zurückgezogen wurde, ist im Zweifel von der Richtigkeit der Angaben der Kommission auszugehen.

Obwohl nach ihren Grundsätzen nicht gefordert, gab die Kommission auch die Ursachen der strukturellen Überkapazitäten an. Diese sah die Kommission vor allem in der schnellen Entwicklung der Technologie, wie in der Einführung von Schnellspinnverfahren, dem Bau von größeren Anlagen aus Gründen der Kostendegression und der Entwicklung der Nachfrage[860]. Die Nachfrage war zwar nicht rückläufig gewesen, hatte aber die Erwartungen der Branche nicht erfüllt[861].

Weiter fordert die Kommission in den Wettbewerbsregeln, daß auch mittelfristig keine dauerhafte Verbesserung zu erwarten sein dürfte[862].

Die Unternehmen der Bekleidungsindustrie führten in ihrer späteren Klageschrift an, daß sich die Kapazitätsauslastungen und Erträge gegenüber 1982 und dem ersten Halbjahr 1983 wesentlich verbessert hatten[863]. Nach ihren Angaben hatte es die Kommission unterlassen, eigene Ermittlungen zu den Markt- und Unternehmensdaten anzustellen[864]. Auch diese Anschuldigungen können jedoch nicht überprüft werden. Mithin lagen strukturell bedingte Überkapazitäten im Einklang mit den Wettbewerbsregeln vor.

(2) Voraussetzungen des Art. 81 Abs. 3 EG

Des weiteren müßte das Strukturkrisenkartell für eine Freistellung die Voraussetzungen des Art. 81 Abs. 3 EG erfüllt haben.

(i) Verbesserung der Warenerzeugung

Die Voraussetzung der Verbesserung der Warenerzeugung ist nach den Grundsätzen der Kommission im Falle von Strukturkrisenkartellen erfüllt, wenn langfristig eine Rentabilitätssteigerung und somit die Rückkehr zu einer normalen Wettbewerbsfähigkeit vorherzusehen ist[865]. Weiter sollen durch den koordi-

---

[859] Zusammenfassung der Klageschrift in ABl. 1984 Nr. C 298/4 – Rs. 245/85.

[860] Kommission, a.a.O., ABl. 1984 Nr. L 207/17 (22 Tz. 28) „Kunstfasern“.

[861] Ebenda.

[862] S. o. unter C.III.1, S. 102.

[863] Siehe Zusammenfassung der Klageschrift in ABl. 1984 Nr. C 298/4 (5)– Rs. 245/85.

[864] Ebenda.

[865] S. o. unter C.III.2(a), S. 103.

nierten Abbau die mit einem Abbau verbundenen sozialen Auswirkungen gemildert werden[866].

Eine Rentabilitätssteigerung war grundsätzlich durch das Strukturkrisenkartell der Kunstfaserhersteller zu erwarten, da die Unternehmen sich durch den Kapazitätsabbau großer finanzieller Belastungen entledigen konnten, die sich aus den Kosten für die Unterhaltung der ungenutzten Überkapazitäten ergaben[867]. Da gleichzeitig der Auslastungsgrad der verbleibenden Anlagen erhöht wurde, kam es auch zu keinem Produktionsrückgang der Unternehmen[868]. Darüber hinaus konnten die Unternehmer ihre leistungsfähigen Strukturen ausbauen, da nur die Kapazitäten stillgelegt wurden, die aufgrund ihres Alters oder ihrer Größe am wenigsten rentabel und leistungsfähig waren[869]. Weiter wurde die Rentabilität auch dadurch erhöht, daß sich die beteiligten Unternehmen auf bestimmte Produkte spezialisierten[870]. Durch diese Spezialisierungen und durch die Aufgabe unrentabler Bereiche wurden Ressourcen für die weiter betriebenen Kapazitäten frei[871]. Den Beteiligten war es mithin möglich, den Verbrauchern bessere Erzeugnisse anzubieten[872].

Der koordinierte Abbau der Kapazitäten bei den Kartellmitgliedern ermöglichte zudem, die Umstrukturierung zu annehmbaren sozialen Bedingungen zu gestalten[873]. Eine bestmögliche Versetzung von Beschäftigten wurde ebenfalls angestrebt[874].

Die Kommission führt in ihren Wettbewerbsregeln weiter an, daß die Vereinbarung zur Erreichung der Verbesserung der Warenerzeugung für jeden Standort einen detaillierten und verbindlichen Betriebsschließungsplan enthalten müsse, der sicherstellt, daß die Überkapazitäten nicht nur eingefroren, sondern unwiderruflich beseitigt werden, und daß während ihrer Geltungsdauer außer den im Umstrukturierungsplan vorgesehenen Ersatzinvestitionen keine neuen Kapazitäten geschaffen werden dürfen[875]. Ein solcher verbindlicher Kapazitätsabbauplan wurde von den Antragstellern vorgelegt. Dabei ließ es die Kommission durchaus zu, daß Kapazitäten nochmals geändert wurden, um Kapazitätsübertragungen

---

866 Ebenda.

867 Kommission, a.a.O., ABl. 1984 Nr. L 207/17 (22 Tz. 34) „Kunstfasern".

868 Ebenda.

869 Ebenda.

870 Kommission, a.a.O., ABl. 1984 Nr. L 207/17 (22 Tz. 35) „Kunstfasern".

871 Ebenda.

872 Ebenda.

873 Kommission, a.a.O., ABl. 1984 Nr. L 207/17 (23 Tz. 37) „Kunstfasern".

874 Ebenda.

875 S. o. unter C.III.1, S. 102.

von einem Unterzeichner auf den anderen oder von Unterzeichnern auf Nichtunterzeichner zu berücksichtigen[876]. Diese flexible Handhabung wird den wirtschaftlichen Bedürfnissen der Unternehmen voll und ganz gerecht. Die Kommission sorgte auch dafür, daß die Kapazitäten unwiderruflich beseitigt wurden. Im Fall einer Veräußerung an Nichtkartellmitglieder hatte nämlich der Veräußerer dafür Sorge zu tragen, daß auch der Käufer die Grundsätze der Vereinbarung einhielt[877]. Dies galt nicht für Veräußerungen außerhalb Westeuropas[878]. In diesem Fall war jedoch auch die Gefahr nicht besonders groß, daß es durch Re-Importe der Maschinen zu Umgehungen des Kartellvertrages kommen könnte. Bei Veräußerungen unter Kartellmitgliedern sollte vertragsgemäß anschließend die Produktionskapazitäten neu festgesetzt werden[879]. Auf diese Weise wurde sichergestellt, daß der Kapazitätsabbau nicht gefährdet wurde. Schließlich sorgte ein mit Vertragsstrafen abgesichertes Kapazitätserweiterungsverbot für die Dauer des Kartells dafür, daß keine neuen Kapazitäten geschaffen werden konnten[880]. Mithin trug die Vereinbarung der Kunstfaserhersteller im Einklang mit den Wettbewerbsregeln der Kommission zur Verbesserung der Warenerzeugung im Sinne des Art. 81 Abs. 3 EG bei.

(ii) Angemessene Beteiligung der Verbraucher am Gewinn

Die Vereinbarung muß gemäß Art. 81 Abs. 3 EG den Verbraucher am entstehenden Gewinn in angemessener Weise beteiligen. Nach ihren Wettbewerbsregeln bejaht die Kommission einen Nutzen für den Verbraucher, wenn dieser nach dem Kapazitätsabbau einer verbesserten und gesunden Angebotsstruktur gegenübersteht und während des Kartells einen wirksamen Wettbewerb zwischen den beteiligten Unternehmen genießt[881]. In der Kunstfaserentscheidung nahm die Kommission sowohl eine langfristige als auch kurzfristige angemessene Gewinnbeteiligung des Verbrauchers an. Langfristig würde der Verbraucher durch einen sanierten Sektor, ein wettbewerbsfähiges Angebot sowie bessere Erzeugnisse durch die Spezialisierung Nutzen ziehen können[882]. Kurzfristig hingegen würde er vom weiterbestehenden Wettbewerb zwischen den Unternehmen profitieren[883].

---

[876] Kommission, a.a.O., ABl. 1984 Nr. L 207/17 (19 Tz. 17) „Kunstfasern".

[877] Kommission, a.a.O., ABl. 1984 Nr. L 207/17 (20 Tz. 18h) „Kunstfasern".

[878] Ebenda.

[879] Ebenda.

[880] Kommission, a.a.O., ABl. 1984 Nr. L 207/17 (20 Tz. 18b u. i) „Kunstfasern".

[881] S. o. unter C.III.2(b), S. 103.

[882] Kommission, a.a.O., ABl. 1984 Nr. L 207/17 (23 Tz. 39) „Kunstfasern".

[883] Ebenda.

Die Aussicht auf einen sanierten Sektor, ein wettbewerbsfähiges Angebot und auf bessere Erzeugnisse erfüllen zweifelsohne die Voraussetzung einer verbesserten und gesunden Angebotsstruktur i. S. d. Wettbewerbsregeln der Kommission und stellen einen mittelbaren Vorteil gemäß Art. 81 Abs. 3 EG dar[884]. Weiter erfolgte eine Spezialisierung der Unternehmen, indem die Kartellbeteiligten sich auf die Herstellung von Produkten konzentrierten, für die sie die besseren Anlagen und eine höherwertige Technologie hatten. Ob diese Spezialisierung der Unternehmen zu Qualitätsverbesserungen der Erzeugnisse führen konnte, kann an dieser Stelle nicht überprüft werden, jedoch ist davon auszugehen, daß die Kommission dies vor der Freistellung eingehend untersucht hat.

Die Kommission sah in dem kurzfristigen Vorteil der Aufrechterhaltung des Wettbewerbs ein eigenständiges Erfordernis. Wie oben dargelegt, stellt eine Beschränkung der Reichweite der Kartellierung jedoch nur eine Limitierung der wettbewerbsbeschränkenden Effekte des Kartells dar und ist daher keine angemessene Verbraucherbeteiligung[885]. Der wirksame Wettbewerb zwischen den Kartellmitgliedern mildert die Auswirkungen des Kartells und kann nur als Ergänzung zum Erfordernis der verbesserten Angebotsstruktur gesehen werden.

Als weiteren Verbrauchervorteil führte die Kommission an, daß durch die Sanierung der Kunstfaserindustrie wettbewerbsfähige Unternehmen erhalten bleiben würden, unangepaßte Unternehmen hingegen, die durch staatliche Beihilfen oder durch Verlustausgleich innerhalb einer Unternehmensgruppe hätten fortbestehen können, beseitigt würden[886]. Die Kommission erläuterte jedoch nicht explizit, worin der Verbrauchervorteil liegt. Bezüglich der Beihilfen könnte nur der Gedanke in Betracht kommen, daß durch ihren Fortfall der Staat finanziell entlastet wird und davon auch der Verbraucher als Steuerzahler mittelbar profitiert. Dafür müßte jedoch die finanzielle Entlastung direkt an die Verbraucher weitergegeben werden. Davon kann aber nicht ausgegangen werden, da aufgrund der angespannten Haushaltslagen der Mitgliedsstaaten eine direkte Weitergabe äußerst unwahrscheinlich war. Somit fehlt ein Zusammenhang zwischen Rationalisierungsgewinn und Verbrauchervorteil. Im übrigen würde auch eine eventuelle zukünftige Entlastung in Form von Steuerentlastung für eine Verbraucherbeteiligung i. S. d. Art. 81 Abs. 3 EG nicht ausreichen[887], da sich der Nutzen für den Verbraucher im Zusammenhang mit dem konkreten Produkt ergeben muß und nicht auf vom Erzeugnis unabhängige finanzielle Begünstigungen zurückzuführen sein darf[888]. Der Verbraucher erhält folglich durch einen

---

[884] S. o. unter C.III.2(b), S. 103.

[885] S. o unter C.III.2(b), S. 103.

[886] Kommission, a.a.O., ABl. 1984 Nr. L 207/17 (23 Tz. 39) „Kunstfasern".

[887] *Wallenberg*, RIW 1986, 753 (757); Focsaneanu/Elsen, RMC 1985, 271 (281).

[888] *Wallenberg*, RIW 1986, 753 (757).

Wegfall der Beihilfen keinen Vorteil[889]. Aus demselben Grund kann sich auch kein Verbrauchervorteil in einem Verlustausgleich innerhalb von Unternehmensgruppen, etwa dadurch, daß finanzielle Mittel freiwerden und als Preissenkungen für die Verbraucher weitergegeben werden, ableiten. Das Ausscheiden unangepaßter und überalterter Betriebe stellt somit entgegen der Auffassung der Kommission keinen Verbrauchervorteil i. S. d. Art. 81 Abs. 3 EG dar.

Die Verbraucherbeteiligung war auch angemessen. Zwar räumte die Kommission gewisse Gefahren von kurzfristigen Preiserhöhungen im Zuge der anstehenden Kartellierung ein[890]. Nicht explizit erwähnt hat sie jedoch, daß aufgrund des weiterbestehenden Wettbewerbs innerhalb des Kartells und der Möglichkeit der Verbraucher, Produkte bei Außenseitern oder Importeuren zu beschaffen, diese Gefahr jedoch als recht gering einzustufen war, so daß sie sicherlich hinter dem Vorteil einer verbesserten und gesunden Angebotsstruktur zurückstehen konnte.

Insgesamt gesehen lag folglich durch die verbesserte und gesunde Angebotsstruktur eine angemessene Beteiligung der Verbraucher am Gewinn vor.

(iii)Unerläßliche Beschränkungen

Weiter verlangt Art. 81 Abs. 3 lit. a EG, daß den beteiligten Unternehmen nur Beschränkungen auferlegt werden, die für die Erreichung der oben genannten Ziele unerläßlich sind. Diese Voraussetzung ist nach den Wettbewerbsregeln der Kommission gewahrt, wenn die Vereinbarung ausschließlich dem Abbau der überschüssigen Kapazitäten dient und sie von vornherein auf den für die technische Durchführung des Kapazitätsabbaus erforderlichen Zeitraum befristet ist[891]. Die Vereinbarung der Kunstfaserhersteller enthielt nur Maßnahmen, die sich auf den Abbau von Überkapazitäten bezogen, und war zeitlich begrenzt bis zum 31.12.1985[892]. Sämtliche Bestimmungen, die die Freiheit der Unternehmer, über ihre Erzeugung und Lieferung zu entscheiden, hätten beschränken können, wurden nicht von der Kommission genehmigt. So hatte die Kommission insbesondere Bestimmungen bezüglich Mitteilungen über Liefermengen an die Treuhandstelle gestrichen, um zu verhindern, daß den Kartellmitgliedern eine Kontrolle der Produktion und der Lieferungen ermöglicht wurde[893]. Im Hinblick auf die Unerläßlichkeit setzten die textilverarbeitenden Unternehmen an und behaupteten in ihrer späteren Klageschrift, daß die Kapazitäten im Zeitpunkt der Entscheidung bereits weitgehend abgebaut worden waren und es daher keiner

---

[889] So auch *Wallenberg*, RIW 1986, 753 (757); *Blöße*, Diss., S. 112.

[890] Kommission, a.a.O., ABl. 1984 Nr. L 207/17 (23 Tz. 41) „Kunstfasern".

[891] S. o. unter C.III.2(c), S. 104.

[892] Kommission, a.a.O., ABl. 1984 Nr. L 207/17 (23 Tz. 43f.) „Kunstfasern".

[893] Kommission, a.a.O., ABl. 1984 Nr. L 207/17 (20 Tz. 19) „Kunstfasern".

Kartellvereinbarung mehr bedurft hätte[894]. Leider ist auch an dieser Stelle eine Überprüfung dieser Behauptungen nicht möglich. Es muß daher von der Erforderlichkeit der Kartellvereinbarung für die Stillegung ausgegangen werden.

Die klagenden Unternehmen der Bekleidungsindustrie führten im übrigen auch an, daß die Bestimmungen hinsichtlich der Beratungsverpflichtung für die Kapazitätsverringerung nicht unerläßlich seien[895]. Eine Beratungsverpflichtung war für den Fall von Änderungen der wirtschaftlichen Lage in Bezug auf das Verhalten nicht am Kartell teilnehmender europäischer Firmen auf dem europäischen Markt, auf Einfuhren aus nichteuropäischen Quellen und auf das Schrumpfen der Exportmärkte vorgesehen[896]. Änderungen dieser Umstände hätten aber durchaus dazu führen können, daß beispielsweise durch Kapazitätserweiterungen Dritter oder erhöhte Importe der Zweck des Strukturkrisenkartells gefährdet würde. In einem solchen Fall wäre die Kartellvereinbarung für die Mitglieder hinfällig geworden. Die Beratungspflicht war daher ebenfalls für die Erreichung des Ziels der Verringerung der Überkapazitäten unerläßlich.

Die Vereinbarung bot darüber hinaus die notwendige Gewähr dafür, daß die gegenseitigen Verpflichtungen zum Kapazitätsabbau von den Kartellmitgliedern eingehalten wurden[897]. Die dafür vereinbarten Vertragsstrafen und der Übergang der Verpflichtungen waren geeignet, aber auch notwendig, um sicherzustellen, daß der Kapazitätsabbau auch tatsächlich im vorgesehenen Umfang durchgeführt wurde[898].

Mithin waren sämtliche Absprachen des Strukturkrisenkartells unerläßlich, um das Ziel des Kapazitätsabbaus zu erreichen.

(iv) Keine Ausschaltung des Wettbewerbs

Weiter darf nach Art. 81 Abs. 3 lit. b EG den beteiligten Unternehmen keine Möglichkeit eröffnet werden, für einen wesentlichen Teil der betreffenden Waren den Wettbewerb auszuschalten. In ihren Wettbewerbsregeln führt die Kommission diesbezüglich aus, daß eine Ausschaltung des Wettbewerbs bei Strukturkrisenkartellen kaum zu befürchten sei[899]. So bleibe ein ausreichender interner Wettbewerb unter den Kartellmitgliedern bestehen. Darüber hinaus herrsche durch dritte Untenehmen sowie durch Importe aus Drittländern in der Regel ein Außenwettbewerb und schließlich sei die Vereinbarung zeitlich begrenzt, so daß

---

[894] Siehe Zusammenfassung der Klageschrift in ABl. 1984 Nr. C 298/4 (5)– Rs. 245/85.

[895] Siehe Zusammenfassung der Klageschrift in ABl. 1984 Nr. C 298/4 (5)– Rs. 245/85.

[896] Kommission, a.a.O., ABl. 1984 Nr. L 207/17 (20 Tz. 18g) „Kunstfasern“.

[897] Kommission, a.a.O., ABl. 1984 Nr. L 207/17 (23 Tz. 44) „Kunstfasern“.

[898] Kommission, a.a.O., ABl. 1984 Nr. L 207/17 (24 Tz. 46) „Kunstfasern“.

[899] S. o. unter C.III.2(d), S. 104.

die Unternehmen nach dem Auslaufen der Vereinbarung wieder voneinander unabhängige Wettbewerber sein würden[900].

Auch das Erfordernis des verbleibenden Wettbewerbs wurde in der Kunstfaserentscheidung der Kommission erfüllt. So wurden keine Maßnahmen genehmigt, die den Wettbewerb unter den Kartellmitgliedern hätten ausschalten können. Weiter bestand für die Kartellmitglieder auch ein Außenwettbewerb, da auf dem europäischen Markt für Kunstfasern außer den Kartellmitgliedern noch weitere Hersteller tätig waren[901]. Dies waren insbesondere Tochtergesellschaften amerikanischer Firmen sowie amerikanischer Erzeuger, die unmittelbar aus den Vereinigten Staaten importierten[902]. Diese Firmen sorgten nach Angaben der Kommission für einen lebhaften Wettbewerb auf dem europäischen Markt[903]. Darüber hinaus standen die Kunstfasern mit den Naturfasern (Wolle und Baumwolle) und den Zellulosefasern im Wettbewerb, da diese Fasern jedenfalls bis zu einem gewissen Grad gegeneinander austauschbar waren[904]. Dieser Grad der Austauschbarkeit hing wiederum vom Preis der einzelnen Fasern ab, so daß die Fasern zueinander im Wettbewerb standen[905]. Schließlich war die Vereinbarung auch zeitlich begrenzt, so daß die Unternehmen nach dem Auslaufen der Vereinbarung wieder voneinander unabhängige Wettbewerber wurden. Die Kommission begrenzte die Dauer der Vereinbarung auf gut zwei Jahre[906].

(3) Fortbestehen eines wirksamen Wettbewerbs

Über die Erfüllung der Voraussetzungen des Art. 81 Abs. 3 EG hinaus hat sich die Kommission in ihren Wettbewerbsregeln zur Auflage gemacht, das Fortbestehen eines wirksamen Wettbewerbs sicherzustellen. Dazu sollte sich die Kommission vergewissern, daß nach Abschluß der Sanierung eine ausreichende Zahl von Unternehmen in der Gemeinschaft übrig bleibt. Wenn auch nicht explizit erwähnt, war dieses Erfordernis im Fall Kunstfasern erfüllt, da die Vereinbarung bei den elf teilnehmenden Herstellern lediglich den Abbau von Kapazitäten, jedoch keine vollständigen Stillegungen der Kapazitäten vorsah. Somit blieben auch nach Ablauf des Kartells alle Hersteller am Markt bestehen.

---

900 Ebenda.

901 Kommission, a.a.O., ABl. 1984 Nr. L 207/17 (24 Tz. 50) „Kunstfasern".

902 Ebenda.

903 Kommission, a.a.O., ABl. 1984 Nr. L 207/17 (24 Tz. 50) „Kunstfasern".

904 Kommission, a.a.O., ABl. 1984 Nr. L 207/17 (22 Tz. 51) „Kunstfasern".

905 Ebenda.

906 Kommission, a.a.O., ABl. 1984 Nr. L 207/17 (20 Tz. 19) „Kunstfasern".

(4) Berücksichtigung der Beschäftigungslage

Auch auf das Erfordernis der Berücksichtigung der Beschäftigungslage ist die Kommission in der Entscheidung Kunstfasern nicht näher eingegangen. Lediglich bei der Voraussetzung der Verbesserung der Warenerzeugung stellte sie im Rahmen der zulässigen Einbeziehung sozialer Aspekte fest, daß die Umstrukturierungen eine bessere Umsetzung der Beschäftigten ermöglichten[907].

(f) Ergebnis

Insgesamt betrachtet hat die Kommission in der Kunstfaserentscheidung eine Entscheidung im Einklang mit den Voraussetzungen des Art. 81 Abs. 3 EG erlassen. Nur bei der Erörterung der Verbrauchervorteile ist sie etwas über das Ziel hinausgeschossen. Das Ausscheiden von unangepaßten und unrentablen Betrieben vom Markt kann nicht als Verbrauchervorteil i. S. d. Art. 81 Abs. 3 EG eingeordnet werden. Da eine verbesserte und gesunde Angebotsstruktur jedoch einen mittelbaren Verbrauchervorteil i. S. d. Vorschrift darstellt, ändert dies nichts an der Vereinbarkeit des Strukturkrisenkartells Kunstfasern mit den Voraussetzungen des Art. 81 Abs. 3 EG.

Wünschenswert wäre eine ausführlichere Darlegung strukturell bedingter Überkapazitäten in der Kunstfaserbranche gewesen. Eine umfassende Analyse des Marktes für Kunstfasern in der Entscheidung hätte mehr Aufschluß über die Kriterien der Kommission für die Annahme von strukturell bedingten Überkapazitäten gegeben. Begrüßenswert ist hingegen, daß sich die Kommission auch mit den Ursachen der strukturell bedingten Überkapazitäten auseinandergesetzt hat.

Auf die in den Wettbewerbsregeln aufgestellten zusätzlichen Erfordernisse des Fortbestehens eines wirksamen Wettbewerbs und der Berücksichtigung der Beschäftigungslage ist die Kommission in ihrer Entscheidung nicht explizit eingegangen. Sie hat die Freistellungsentscheidung lediglich anhand der Voraussetzungen des Art. 81 Abs. 3 EG geprüft.

3. Bewertung des Kartells

Die Kommission hat mit dem Strukturkrisenkartell Kunstfasern ein reines Abbaukartell für die Dauer von drei Jahren genehmigt. Flankierende Maßnahmen zur Stabilisierung des Kartells, wie Preis- und Quotenabsprachen, wurden nicht bewilligt. Entsprechend schwer taten sich auch in diesem Fall die Hersteller mit der Zustimmung zu der Vereinbarung über das Strukturkrisenkartell. Der Freistellung im Jahre 1982 waren einige Jahre vorausgegangen, in denen die Hersteller immer wieder Anläufe unternommen hatten, die Kommission zu einem umfassenden Strukturkrisenkartell mit flankierenden Maßnahmen zu bewegen. Erst die anhaltenden Überkapazitäten überzeugten die Hersteller schließ-

---

[907] Kommission, a.a.O., ABl. 1984 Nr. L 207/17 (23 Tz. 37) „Kunstfasern".

lich, eine reine Abbauvereinbarung zu akzeptieren. Mit Hilfe des Kartells wurden dann immerhin Überkapazitäten in Höhe von 354.000 t Überkapazitäten abgebaut, so daß das Kartell als Erfolg zu werten ist. Auch hier zeigte die lange Vorlaufzeit, in der der Abbau ohne ein Kartell versucht wurde, daß ein umfangreicher Abbau von Überkapazitäten nur unter dem Schutzmantel eines Strukturkrisenkartells zu bewältigen war. Es bleibt festzuhalten, daß es im Strukturkrisenkartell ebenfalls Kunstfasern gelungen ist, mit einem reinen Abbaukartell erhebliche Überkapazitäten abzubauen.

III. Entscheidung Stichting Baksteen

In der Entscheidung Stichting Baksteen vom 29. 4.1994 stellte die Kommission eine Vereinbarung zur Umstrukturierung und Sanierung der niederländischen Ziegelsteinproduktion für die Dauer von fünf Jahren vom Kartellverbot des Art. 81 Abs. 1 EG frei[908]. Bei den von der Vereinbarung erfaßten Erzeugnissen handelte es sich um Mauerwerkziegel, die aus einer vorgeformten, in einem Ofen gebrannten Tonmasse bestanden[909]. Von der Vereinbarung nicht erfaßt wurden dagegen die teureren Fassadenziegel und Ziegel für den industriellen Gebrauch[910].

1. Vorangegangener Freistellungsantrag

Auch dieser Entscheidung war ein erfolgloser Freistellungsantrag der niederländischen Ziegelsteinhersteller vorangegangen[911]. Bereits am 19. 8.1991 hatte die niederländische Vereinigung Stichting Baksteen, in der sieben niederländische Ziegelsteinhersteller vertreten waren, bei der Kommission einen Freistellungsantrag für Vereinbarungen zwischen niederländischen Ziegelherstellern eingereicht[912]. Diese Vereinbarungen sahen im wesentlichen Maßnahmen für eine Rationalisierung der Erzeugung zum Abbau bzw. zur Vermeidung von weiteren Überkapazitäten vor. Neben Anreizen für einen endgültigen Abbau von Überkapazitäten sollten darüber hinaus feste Produktionsquoten, ein System zum gemeinsamen Aufkauf von nicht angeschlossenen Ziegeleien oder deren Produktionsanlagen und eine Verknüpfung dieser Vereinbarung mit Zusagen der Hersteller bezüglich der Pflastersteinproduktion genehmigt werden[913]. Die Ein-

---

908 Kommission, Entsch. v. 29.04.1994, ABl. 1994 Nr. L 131/15 „Stichting Baksteen“; siehe auch Kommission, XXIV. WB (1994), Tz. 178.

909 Kommission, a.a.O., ABl. 1994 Nr. L 131/15 (Tz. 2) „Stichting Baksteen“.

910 Ebenda.

911 Kommission, Entsch. v. 29. 4.1994, ABl. 1994 Nr. L 131/15 (16 Tz. 6) „Stichting Baksteen“.

912 Ebenda.

913 Kommission, Entsch. v. 29. 4.1994, ABl. 1994 Nr. L 131/15 (16 Tz. 6) „Stichting Baksteen“.

haltung dieser Verpflichtungen sollte durch Vertragsstrafen sichergestellt werden[914]. Nach Ansicht der Kommission waren diese Maßnahmen jedoch mit dem gemeinsamen Markt unvereinbar und auch nicht durch die Krise in diesem Gewerbe zu rechtfertigen, da sie weit über das hinausgingen, was zur Verwirklichung des verfolgten Ziels erforderlich gewesen wäre[915]. Die Parteien gaben daraufhin ihren Plan auf. Bis zu diesem Zeitpunkt waren aber bereits einige Produktionsstätten mit einer Kapazität von insgesamt 150 Mio. Ziegelsteinen stillgelegt[916]. Die Parteien profitierten davon, daß nach Art. 15 Abs. 5 der Verordnung (EWG) Nr. 17/62[917] eine Geldbuße nicht verhängt werden durfte für Handlungen im Rahmen einer Vereinbarung, die nach einer bei der Kommission erfolgten Anmeldung und vor der Entscheidung der Kommission nach Art. 81 Abs. 3 EG des Vertrages begangen wurden.

2. Erneute Anmeldung

Aufgrund der weiter anhaltenden schlechten wirtschaftlichen Lage und drückender Überkapazitäten hielten die Ziegelsteinproduzenten eine weitere, koordinierte Verringerung der Produktionskapazitäten für unvermeidbar. Daher meldeten 16 Unternehmen der niederländischen Ziegelsteinindustrie, darunter auch die Mitglieder der Vereinigung Stichting Baksteen, am 25. 8.1992 erneut eine Vereinbarung an, die den koordinierten Abbau von Produktionskapazitäten in Höhe von 217 Mio. Einheiten vorsah[918].

(a) Kartellvertrag

Die Vereinbarung sah vor, daß vier niederländische Ziegelsteinhersteller insgesamt sieben Produktionseinheiten stillegten[919]. Auf diese Weise sollten strukturelle Überkapazitäten von real 217 Mio. Ziegeln noch vor Ende 1992 abgebaut werden[920]. Weiter wurde den betreffenden Unternehmen ein Wettbewerbsverbot auferlegt, das die Herstellung keramischer Baustoffe in den sieben zum Abbau vorgesehenen Anlagen für 30 Jahre untersagte[921]. Bei einem Verkauf der Anlagen mußte dieses Wettbewerbsverbot an den Käufer weitergegeben werden[922].

---

914 Ebenda.

915 Kommission, a.a.O., ABl. 1994 Nr. L 131/15 (16 Tz. 6) „Stichting Baksteen".

916 Kommission, a.a.O., ABl. 1994 Nr. L 131/15 (17 Tz. 6)„Stichting Baksteen".

917 Verordnung (EWG) Nr. 17/62, ABl.1962 Nr. P 13/204ff.

918 Kommission, a.a.O., ABl. 1994 Nr. L 131/15 (17 Tz. 8) „Stichting Baksteen"; siehe auch Kommission, XXIV. WB (1994), Tz. 178.

919 Kommission, a.a.O., ABl. 1994 Nr. L 131/15 (18 Tz. 10) „Stichting Baksteen".

920 Ebenda.

921 Kommission, a.a.O., ABl. 1994 Nr. L 131/15 (Tz. 2) „Stichting Baksteen".

922 Kommission, a.a.O., ABl. 1994 Nr. L 131/15 (18 Tz. 10) „Stichting Baksteen".

Außerdem durften die betreffenden Anlagen nicht an Hersteller in einem Umkreis von 500 km von der niederländischen Grenze aus weiterverkauft werden, wenn die Käufer eine Kapazitätserweiterung beabsichtigten[923]. Die Einhaltung dieser Verpflichtungen wurde durch Vertragsstrafen sichergestellt und durch unabhängige Fachleute kontrolliert[924]. Die vier stillegenden Unternehmen erhielten aus einem Ausgleichsfonds, in den über fünf Jahre hinweg alle beteiligten Unternehmen pro 1000 hergestellte Ziegel einen festgesetzten Betrag einzahlten, eine Ausgleichszahlung[925]. Schließlich wurde während der Laufzeit des Kartells ein Kapazitätserweiterungsverbot vereinbart[926]. Ersatzinvestitionen waren jedoch erlaubt, solange sie im Sanierungszeitraum keine Produktionssteigerung bewirkten[927]. Für die Kartellmitglieder, die nicht der Vereinigung Stichting Baksteen angehörten, waren sogar Ersatzinvestitionen mit einer geringen Erhöhung von fünf Prozent erlaubt. Darüber hinaus wurde mit den Gewerkschaften ein Sozialplan ausgehandelt, gemäß dem die Vereinigung Stichting Baksteen damit beauftragte werden sollte, für eine Weitervermittlung der von den Abbaumaßnahmen betroffenen Arbeitskräfte zu sorgen[928].

(b) Einwände Dritter

Die Kommission veröffentlichte den wesentlichen Teil der angemeldeten Vereinbarung am 6. 2.1993 im Amtsblatt. Die Kommission erhielt jedoch weder von nicht beteiligten Wettbewerbern noch von anderen betroffenen Wirtschaftzweigen negative Stellungnahmen zu dem geplanten Strukturkrisenkartell[929].

(c) Verstoß gegen Art. 81 Abs. 1 EG

Auch die Vereinbarung der niederländischen Ziegelsteinproduzenten stellte nach zutreffender Auffassung der Kommission eine Vereinbarung zwischen Unternehmen mit dem Zweck der tatsächlichen Wirkung einer Einschränkung des Wettbewerbs innerhalb des Gemeinsamen Marktes dar und verstieß gegen Art. 81 Abs. 1 EG[930]. Die Begrenzung der Produktionsmittel und damit der Investitionsmöglichkeiten und der Wettbewerbsstrategie der Parteien stellte zweifelsohne eine Beschränkung des Wettbewerbs dar[931]. Die Vereinbarung war zu-

---

923 Ebenda.

924 Kommission, a.a.O., ABl. 1994 Nr. L 131/15 (18 Tz. 10) „Stichting Baksteen".

925 Kommission, a.a.O., ABl. 1994 Nr. L 131/15 (18 Tz. 11) „Stichting Baksteen".

926 Kommission, a.a.O., ABl. 1994 Nr. L 131/15 (18 Tz. 13) „Stichting Baksteen".

927 Ebenda.

928 Kommission, a.a.O., ABl. 1994 Nr. L 131/15 (18 Tz. 12) „Stichting Baksteen".

929 Kommission, a.a.O., ABl. 1994 Nr. L 131/15 (18 Tz. 14) „Stichting Baksteen".

930 Kommission, a.a.O., ABl. 1994 Nr. L 131/15 (18 Tz. 15) „Stichting Baksteen".

931 Kommission, a.a.O., ABl. 1994 Nr. L 131/15 (19 Tz. 16) „Stichting Baksteen".

dem geeignet, den Handel zwischen den Mitgliedstaaten spürbar zu beeinträchtigen[932]. Obwohl der niederländische Ziegelsteinmarkt ein regionaler Markt war, wurden die von der Vereinbarung erfaßten Ziegelsteine auch zwischen den Mitgliedstaaten gehandelt[933]. So wurden einerseits etwa 25 Prozent der niederländischen Gesamtproduktion nach Deutschland, Belgien und Großbritannien ausgeführt und andererseits etwa sieben Prozent des niederländischen Bedarfs an Ziegelsteinen eingeführt[934]. Die sog. Zwischenstaatlichkeitsklausel war daher ebenfalls erfüllt.

(d) Freistellung nach Art. 81 Abs. 3 EG

Am 29. 4.1994 genehmigte die Kommission den Freistellungsantrag der Ziegelproduzenten. Auch an dieser Stelle soll untersucht werden, inwieweit die Kommission in ihrer Entscheidung die Freistellungsvoraussetzungen des Art. 81 Abs. 3 EG erfüllt hat.

(1) Strukturell bedingte Überkapazitäten

Nach den Wettbewerbsregeln der Kommission erfordert die Freistellung eines Strukturkrisenkartells zunächst das Vorliegen von strukturell bedingten Überkapazitäten[935], also eine über einen längeren Zeitraum erhebliche Minderung des Auslastungsgrades der Anlagen, erhebliche Einbußen in der Produktion und wesentliche Verluste[936].

Der Kapazitätsauslastungsgrad der in der Vereinigung Stichting Baksteen vertretenen Unternehmen ging um zehn Prozentpunkte von 93 Prozent im Jahr 1989 auf 83 Prozent im Jahr 1991 zurück[937]. Dies erscheint zwar auf den ersten Blick nicht sehr gravierend, jedoch kann bei der Ziegelsteinerzeugung aufgrund der hohen Fix- und Quasi-Fixkosten im Verhältnis zum Lieferpreis ab Werk nur eine maximale Kapazitätsauslastung eine Rentabilität gewähren[938]. Somit lag im Fall der Ziegelhersteller eine erhebliche Minderung des Auslastungsgrads vor.

Zu Einbußen in der Produktion nahm die Kommission nicht ausdrücklich Stellung. Jedoch ist aufgrund des Rückgangs des Auslastungsgrades von Produktionseinbußen auszugehen. Ende 1991 betrugen die Ziegelsteinvorräte in den Niederlanden 448 Mio. Ziegel[939]. Dies entsprach schon etwa 32 Prozent des Ge-

---

[932] Kommission, a.a.O., ABl. 1994 Nr. L 131/15 (19 Tz. 16) „Stichting Baksteen".

[933] Kommission, a.a.O., ABl. 1994 Nr. L 131/15 (19 Tz. 17) „Stichting Baksteen".

[934] Ebenda.

[935] S. o. unter C.III.1, S. 102.

[936] Ebenda.

[937] Kommission, a.a.O., ABl. 1994 Nr. L 131/15 (17 Tz. 7) „Stichting Baksteen".

[938] Ebenda.

[939] Kommission, a.a.O., ABl. 1994 Nr. L 131/15 (17 Tz. 7) „Stichting Baksteen".

samtabsatzes der niederländischen Unternehmen. Zwar galten Vorräte in Höhe von 20 Prozent nach Angaben der Hersteller unter Umständen als hinnehmbar, jedoch waren bei 32 Prozent die Kosten zur Finanzierung der Produktionsüberschüsse bereits zu hoch[940]. Da auch der Preis pro 1.000 Ziegeln seit 1980 um 30 Prozent zurückgegangen war, waren wesentliche Verluste der Kartellbeteiligten ebenfalls gegeben.

Obwohl in den Wettbewerbsregeln nicht gefordert, ging die Kommission auch in dieser Entscheidung auf die Ursachen der strukturell bedingten Überkapazitäten ein. Diese sah die Kommission vor allem in der Einführung neuer Verfahren und dem Bau größerer Anlagen zur Erzielung von Skaleneinsparungen[941]. Hinzu kam nach Ansicht der Kommission die strukturell bedingte ungünstige Nachfrageentwicklung, die auf den konstanten Rückgang des Ziegelverbrauchs zurückzuführen war[942]. Aufgrund von Preisvorteilen und besseren technischen Eigenschaften wurden tragende Wände aus Stein in immer stärkerem Maße durch Beton und Stahl ersetzt und anstelle von Fassadenziegeln Platten verwendet[943].

(2) Voraussetzungen des Art. 81 Abs. 3 EG

Weiter müßte das Strukturkrisenkartell die Voraussetzungen des Art. 81 Abs. 3 EG erfüllt haben.

(i) Verbesserung der Warenerzeugung

Zur Verbesserung der Warenerzeugung sind nach den Wettbewerbsregeln der Kommission langfristig eine Rentabilitätssteigerung und die Rückkehr zu einer normalen Wettbewerbsfähigkeit erforderlich[944]. Hinzu kommen muß eine Abmilderung der mit dem Abbau einhergehenden sozialen Auswirkungen[945].

In der Entscheidung Stichting Baksteen war mittelfristig eine Rentabilitätssteigerung vorhersehbar. Zwar nahmen aus wirtschaftlichen, technischen oder sozialen Gründen nur vier Kartellmitglieder einen Kapazitätsabbau vor[946]. Dieser Abbau erlaubte jedoch den übrigen Unternehmen, sich finanzieller Lasten zu entledigen, die mit der Beibehaltung ungenutzter Kapazitäten verbunden waren, ohne daß es gleichzeitig zu einer Verringerung der Erzeugung kam, da der Auslastungsgrad der beibehaltenen Kapazitäten stieg[947]. Bei den stillgelegten Pro-

---

940 Ebenda.

941 Kommission, a.a.O., ABl. 1994 Nr. L 131/15 (17 Tz. 7) „Stichting Baksteen".

942 Ebenda.

943 Ebenda.

944 S. o. unter C.III.2(a), S. 103.

945 Ebenda.

946 Kommission, a.a.O., ABl. 1994 Nr. L 131/15 (19 Tz. 25) „Stichting Baksteen".

947 Kommission, a.a.O., ABl. 1994 Nr. L 131/15 (19 Tz. 26) „Stichting Baksteen".

duktionseinheiten handelte es sich weiter um die aufgrund von Alter, Größe oder Technik am wenigsten leistungsfähigen Werke[948], so daß die Erzeugung auf die moderneren Anlagen verlagert wurde. Auf diese Weise konnte die Produktivität der Ziegelsteinbranche gesteigert werden. Somit war auf längere Sicht mit einer erhöhten Rentabilität und folglich einer Rückkehr zu einer normalen Wettbewerbsfähigkeit zu rechnen. Auch die sozialen Auswirkungen des Abbaus konnten durch das gemeinsame Vorgehen bei den Betriebsschließungen gemildert werden[949]. Da von den Unternehmen mit den Gewerkschaften ein Sozialplan ausgehandelt worden war, der die Vereinigung Stichting Baksteen damit beauftragte, für die von den Abbaumaßnahmen betroffenen Arbeitskräfte zu sorgen, wurden die Weiterbeschäftigungsmöglichkeiten der betroffenen Arbeitnehmer verbessert[950]. Die Vereinbarung der Ziegelsteinhersteller trug daher zur Verbesserung der Warenerzeugung bei. Die Kommission sah in der Vereinbarung weiter eine Förderung des wirtschaftlichen und technischen Fortschritts i. S. d. Art. 81 Abs. 3 EG[951]. Daß der alleinige Abbau von Überkapazitäten zugleich eine Förderung des wirtschaftlichen und technischen Fortschritts darstellen soll, ist jedoch zu bezweifeln. Dies kann letztlich aber dahinstehen, da die Vereinbarung jedenfalls eine Verbesserung der Warenerzeugung darstellt. In ihren Wettbewerbsregeln führte die Kommission darüber hinaus noch an, daß die Abbauvereinbarung zur Erreichung der Verbesserung der Warenerzeugung für jeden Standort einen detaillierten und verbindlichen Betriebsschließungsplan enthalten müsse[952]. Dieser habe sicherzustellen, daß die abzubauenden Kapazitäten unwiderruflich beseitigt würden und während des Kartellverlaufs außer den im Umstrukturierungsplan vorgesehenen Ersatzinvestitionen keine neuen Kapazitäten geschaffen würden. Das Strukturkrisenkartell Stichting Baksteen sah ein solches detailliertes und verbindliches Schließungsprogramm vor[953]. Zwar bestand bei diesem Kartell die Schwierigkeit, daß die Hälfte der Teilnehmer nur über einen einzigen Ofen verfügte und daher zu einer Verringerung der Kapazitäten technisch überhaupt nicht in der Lage war[954], jedoch sah der verbindliche Abbauplan für vier Ziegelsteinhersteller, die jeweils über mehrere Öfen verfügten, die endgültige Schließung von sieben Produktionseinheiten vor[955]. Zur Sicherstellung der endgültigen Beseitigung der Kapazitäten wurden Wettbewerbsverbote ver-

---

948 Ebenda.

949 Vgl. Kommission, a.a.O., ABl. 1994 Nr. L 131/15 (20 Tz. 27) „Stichting Baksteen".

950 Kommission, a.a.O., ABl. 1994 Nr. L 131/15 (18 Tz. 12) „Stichting Baksteen".

951 Kommission, a.a.O., ABl. 1994 Nr. L 131/15 (20 Tz. 28) „Stichting Baksteen".

952 S. o. unter C.III.2(a), S. 103.

953 Kommission, a.a.O., ABl. 1994 Nr. L 131/15 (20 Tz. 33) „Stichting Baksteen".

954 Kommission, a.a.O., ABl. 1994 Nr. L 131/15 (19 Tz. 23) „Stichting Baksteen".

955 Kommission, a.a.O., ABl. 1994 Nr. L 131/15 (18 Tz. 10) „Stichting Baksteen".

einbart, die in den zum Abbau vorgesehenen Anlagen für 30 Jahre eine Herstellung keramischer Baustoffe untersagten[956]. Ein endgültiger Abbau wurde weiter dadurch sichergestellt, daß bei einem Verkauf der Anlagen dem Käufer die Übernahme dieser Verpflichtung auferlegt werden mußte[957]. Darüber hinaus durften diese Anlagen 30 Jahre lang nicht an Hersteller in einem Umkreis von 500 km von der niederländischen Grenze aus weiterverkauft werden, die ihre Kapazitäten ausweiten wollten. Schließlich sorgte ein Kapazitätserweiterungsverbot dafür, daß während des Sanierungszeitraums von den Kartellmitgliedern keine neuen Produktionskapazitäten aufgebaut wurden[958].

(ii) Angemessene Beteiligung der Verbraucher am Gewinn

Gemäß Art. 81 Abs. 3 EG müssen die Verbraucher an dem entstehenden Gewinn angemessen beteiligt werden. Diese Voraussetzung ist bei einem Strukturkrisenkartell nach Auffassung der Kommission erfüllt, wenn der Verbraucher nach dem Kapazitätsabbau einer verbesserten und gesunden Angebotsstruktur gegenübersteht und auch während des Kartellverlaufs einen wirksamen Wettbewerb zwischen den beteiligten Unternehmen genießt[959]. Auch in der Entscheidung Stichting Baksteen führte die Kommission an dieser Stelle eine langfristige und eine kurzfristige Gewinnbeteiligung der Verbraucher an. Langfristig würden die Verbraucher von einem gesunden Wirtschaftszweig und wettbewerbsfähigen Angebotsstrukturen, kurzfristig weiterhin von der immer noch vorhandenen Konkurrenz unter den Partnern profitieren[960]. Auch in diesem Fall ist bereits mit der Aussicht auf einen sanierten Sektor und ein wettbewerbsfähiges Angebot ein mittelbarer Vorteil i. S. d. Art. 81 Abs. 3 EG gegeben[961]. Der weiterbestehende Wettbewerb stellte hingegen kein eigenständiges Kriterium dar, sondern kann nur als Ergänzung zum Vorteil des gesunden Wirtschaftszweigs und der wettbewerbsfähigen Angebotsstruktur gesehen werden[962].

Als weiteren Verbrauchervorteil benannte die Kommission die Tatsache, daß die Vereinbarung gewährleistete, daß Unternehmen mit wettbewerbsfähigen Kapazitäten am Markt verblieben und nicht leistungsfähige, veraltete Kapazitäten vom Markt verschwanden, die nur auf Kosten der gesunden Kapazitäten mit Hilfe eines Kompensationssystems im Rahmen einer Unternehmensgruppe hät-

---

956 Ebenda.

957 Ebenda.

958 Kommission, a.a.O., ABl. 1994 Nr. L 131/15 (18 Tz. 13) „Stichting Baksteen".

959 S. o. unter C.III.2(b), S. 103.

960 Kommission, a.a.O., ABl. 1994 Nr. L 131/15 (20 Tz. 29) „Stichting Baksteen".

961 S. o. unter C.IV.2, S. 107.

962 Ebenda.

ten weiterbestehen können[963]. Auch in dieser Entscheidung erläutert die Kommission nicht, worin der Verbrauchervorteil liegt. Wie bereits in der Analyse der Kunstfaserentscheidung dargelegt[964], reicht eine finanzielle Entlastung von Unternehmensgruppen und eine eventuelle Weitergabe dieser Kostenersparnis an den Verbraucher nicht aus. Es fehlt der Zusammenhang zwischen Rationalisierungsgewinn und Verbrauchervorteil[965].

Die Verbraucherbeteiligung war angemessen. Das Risiko einer kurzfristigen Preiserhöhung in Anbetracht der Kartellierung konnte nach Angaben der Kommission schon zu einem großen Teil dadurch kompensiert werden, daß durch den Kapazitätsabbau die hohen Kosten der Vorratskosten sanken[966]. Darüber hinaus war es nach Ansicht der Kommission möglich, bei steigenden Preisen auf andere Versorgungsquellen zurückzugreifen[967]. Nicht explizit erwähnt hat die Kommission an dieser Stelle, daß die Gefahr einer kurzfristigen Preiserhöhung aufgrund des bestehenden Wettbewerbs innerhalb und außerhalb des Kartells relativ gering war und daher hinter dem Vorteil einer sanierten, gesunden Wettbewerbsstruktur zurückstehen konnte[968].

(iii)Unerläßliche Beschränkungen

Art. 81 Abs. 3 EG erfordert weiter, daß die dem Kapazitätsabbau dienenden Maßnahmen auf das beschränkt bleiben müssen, was zur Erreichung dieses Ziels erforderlich ist. Diese Voraussetzung ist nach Ansicht der Kommission erfüllt, wenn die Vereinbarung ausschließlich dem Abbau der überschüssigen Kapazitäten dient, und wenn sie von vornherein auf den für die technische Durchführung des Kapazitätsabbaus erforderlichen Zeitraum befristet ist[969].

Die angemeldete Vereinbarung war auf Maßnahmen zum Abbau von Überkapazitäten beschränkt und war darüber hinaus zeitlich genau begrenzt[970]. Die Freiheit der Unternehmen, über die Erzeugung, Preisgestaltung, Absatzbedingungen, Ein- und Ausfuhren, Lieferungen und der Zusammenschlüsse und Übernahmen zu entscheiden, blieb hiervon unberührt[971]. Auch die Ausgleichzahlungen waren zum Erreichen der festgesetzten Ziele unerläßlich[972]. Das Finan-

---

[963] Kommission, a.a.O., ABl. 1994 Nr. L 131/15 (20 Tz. 29) „Stichting Baksteen".

[964] S. o. unter D.II.2(e)(2)(ii), S. 128.

[965] Ebenda.

[966] Kommission, a.a.O., ABl. 1994 Nr. L 131/15 (20 Tz. 31) „Stichting Baksteen".

[967] Ebenda.

[968] S. o. unter C.IV.2, S. 107.

[969] S. o. unter C.III.2(c), S. 104.

[970] Kommission, a.a.O., ABl. 1994 Nr. L 131/15 (20 Tz. 33 u. 36) „Stichting Baksteen".

[971] Ebenda.

[972] Kommission, a.a.O., ABl. 1994 Nr. L 131/15 (20 Tz. 34) „Stichting Baksteen".

zierungssystem gab den stillegungswilligen Unternehmen einen Anstoß zum Abbau ihrer strukturellen Überkapazitäten[973]. Auf diese Weise konnten die Kosten des Abbaus und die sozialen Folgekosten von den übrigen Kartellmitgliedern mitfinanziert werden. Dies war für das Zustandekommen des Kartells von erheblicher Bedeutung, da die Hälfte der Kartellmitglieder nur über einen Ofen verfügte und daher keine Kapazitäten abbauen konnten. Die recht lange Vertragsdauer von fünf Jahren sollte der verbesserten Abschreibung, Aufteilung und Staffelung der Finanzlasten dienen[974]. Die Wettbewerbsverbote, nach denen die stillegenden Unternehmen für die nächsten 30 Jahre keine Ziegelsteine mehr produzieren durften, waren ebenfalls unerläßlich, um den dauerhaften Kapazitätsabbau sicherzustellen[975]. Da die Wirksamkeit der Vereinbarung von der Einhaltung der eingegangenen Verpflichtungen abhing, war es unerläßlich, daß Vertragsstrafen für den Fall einer Nichteinhaltung der Bestimmungen vereinbart wurden[976].

(iv) Keine Ausschaltung des Wettbewerbs

Nach Art. 81 Abs. 3 EG darf die Vereinbarung den Unternehmen nicht die Möglichkeit geben, den Wettbewerb für einen wesentlichen Teil der betreffenden Waren auszuschalten. Bei einem Strukturkrisenkartell ist nach den Wettbewerbsregeln der Kommission die Ausschaltung des Wettbewerbs aufgrund des internen Wettbewerbs innerhalb des Kartells, des Außenwettbewerbs mit nichtbeteiligten Unternehmen und Importeuren und der zeitlichen Laufzeitbegrenzung kaum zu befürchten[977].

Dies traf auch für das Strukturkrisenkartell Stichting Baksteen zu. Zwar schränkte die Abbauvereinbarung die Wettbewerbsstrategie der Unternehmen in einem sehr wichtigen Punkt ein, jedoch blieb die sonstige Handlungsfreiheit der Unternehmen hinsichtlich der Erzeugung, der Preisgestaltung, der Absatzbedingungen, der Ein- und Ausfuhren, der Lieferungen und der Zusammenschlüsse und Übernahmen völlig unangetastet[978]. Ein gewisses Maß an Konkurrenz der Kartellmitglieder untereinander blieb somit erhalten. Hinzu kam ein nicht unerheblicher Außenwettbewerb, da auf dem betroffenen Markt auch nicht an der Vereinbarung beteiligte Erzeuger und Importeure tätig waren[979]. Außerdem standen die Vertragserzeugnisse mit einer großen Bandbreite alternativer Bau-

[973] Ebenda.

[974] Ebenda.

[975] Kommission, a.a.O., ABl. 1994 Nr. L 131/15 (20 Tz. 35) „Stichting Baksteen".

[976] Kommission, a.a.O., ABl. 1994 Nr. L 131/15 (20 Tz. 35) „Stichting Baksteen".

[977] S. o. unter C.III.2(d), S. 104.

[978] Kommission, a.a.O., ABl. 1994 Nr. L 131/15 (21 Tz. 39) „Stichting Baksteen".

[979] Kommission, a.a.O., ABl. 1994 Nr. L 131/15 (21 Tz. 40) „Stichting Baksteen".

und Nachbearbeitungsmaterialien im Wettbewerb, die sie jederzeit ersetzen konnten[980]. Aufgrund der begrenzten Laufzeit des Kartells war den Kartellmitgliedern schließlich bei jeglichen Maßnahmen bewußt, daß sie alsbald auf dem freien Markt wieder Wettbewerber sein würden[981].

(3) Fortbestehen eines wirksamen Wettbewerbs

Zu dem Erfordernis des Fortbestehens eines wirksamen Wettbewerbs hat sich die Kommission in der Entscheidung Stichting Baksteen wiederum nicht explizit geäußert. Es geht jedoch aus der Entscheidung hervor, daß alle 16 Hersteller am Markt bestehen bleiben sollten, so daß das Fortbestehen eines wirksamen Wettbewerbs bei einer solch großen Anzahl von Herstellern gewährleistet war.

(4) Berücksichtigung der Beschäftigungslage

Auch auf das Erfordernis der Berücksichtigung der Beschäftigungslage ging die Kommission in ihrer Entscheidung nicht explizit ein. Auf die Beschäftigungslage ging sie nur im Rahmen der Voraussetzung der Verbesserung der Warenerzeugung ein, zu deren Erfüllung bei der Freistellung von Strukturkrisenkartellen eine Milderung sozialer Auswirkungen erforderlich ist. Immerhin wurde von den Kartellmitgliedern mit den Gewerkschaften ein Sozialplan ausgehandelt, der die Vereinigung Stichting Baksteen damit beauftragte, für die von den Abbaumaßnahmen betroffenen Arbeitskräfte zu sorgen, so daß das Erfordernis der Berücksichtigung der Beschäftigungslage ebenfalls erfüllt war.

(e) Ergebnis

Auch in der Entscheidung Stichting Baksteen hat die Kommission ein Strukturkrisenkartell im Rahmen der Voraussetzungen des Art. 81 Abs. 3 EG erlassen. Zwar mag die Einordnung der Abbaumaßnahmen durch die Kommission als Förderung des wirtschaftlichen und technischen Fortschritts nicht zu überzeugen. Diese Abbaumaßnahmen stellen aber an sich eine Verbesserung der Warenerzeugung dar. Wie in der Entscheidung Kunstfasern hat die Kommission bei der Erörterung der Verbrauchervorteile das Ausscheiden von unangepaßten und unrentablen Betrieben vom Markt zu Unrecht als Verbrauchervorteil i. S. d. Art. 81 Abs. 3 EG aufgeführt. Jedoch war auch in dieser Entscheidung die Voraussetzung einer angemessenen Verbraucherbeteiligung unabhängig davon erfüllt, da eine verbesserte und gesunde Angebotsstruktur einen mittelbaren Vorteil i. S. d. Vorschrift darstellte. Wie auch schon in der Entscheidung Kunstfasern wäre auch in dieser Entscheidung eine ausführlichere Darlegung des Vorliegens strukturell bedingter Überkapazitäten wünschenswert gewesen. Auch hier ergeben sich die in den Wettbewerbsregeln aufgestellten Voraussetzungen,

---

[980] Kommission, a.a.O., ABl. 1994 Nr. L 131/15 (21 Tz. 41) „Stichting Baksteen".

[981] Kommission, a.a.O., ABl. 1994 Nr. L 131/15 (21 Tz. 42) „Stichting Baksteen".

wenn überhaupt, nur aus dem Zusammenhang. Positiv hervorzuheben ist jedoch, daß sich die Kommission auch in dieser Entscheidung wieder mit den Ursachen der strukturellen Überkapazitäten auseinandergesetzt hat.

3. Bewertung des Kartells

In dieser Entscheidung hat die Kommission wiederum ein reines Abbaukartell zur Schließung von Produktionsstätten und zur Begrenzung von Kapazitäten genehmigt, das durch Vertragsstrafen bei Nichteinhaltung in seiner Wirksamkeit gestärkt und durch einen Ausgleichsfonds finanziell abgestützt wurde. Hinsichtlich der Produktion, der Preisgestaltung, der Absatzbedingungen, der Ein- und Ausfuhren, der Lieferungen und der Zusammenschlüsse und Übernahmen durften hingegen keine Absprachen getroffen werden. Die Kommission genehmigte somit ein Kartell mit der geringst möglichen Wettbewerbsbeschränkung im Rahmen eines Strukturkrisenkartells. Entsprechend schwer taten sich die Antragsteller auch in diesem Fall mit der Zustimmung zu einem solchen Kartellvertrag. Die erste angemeldete Vereinbarung hatte noch Vereinbarungen über feste Herstellungsquoten, ein System zum Ankauf nicht angeschlossener Ziegeleien und Absprachen mit Herstellern von Pflastersteinen enthalten. Erst als die Überkapazitäten die Branche weiter belasteten, ließen sich die Antragsteller auf ein reines Kapazitätsabbaukartell ein.

Mit Hilfe des Strukturkrisenkartells gelang es den niederländischen Ziegelsteinherstellern, erhebliche Überkapazitäten abzubauen. Insgesamt wurden vor Ende 1992 Überkapazitäten in Höhe von 217 Mio. Ziegeln abgebaut. Diese Abbauleistung war sicherlich nur im Rahmen des Strukturkrisenkartells möglich. Dies zeigt die Tatsache, daß die Ziegelsteinproduzenten, bevor man sich nach langen Verhandlungen auf ein Strukturkrisenkartell mit der Kommission einließ, ohne diese gemeinsame Abbauvereinbarung nicht in der Lage gewesen waren, sich selbstständig von den Überkapazitäten zu befreien. Vor allem die Großproduzenten unter den Herstellern hatten sich nicht zu einer Verringerung ihrer Kapazitäten durchringen können[982]. Nur im Rahmen des Strukturkrisenkartells hatten sie die Gewißheit, daß die Konkurrenten ihrem Beispiel folgen oder die Maßnahmen finanziell unterstützen würden. Weiterhin hatten sie die Gewähr, daß zumindest die Kartellmitglieder während der Kartellaufzeit, ihre Kapazitäten nicht erweitern würden.

Zwar bauten nur vier der sechzehn Kartellmitglieder insgesamt sieben Produktionsanlagen ab. Dies lag aber neben wirtschaftlichen und sozialen Erwägungen auch daran, daß über die Hälfte der Kartellmitglieder nur über einen einzigen Ofen verfügte und daher zu einer Verringerung der Kapazitäten überhaupt

---

[982] Kommission, a.a.O., ABl. 1994 Nr. L 131/15 (19 Tz. 24) „Stichting Baksteen".

nicht in der Lage war[983]. Die Auswahl der abzubauenden Kapazitäten erfolgte auch nicht willkürlich, sondern die Kommission achtete darauf, daß nur die Anlagen stillgelegt wurden, die wegen ihres Alters, ihrer Größe oder wegen veralteter Technik am wenigsten leistungsfähig waren[984]. Somit wurde sichergestellt, daß die modernsten Anlagen am Markt erhalten blieben und so die Produktivität der Branche gesteigert wurde. Zugleich konnte eine große Anzahl von Wettbewerbern am Markt bestehen bleiben.

Die Ausgleichszahlungen an die stillegenden Unternehmen kompensierten, daß die überwiegende Anzahl der Unternehmen keine Kapazitäten reduzierte bzw. reduzieren konnte. Die abbauwilligen Unternehmen konnten auf diese Weise ihre Stillegung finanzieren und zugleich die sozialen Auswirkungen auf die betroffene Belegschaft mildern.

Insgesamt läßt sich daher festhalten, daß die Kommission das Strukturkrisenkartell Stichting Baksteen in Übereinstimmung mit ihren Wettbewerbsregeln genehmigt hatte. Nur mit Hilfe eines Strukturkrisenkartells gelang es den Unternehmen, erhebliche Überkapazitäten zu beseitigen. Insgesamt war das Strukturkrisenkartell Stichting Baksteen sicherlich als ein Erfolg zu werten.

IV. Entscheidung Stahlindustrie

In einer weiteren Entscheidung hat die Kommission, gestützt auf Art. 53 Abs. 1 lit. a EGKS, die Schaffung einer finanziellen Einrichtung im Hinblick auf die Durchführung einzelner Kapazitätsstillegungsprogramme in der Stahlindustrie genehmigt[985]. Die Unternehmen, die ihre Produktionskapazitäten nicht stillegen oder senken wollten, trugen zur Finanzierung des Kapazitätsabbaus der anderen Parteien bei. Diese Entscheidung erging im Rahmen der besonderen Befugnisse, die der Kommission aufgrund des EGKS-Vertrags für den Kohle- und Stahlmarkt zustanden. Ob dieses Kartell auch nach den Wettbewerbsregeln der Kommission zur Freistellung von Strukturkrisenkartellen gemäß Art. 81 Abs. 3 EG zulässig wäre, kann dahinstehen, da die damalige Freistellung des Kartells nach dem EGKS-Vertrag vor der Eingliederung dieses Bereichs unter die Vorschriften des EG-Vertrags bereits ausgelaufen war.

V. Folgerungen für sektorale Strukturkrisenkartelle

Die Kommission hat in ihrer Entscheidungspraxis im Einklang mit den vorab veröffentlichten Wettbewerbsregeln zur Freistellung von Strukturkrisenkartellen lediglich reine Kapazitätsabbaukartelle genehmigt. Flankierende Maßnahmen zur Stabilisierung des Kartells, wie Preis- und Quotenabsprachen, wurden dagegen generell nicht genehmigt. Das reine Abbaukartell stellt zwar einerseits die

---

[983] Kommission, a.a.O., ABl. 1994 Nr. L 131/15 (19 Tz. 23) „Stichting Baksteen“.

[984] Vgl. Kommission, a.a.O., ABl. 1994 Nr. L 131/15 (19 Tz. 26) „Stichting Baksteen“.

[985] Kommission, Entsch. v. 21.12.1993, ABl. 1994 Nr. L 6/30 „Stahlkrise“.

geringste mögliche Wettbewerbsbeschränkung dar, da nur ein einzelner Wettbewerbsparameter beschränkt wird. Andererseits zeigen die Verhandlungen der Antragsteller mit der Kommission, die sich bei den verschiedenen Kartellen über Jahre hinzogen, wie schwer den Antragstellern die Zustimmung zu solch reinen Abbaukartellen fällt. Nur die weiteranhaltenden drückenden Überkapazitäten bewegten die Unternehmen in den einzelnen Fällen schließlich, sich für ein reines Kapazitätsabbaukartell zu entscheiden. Mit Hilfe dieser Kartelle wurden dann aber erhebliche Abbauleistungen erbracht, die die Unternehmer ohne das Kartell nicht hätten erreichen können.

VI. Bilaterale Strukturkrisenkartelle

Über die sektoralen Strukturkrisenkartelle hinaus hat die Kommission einige bilateralen Strukturkrisenkartelle freigestellt, die - wohl zufällig - alle für den petrochemischen Sektor beantragt wurden.

1. Bilaterale Strukturkrisenkartelle durch die Gründung von Gemeinschaftsunternehmen

So stellte die Kommission zwei bilaterale Strukturkrisenkartelle frei, in denen Überkapazitäten durch die Gründung eines Gemeinschaftsunternehmens abgebaut werden sollten.

Im Jahre 1984 genehmigte die Kommission angesichts erheblicher Überkapazitäten im petrochemischen Sektor mittels eines sog. comfort letters ein Umstrukturierungsvorhaben, bei dem es um die Gründung des Gemeinschaftsunternehmens „Rovin“ durch Akzo Zout Chemie Nederland BV (im folgenden: Akzo) und Shell Nederland Chemie BV (Shell) ging[986]. Das Gemeinschaftsunternehmen „Rovin“ sollte die gesamten Tätigkeiten der Partner auf dem Gebiet der Polyvinylchlorid (PVC-) und Vinylchloridmonomer (VCM)-Herstellung übernehmen[987]. Dazu übertrug Shell seine PVC-Produktion und Akzo seine VCM-Produktion auf das Gemeinschaftsunternehmen[988]. Die Vereinbarung wurde für eine Laufzeit von mindestens fünf Jahren geschlossen[989]. Auf diese Weise sollte nach Auffassung der Kommission eine dauerhafte Verbesserung der Kapazitätsauslastung der Produktionseinrichtungen und eine Gesundung der Strukturen in dem betreffenden Produktionsbereich erreicht werden[990].

Auch in der Entscheidung *Enichem/ICI* genehmigte die Kommission 1987 angesichts erheblicher Überkapazitäten im petrochemischen Sektor ein Um-

---

[986] Siehe Kommission, Veröffentl., ABl. 1983 Nr. C 295/7 „Rovin“; Kommission, XIV. WB (1983), Tz. 85; Kommission, Pressemitteilung IP (84) 182 v. 18. 5.1984 = WuW 1984, 717.

[987] Kommission, Pressemitteilung IP (84) 182 v. 18. 5.1984 = WuW 1984, 717.

[988] Kommission, Veröffentl., ABl. 1983 Nr. C 295/7 (8 Tz. 3) „Rovin“.

[989] Ebenda.

[990] Kommission, Pressemitteilung IP (84) 182 v. 18. 5.1984 = WuW 1984, 717.

strukturierungsvorhaben, in dem die Gründung eines Gemeinschaftsunternehmens vorgesehen war, nach Art. 81 Abs. 3 EG [991]. Die Unternehmen Enichem und Imperial Chemical Industries (ICI) vereinbarten die Gründung eines Gemeinschaftsunternehmens namens European Vinyls Corporation (EVC). Für EVC war eine anfängliche Betriebszeit von fünf Jahren vorgesehen[992]. Die Vereinbarung sah vor, daß Enichem und ICI über ihr Gemeinschaftsunternehmen EVC in den Jahren 1986 bis 1988 ihre VCM- und PVC-Kapazitäten in erheblichem Umfang abbauten[993]. Nach Angaben der Kommission machten diese Schließungen einen wichtigen Teil der im Jahr 1986 für Westeuropa geschätzten Überschußkapazitäten im VCM/PVC-Sektor aus[994]. Für die Schließung waren vor allem die älteren und weniger leistungsfähigen Anlagen vorgesehen[995]. Bei der Überprüfung des Gemeinschaftsunternehmens im Jahre 1991 durch die Kommission wurde ein Unbedenklichkeitsschreiben für eine unbegrenzte Dauer ausgestellt[996].

Eine weitere Gründung eines Gemeinschaftsunternehmens zur Umstrukturierung im petrochemischen Sektor zwischen PRB und Shell scheiterte jedoch daran, daß die Beteiligten die Auflagen der Kommission zur Aufrechterhaltung des Wettbewerbs nicht akzeptieren wollten[997].

2. Bilaterale Strukturkrisenkartelle durch Spezialisierungs- und/oder Rationalisierungsmaßnahmen

In einem weiteren Umstrukturierungsvorhaben, *BPCL/ICI*, stellte die Kommission angesichts der bestehenden Überkapazitäten eine Spezialisierungsvereinbarung zwischen BP Chemicals Ltd. (BPCL) und Imperial Chemical Industries (ICI) frei[998]. Im Rahmen dieser Vereinbarung verkaufte BPCL seine modernsten PVC-Anlagen mit allem Zubehör sowie dem Kundenstamm an ICI[999]. Im Gegenzug verkaufte ICI seine modernsten LDPE-Anlagen mit allem Zube-

---

991 Kommission, Entsch. v. 22.12.1987, ABl. 1988 Nr. L 50/18 „Enichem/ICI"; Kommission, Pressemitteilung IP (87) 611 v. 23.12.1987 = WuW 1988, 302.

992 Kommission, Entsch. v. 22.12.1987, ABl. 1988 Nr. L 50/18 (20 Tz. 13) „Enichem/ICI".

993 Kommission, Entsch. v. 22.12.1987, ABl. 1988 Nr. L 50/18 (21 Tz. 18) „Enichem/ICI".

994 Kommission, Entsch. v. 22.12.1987, ABl. 1988 Nr. L 50/18 (21 Tz. 19) „Enichem/ICI".

995 Ebenda.

996 Kommission, XXI. WB (1991), S. 377.

997 Kommission, XVII. WB (1987), Tz. 74.

998 Kommission, Entsch. v. 19. 7.1984, ABl. 1984 Nr. L 212/1 „BPCL/ICI"; Kommission, XIV. WB (1984), Tz. 83; Kommission, Pressemitteilung IP (84) 263 v. 20. 7.1984 = WuW 1984, 876.

999 Kommission, a.a.O., ABl. 1984 Nr. L 212/1 (2 Tz. 9) „BPCL/ICI"; Kommission, XIV. WB (1984), Tz. 83.

hör sowie dem Kundenstamm an BCPL[1000]. Die gegenseitigen Verkäufe schlossen das Goodwill mit ein und bezogen sich auf das jeweilige Geschäft auf dem britischen Markt. Ihre übrigen älteren Anlagen für diese Produkte lösten die Unternehmen auf[1001]. Damit zog sich BPCL aus dem PVC-Geschäft zurück[1002], während ICI sich aus dem britischen LDPE-Geschäft zurückzog[1003]. Die Kommission war der Ansicht, daß angesichts der strukturellen Überkapazitäten und der fortwährenden Verluste auf beiden Märkten die Umstrukturierungsvereinbarung für eine rationellere und wirksamere Verwendung der Produktionsanlagen sorgte, wobei die unrentabelsten und kostenintensivsten Anlagen vom Markt genommen wurden[1004].

In der Entscheidung *ENI/Montedison* genehmigte die Kommission eine Umstrukturierungsvereinbarung von Unternehmen der italienischen petrochemischen Industrie für die Dauer von fünfzehn Jahren[1005]. Die Vereinbarung sah die wechselseitige Übertragung von Unternehmensteilen und die Stillegung und Umstellung bestimmter Anlagen vor[1006]. Sie führte zu einer De-facto-Spezialisierung, da die Parteien jeweils die Produktion bestimmter Thermoplaste einstellten und sich auf andere konzentrierten[1007]. Für die übertragenen Anlagen enthielt die Vereinbarung eine fünfjährige wettbewerbliche Stillhalteklausel[1008]. Nach Angaben der Kommission ermöglichte die Vereinbarung den Unternehmen nicht nur die Stillegung von veralteten Anlagen, sondern auch den Verzicht auf die Errichtung wirtschaftlich unrentabler neuer Anlagen[1009]. Die Stillegungen führten zu einer beachtlichen Steigerung des Auslastungsgrades der Anlagen[1010].

Ein weiteres Umstrukturierungsvorhaben von BCPL mit Bayer einige Jahre später wurde ebenfalls von der Kommission freigestellt, *Bayer/BP Chemi-*

[1000] Kommission, a.a.O., ABl. 1984 Nr. L 212/1 (2 Tz. 6) „BPCL/ICI" ; Kommission, XIV. WB (1984), Tz. 83.

[1001] Kommission, a.a.O., ABl. 1984 Nr. L 212/1 (Tz. 1) „BPCL/ICI".

[1002] Kommission, a.a.O., ABl. 1984 Nr. L 212/1 (6 Tz. 26.1) „BPCL/ICI".

[1003] Kommission, a.a.O., ABl. 1984 Nr. L 212/1 (6 Tz. 26.2) „BPCL/ICI".

[1004] Kommission, a.a.O., ABl. 1984 Nr. L 212/1 (8ff.) „BPCL/ICI" ; Kommission, XIV. WB (1984), Tz. 84; Kommission, Pressemitteilung IP (84) 263 v. 20. 7.1984 = WuW 1984, 876 (877).

[1005] Kommission, Entsch. v. 4.12.1986, ABl. 1987 Nr. L 5/13 (21 Art. 1) „ENI/Montedison".

[1006] Kommission, Entsch. v. 4.12.1986, ABl. 1987 Nr. L 5/13 (14 Tz. 7 „ENI/Montedison".

[1007] Kommission, Entsch. v. 4.12.1986, ABl. 1987 Nr. L 5/13 (17 Tz. 22iv) „ENI/Montedison".

[1008] Kommission, Entsch. v. 4.12.1986, ABl. 1987 Nr. L 5/13 (16 Tz. 22i „ENI/Montedison".

[1009] Kommission, Entsch. v. 4.12.1986, ABl. 1987 Nr. L 5/13 (15 Tz. 13 „ENI/Montedison".

[1010] Kommission, Entsch. v. 4.12.1986, ABl. 1987 Nr. L 5/13 (19, Tz. 32) „ENI/Montedison".

cals[1011]. Die Vereinbarung sah die technische Zusammenarbeit zwischen BPCL und dem im gemeinsamen Besitz befindenden Gemeinschaftsunternehmen EC sowie die Übernahme des Vertriebs der Erzeugung von EC durch BPCL vor[1012]. Als Gegenleistung wurde vereinbart, eine neue LLPE-Anlage unter Einsatz der neuesten Technologie von BPCL zu errichten[1013]. In Anbetracht der Errichtung der neuen Anlage sollte die ältere Anlage der beiden LdPE-Einheiten von EC geschlossen werden[1014]. In der Schließung dieser veralteten Anlage sah die Kommission einen Beitrag zum Abbau der Überschußkapazitäten, die diesen Industriezweig seit Ende der 70er Jahre kennzeichneten[1015]. Weiter konnten die Unternehmen nach Ansicht der Kommission durch die Vereinbarung bei der Rationalisierung ihrer Produktionsbereiche erhebliche Fortschritte erzielen und zur technischen Effizienz sowie zur Verbesserung der Produktqualität beitragen[1016]. Die Kommission gewährte für die Stillegung der Anlage in einer weiteren Entscheidung eine Fristverlängerung[1017].

3. Ergebnis

Die zahlreiche Genehmigung bilateraler Strukturkrisenkartell zeigt, daß die Kommission bislang durchaus bereit war, Maßnahmen dieser Art unter bestimmten Umständen zuzulassen, wenn sie dazu beigetragen haben, die strukturellen Probleme einer Industrie zu lösen. Voraussetzung war, daß während der Laufzeit der Vereinbarung wirksamer Wettbewerb und ausreichende Bezugsmöglichkeiten für die Abnehmer erhalten blieben und keine unannehmbaren Wettbewerbsbeschränkungen, wie etwa Preis- oder Quotenabsprachen, als flankierende Maßnahmen der Kartellabsprache vereinbart wurden. Nach der Kartellverfahrensverordnung (EG) Nr. 1/03[1018] sind derartige Vereinbarungen nun per se freigestellt[1019].

[1011] Kommission, Entsch. v. 5. 5.1988, ABl. 1988 Nr. L 150/35 „Bayer/BP Chemicals".

[1012] Kommission, Entsch. v. 5. 5.1988, ABl. 1988 Nr. L 150/35 (37f.) „Bayer/BP Chemicals".

[1013] Kommission, Entsch. v. 5. 5.1988, ABl. 1988 Nr. L 150/35 (37 Tz. 11a) „Bayer/BP Chemicals".

[1014] Kommission, Entsch. v. 5. 5.1988, ABl. 1988 Nr. L 150/35 (38 Tz. 13a) „Bayer/BP Chemicals".

[1015] Kommission, Entsch. v. 5. 5.1988, ABl. 1988 Nr. L 150/35 (40 Tz. 29) „Bayer/BP Chemicals".

[1016] Kommission, Entsch. v. 5. 5.1988, ABl. 1988 Nr. L 150/35 (39 Tz. 27) „Bayer/BP Chemicals".

[1017] Kommission, Entsch. v. 6. 6.1994, ABl. 1994 Nr. L 174/34 „Bayer/BP Chemicals".

[1018] Verordnung (EG) Nr. 1/03 des Rates v. 16.12.2002 zur Durchführung der in den Art. 81 u. 82 niedergelegten Wettbewerbsregeln, ABl. 2003 Nr. L 1/1 = EuZW 2003, Beil. z. H. 3.

[1019] Siehe dazu ausführlich unter G.I, S. 167.

E. Verhältnis deutsches / europäisches Kartellrecht

Nach der Darstellung der kartellrechtlichen Regelungen im deutschen und im europäischen Recht soll auf das Verhältnis zwischen beiden Regelungen nochmals genauer eingegangen werden, bevor ein Vergleich angestellt wird.

I. Funktion der sog. Zwischenstaatlichkeitsklausel

Grundsätzlich soll die sog. Zwischenstaatlichkeitsklausel der Art. 81 Abs. 1 EG die gemeinschaftsrechtlichen von den nationalen Wettbewerbsregeln abgrenzen[1020]. Danach schützt das Gemeinschaftsrecht den zwischenstaatlichen, während das nationale Recht den innerstaatlichen Wirtschaftsverkehr schützt[1021]. Allerdings ist durch die weite Auslegung der Zwischenstaatlichkeitsklausel keine scharfe Abgrenzung der Bereiche mehr möglich. Es reicht bereits aus, daß die betreffende Maßnahme aufgrund der Gesamtumstände geeignet ist, unmittelbar oder mittelbar den Handel zwischen den Mitgliedstaaten in einer Weise zu beeinträchtigen, die für die Verwirklichung der Ziele eines einheitlichen zwischenstaatlichen Marktes nachteilig sein kann, indem sie zur Errichtung von Handelsschranken im Gemeinsamen Markt beiträgt und die vom Vertrag gewollte gegenseitige Durchdringung der Märkte erschwert[1022]. Diese weite Auslegung der Zwischenstaatlichkeitsklausel führt zu einer Überschneidung des nationalen und europäischen Wettbewerbsrechts in einer Vielzahl von Fällen[1023].

II. Normenkonkurrenz

Obwohl beide Regelungen gleichzeitig am 1. 1.1958 in Kraft traten, wurde die mögliche Normenkonkurrenz zunächst weder im GWB noch im EG-Vertrag geregelt. Der deutsche Gesetzgeber hatte nur für den inzwischen ausgelaufenen EGKS-Vertrag eine Abgrenzung insoweit getroffen, als gemäß § 101 Nr. 3 GWB a. F. das GWB keine Anwendung fand, soweit der EGKS-Vertrag besondere Vorschriften enthielt.

Auf europäischer Ebene findet sich in Art. 83 Abs. 2 lit. e) EG eine allgemeine Ermächtigungsgrundlage, die den Rat ermächtigt, das Verhältnis zwischen diesen Vorschriften festzulegen. Abgesehen von der Fusionskontrollverordnung

---

[1020] *Emmerich*, S. 374.

[1021] *Bleckmann*, S. 660.

[1022] Grdl. EuGH, Urt. v. 30. 6.1966, Rs. 56/65, Slg. 1966, 281 (303) „LTM/MBU"; Urt. v. 16. 6.1981, Rs. 126/80, Slg. 1981, 1563 (1578f.) „Salonia"; Urt. v. 19. 4.1988, Rs. 27/87, Slg. 1988, 1935 (1939f.) „La Hesbignonne"; Urt. v. 11. 7.1989, Rs. 249/86, Slg. 1989, 2181 (2189f.) „Belasco"; Urt. v. 31. 3.1993, Verb. Rs. C-89/85, Slg. 1993, I-1575 (1616f.) „Zellstoff"; Urt. v. 28. 4.1998, Rs. C-306/96, Slg. 1998, I-1997 (2003) „Javico"; Urt. v. 21. 1.1999, Verb. Rs. C-215/96 u. C-216/96, Slg. 1999, I-161 (178f.) „Bagnasco".

[1023] *Emmerich*, S. 376.

hat der Rat aber von dieser Ermächtigung zunächst keinen Gebrauch gemacht[1024]. Auch das GWB enthält bislang keine solche Regelung. Mangels gesetzlicher Regelung stellte sich die Frage, welche Normen im Einzelfall Anwendung finden. Die Literatur hatte für diese Kollisionsfälle verschiedene Lösungen entwickelt. Diese reichten von der parallelen Anwendung beider Rechtsordnungen über verschiedene differenzierte Modelle bis hin zur ausschließlichen Geltung des europäischen Wettbewerbsrechts in seinem Anwendungsbereich[1025].

III. Zweischrankentheorie

Nach der früher herrschenden sog. Zweischrankentheorie sollten auf derartige Fälle sowohl die nationalen als auch die gemeinschaftsrechtlichen Normen anwendbar sein[1026]. Diese Theorie sah demnach ein vollständiges Nebeneinander beider Rechtsordnungen vor. Sie ging grundsätzlich von unterschiedlichen Schutzbereichen der Normen aus und wollte Kollisionsfälle durch die gleichberechtigte Anwendung der EG- und der nationalen Wettbewerbsordnung lösen[1027]. Allerdings führt die Zweischrankentheorie rechtspolitisch gesehen zu unvertretbaren Ergebnissen, da sich stets die strengere Rechtsordnung durchsetzen würde, also gegebenenfalls auch nationales Recht[1028]. Dadurch würde es aber zu einer uneinheitlichen Anwendung des Gemeinschaftsrechts kommen, weshalb sich der EuGH gegen diese Theorie zumindest für den Fall ausgesprochen hat, daß eine Freistellung durch die Kommission gemäß Art. 81 Abs. 3 EG Ausdruck einer auf die einheitliche Gestaltung der Wettbewerbsbedingungen in der Gemeinschaft gerichteten grundsätzlichen Wettbewerbspolitik ist[1029].

IV. „Walt-Wilhelm“ Doktrin

Nach der bislang allgemein anerkannten sog. „Walt-Wilhelm“ Doktrin des EuGH[1030] konnte nationales und europäisches Wettbewerbsrecht zwar grundsätzlich nebeneinander Anwendung finden. Im konkreten Konfliktfall mußte jedoch das nationale Recht zurücktreten, wenn nur so die einheitliche Geltung des europäischen Wettbewerbsrechts gesichert werden konnte. In seiner „Walt-Wilhelm“ Entscheidung hat der EuGH den allgemein anerkannten Grundsatz des Vorrangs des Gemeinschaftsrechts auf das Verhältnis der Kartellrechtsord-

---

[1024] *Nagel*, S. 183.

[1025] vgl. hierzu *Emmerich*, S. 377 m.w.N.

[1026] Begründet von Koch, BB 1959, 241.

[1027] *Bunte*, WuW 1989, 7 (12).

[1028] *Emmerich*, S. 177.

[1029] Grdl. EuGH, Urt. v. 13. 2.1969, Rs. 14/68, Slg. 1969, 1 (13f.) „Walt Wilhelm“; Urt. v. 10. 7.1980, Verb. Rs. 253/78 u. 1-3/79, Slg. 1980, 2327 (2374f.) „Guerlain“; Urt. v. 21. 5.1987, Rs. 249/85, Slg. 1987, 2354 (2359f.) „Albako“.

[1030] Grdl. EuGH, Urt. v. 13. 2.1969, Rs. 14/68, Slg. 1969, 1 (12f.) „Walt Wilhelm“.

nungen zueinander übertragen und auf die Notwendigkeit der einheitlichen Geltung des Gemeinschaftsrechts hingewiesen[1031]. Nach der Auffassung des EuGH würde es dem Wesen der europäischen Rechtsordnung widersprechen, wenn es den Mitgliedstaaten gestattet wäre, Maßnahmen zu ergreifen oder aufrechtzuerhalten, welche die praktische Wirksamkeit des Vertrages beeinträchtigen könnten[1032]. Nach der Rechtsprechung des EuGH sind daher Normenkonflikte zwischen Gemeinschafts- und innerstaatlichem Kartellrecht nach dem Grundsatz des Vorrangs des Gemeinschaftsrechts zu lösen[1033]. Im Konfliktfall setzte sich daher nach diesem Grundsatz das europäische Kartellrecht gegen nationales Recht durch, selbst wenn ein Kartell durch nationale Behörden ausdrücklich gebilligt worden ist[1034].

V. Zusammenarbeit der Kartellbehörden

Trotz einer bislang fehlenden gesetzlichen Regelung ist positiv hervorzuheben, daß es aufgrund einer erfolgreichen Zusammenarbeit des Bundeskartellamts und der Kommission zu wenigen Konflikten gekommen ist. Zu einem solchen Konflikt, der schnell und ohne große Verstimmungen beigelegt werden konnte, kam es im Fall Betonstahlmatten. Wie oben dargestellt, hatte das Bundeskartellamt das Strukturkrisenkartell Betonstahlmatten nach § 4 GWB a. F. am 13. 5.1983 freigestellt[1035].

Im November 1985 führte die Kommission Nachprüfungen beim Fachverband Betonstahlmatten und einem Mitglied des Strukturkrisenkartells Betonstahlmatten sowie zeitgleich auch bei mehreren Wettbewerbern in Belgien, Luxemburg, Holland und Frankreich durch, da der Verdacht bestand, daß diese das vom Bundeskartellamt genehmigte Strukturkrisenkartell zu mißbräuchlichen Absprachen mit ausländischen Wettbewerbern „benutzt" hätten[1036]. Dieser Verdacht bestätigte sich, so daß die Kommission später gegen vierzehn Hersteller von Betonstahlmatten Geldbußen wegen des Verstoßes gegen Art. 81 Abs. 1 EG festsetzte[1037].

[1031] EuGH, Urt. v. 13. 2.1969, Rs. 14/68, Slg. 1969, 1 (12f.) „Walt Wilhelm".

[1032] EuGH, Urt. v. 13. 2.1969, Rs. 14/68, Slg. 1969, 1 (14) „Walt Wilhelm".

[1033] Ebenda.

[1034] Vgl. EuGH, Urt. v. 27. 1.1987, Rs. 45/85, Slg. 1987, 447 (452f.) „Verband der Sachversicherer".

[1035] S. o. unter B.I, S. 25.

[1036] Vermerk des BKartA, Akten des BKartA, B5 – a.a.O., Hefter VII, lf. Nr. 1334.

[1037] Kommission, Entsch. v. 2. 8.1989, ABl. 1989 Nr. L 260/1. Die Höhe des Bußgelds wurde in späteren Verfahren vor dem EuG und dem EuGH reduziert, EuG, Urt. v. 6. 4.1995, Rs. T-145/89, Slg. II-1995, 987; EuGH, Urt. v. 17.12.1998, Rs. C-185/95 P., Slg. I-1998, 8417.

Darüber hinaus stellte die Kommission im Rahmen der Ermittlungen fest, daß das Strukturkrisenkartell bzw. eine zu dem Zeitpunkt diskutierte Verlängerung des Kartells durch das Bundeskartellamt unabhängig von den wettbewerbswidrigen Absprachen aus ihrer Sicht wegen eines Verstoßes gegen Art. 81 Abs. 1 EG sehr problematisch erschien[1038].

1. Rechtsauffassung der Kommission

Unabhängig von den vermuteten Preisabsprachen von deutschen Betonstahlmattenherstellern mit ausländischen Herstellern kam die Kommission bei ihren Ermittlungen zu dem Ergebnis, daß das Strukturkrisenkartell Betonstahlmatten bereits selbst eine Wettbewerbsbeschränkung mit erheblichen aktuellen oder potentiellen Auswirkungen auf den Handel zwischen den Mitgliedstaaten darstellte[1039]. Nach Auffassung der Kommission verstieß das Strukturkrisenkartell gegen Art. 81 Abs. 1 EG, weil durch das Kartell der Handel zwischen den Mitgliedstaaten spürbar beeinträchtigt würde, indem durch die Bestimmungen des Kartellvertrages bezüglich der Ausgleichs- und Strafzahlungen zumindest unkontrollierte Importe verhindert und Exporte subventioniert würden[1040]. Die Kommission sah die Vorschriften §§ 5 Abs. 2 und 7 Abs. 1 des Kartellvertrages, die Bestimmungen über Ausgleichszahlungen bei Unterschreitung der Lieferquote und Strafzahlungen bei Überschreitung der Lieferquote für den deutschen Markt enthielten, als geeignet an, Exportlieferungen in Mitgliedsstaaten zu fördern, und somit als eine Beeinträchtigung des Handels zwischen Mitgliedstaaten an[1041]. Nach Ansicht der Kommission genügte diese generelle Eignung einer Beeinträchtigung bereits für einen Verstoß, da nicht dargelegt werden müsse, daß die Klauseln die Exporte tatsächlich gefördert hatten[1042]. Vielmehr reichte es nach Auffassung der Kommission aus, daß diese Regelungen indirekt den zwischenstaatlichen Handel vor allem im Bereich des Exports beeinträchtigen konnten. Zudem war nach Darstellung der Kommission das Spürbarkeitskriterium gegeben, da die Exportquote bei ca. neun Prozent lag[1043]. Des weiteren stellte nach Ansicht der Kommission die Steigerung der Importe nach Deutschland während der Laufzeit der Kartells ebenfalls eine Beeinträchtigung des Handels

---

[1038] Vermerk des BKartA, Akten des BKartA, B5 – a.a.O., Hefter VII, lf. Nr. 1334.

[1039] Vermerk der Kommission v. 5.11.1986 bzgl. der unterschiedlichen Auffassungen der Wettbewerbsbehörden, Akten des BKartA, B5 – a.a.O., Hefter IX, lf. Nr. 1686.

[1040] Siehe Vermerk des BKartA v. 29.09.1986, Akten des BKartA, B5 – a.a.O., Hefter IX, lf. Nr. 1592.

[1041] A.a.O., 1687.

[1042] Ebenda.

[1043] Vermerk des BKartA v. 13.11.1987, Akten des BKartA, B5 – a.a.O., Hefter XI.

zwischen den Mitgliedstaaten dar, da das Tatbestandsmerkmal der „Beeinträchtigung des Handels“ wertneutral zu gebrauchen sei[1044].

Nach Ansicht der Kommission wäre unter diesen Umständen eine mögliche Freistellung nach Art. 81 Abs. 3 EG nicht in Betracht gekommen, selbst wenn die Kartellvereinbarung ordnungsgemäß bei der Kommission angemeldet worden wäre[1045]. Die als flankierende Maßnahmen genehmigten Preis- und Quotenregelungen, der Schutz der jeweiligen Teilmärkte gegen Importe, die Marktaufteilung und die Zahl und Größe der Beteiligten hätten zu einer potentiellen oder tatsächlichen Ausschaltung des Wettbewerbs für einen wesentlichen Teil der Betonstahlmatten geführt. Dies sei mit den Grundprinzipien des Gemeinsamen Marktes nicht zu vereinbaren gewesen, so daß eine Freistellung nach Art. 81 Abs. 3 EG nicht zulässig gewesen wäre.

2. Auffassung des Bundeskartellamts

Die zuständige Beschlußabteilung des Bundeskartellamts beurteilte das Strukturkrisenkartell anders als die Dienststellen der Kommission, insbesondere in Bezug auf die Auswirkungen des Kartells auf den Handel zwischen den Mitgliedstaaten. Bezüglich der Bestimmungen der §§ 5 Abs. 2 und 7 Abs. 1 des Kartellvertrages vertrat das Bundeskartellamt die Ansicht, daß die Ausgleichszahlungen und Strafzahlungen keine exportfördernde Wirkung gehabt hätten, was sich daran gezeigt hätte, daß während der Laufzeit des Kartells die deutschen Exporte nicht wesentlich gestiegen seien, im Gegensatz zu den Importen, die während dieser Periode von fünf auf ca. zehn Prozent der deutschen Marktversorgung gestiegen seien. Die Mitglieder des Kartells seien lediglich am Export interessiert gewesen, um die vereinbarten Lieferquoten nicht zu überschreiten und möglicherweise sogar zu unterschreiten[1046]. Angesichts des durch das Strukturkrisenkartell bezweckten und herbeigeführten höheren Preisniveaus und des knapp gehaltenen Angebots auf dem deutschen Markt seien ausländische Anbieter daran interessiert, nach Deutschland zu exportieren. Daher seien die §§ 5 Abs. 2 und 7 Abs. 1 des Kartellvertrages dem zwischenstaatlichen Handel geradezu förderlich.

Nach Auffassung des Bundeskartellamts würde eine Streichung der Vorschriften lediglich dazu führen, daß der Anreiz zum Export für die Mitglieder des Kartells geringer würde[1047]. Die Gefahr des Eindringens ausländischer Anbieter aufgrund der Auswirkungen des Kartells und damit das Bedürfnis nach

---

[1044] Ebenda.

[1045] Zusammenfassung der Beschwerdepunkte der Kommission Tz. 196, Akten des BKartA, B5 – a.a.O., Anlagen 10/83.

[1046] Vermerk des BKartA v. 8.04.1987, Akten des BKartA, B5 – a.a.O., Hefter X.

[1047] Ebenda.

Absprachen über den Interpenetrationsverkehr würde hingegen nach wie vor bestehen bleiben.

Das Bundeskartellamt stellte zudem fest, daß die fünf exportierenden Unternehmen der Branche im Jahre 1986 nur um ca. 6.000 t die Inlandsquote unterschritten hätten[1048]. Entsprechend gering sei daher die Ausgleichszahlung ausgefallen. Aufgrund der geringen Höhe der Ausgleichszahlung sei die von der Kommission unterstellte Exportsubventionierung nicht praxisnah[1049].

3. Regelungsbedarf

Die unterschiedliche rechtliche Einschätzung des Strukturkrisenkartells durch die Kommission und das Bundeskartellamt macht die Schwierigkeiten deutlich, die auftreten können, wenn keine Regelung zur Abgrenzbarkeit von nationalem zum europäischen Wettbewerbsrecht existiert. Die unterschiedlichen Rechtsauffassungen der Wettbewerbsbehörden hätten im schlimmsten Fall zu sich widersprechenden Entscheidungen führen können, wobei nach der Walt-Wilhelm Doktrin des EuGH die Verbotsentscheidung der Kommission im Sinne einer einheitlichen Rechtsanwendung des europäischen Rechts Vorrang vor dem Freistellungsbeschluß des Bundeskartellsamts nach deutschem Recht gehabt hätte. Um ihre Rechtsauffassung dann schließlich durchzusetzen, hätte die Kommission nach Art. 81 Abs. 1 EG, wenn nicht das Strukturkrisenkartell als ganzes, dann zumindest die §§ 5 Abs. 2 und 7 Abs. 1 des Kartellvertrags für nichtig erklären können. Das Bundeskartellamt hätte daraufhin seine Erlaubnis gemäß § 12 Abs. 2 GWB widerrufen müssen. Faktisch und rechtlich wäre es für das Bundeskartellamt nicht möglich gewesen, die Kartellmitglieder lediglich dazu zu zwingen, eine diese Bestimmung ersetzende Neuregelung zu vereinbaren.

Der durch die verschiedenen Rechtsansichten hervorgerufene Konflikt hat sich letztlich dadurch entschärft, daß aufgrund des Auslaufens der Kartellgenehmigung im Fall Betonstahlmatten keine Kompromißlösung zwischen den Wettbewerbsbehörden gefunden werden mußte, um sich widersprechende Entscheidungen zu vermeiden. Auch wenn die gute Zusammenarbeit der Kommission mit den nationalen Wettbewerbsbehörden Konflikte bzw. sich widersprechende Entscheidungen in der Vergangenheit vermeiden konnte, zeigt der Fall Betonstahlmatten jedoch, wie wichtig eine Regelung bezüglich der Anwendbarkeit von nationalem und europäischem Wettbewerbsrecht ist.

VI. „Erweiteter Vorrang“ nach der VO (EG) Nr. 1/03

Erst vor kurzem hat der EU-Ministerrat im Zuge einer grundlegenden Reform des europäischen Kartellrechts eine neue Durchführungsverordnung zu den Art. 81 und 82 EG, die Verordnung (EG) Nr. 1/03, als Nachfolgeverordnung der

---

1048 Vermerk des BKartA v. 8.02.1988, Akten des BKartA, B5 – a.a.O., Hefter XI.

1049 Ebenda.

bisherigen Kartellverfahrensverordnung Nr. 17/62 verabschiedet[1050]. In dieser Verordnung, die seit dem 1. Mai 2004 Anwendung findet, wurde die Abgrenzung von nationalem Recht und europäischem Recht zum ersten Mal geregelt. Diese Verordnung sieht einen sog. „erweiterten Vorrang vor", durch den die Wettbewerbsbehörden der Mitgliedstaaten und die nationalen Gerichte verpflichtet sind, bei der Anwendung nationalen Rechts immer auch Art. 81 EG anzuwenden, wenn eine Vereinbarung geeignet ist, den Handel zwischen den Mitgliedstaaten zu beeinträchtigen, also die sog. Zwischenstaatlichkeitsklausel erfüllt[1051]. Die obligatorische Anwendung von EG-Kartellrecht läßt dabei zwar zunächst die (parallele) Anwendung nationalen Rechts unberührt, jedoch mit einer wichtigen Ausnahme: Eine Vereinbarung, die von der Zwischenstaatlichkeitsklausel erfaßt wird, darf gemäß Art. 3 Abs. 2 Verordnung (EG) Nr. 1/03 nach nationalem Recht nur noch dann verboten werden, wenn sie auch nach Art. 81 Abs. 1 EG verboten ist und die Voraussetzungen des Art. 81 Abs. 3 EG nicht erfüllt bzw. die Vereinbarung nicht von einer Gruppenfreistellung erfaßt ist. Die Anwendung strengeren nationalen Rechts ist insoweit also ausgeschlossen. Das Gemeinschaftsrecht setzt sich folglich gegen das nationale Recht durch und bildet eine Art Maximalstandard des Wettbewerbsschutzes. Nur wenn die sog. Zwischenstaatlichkeitsklausel nicht erreicht ist, bleibt noch Raum für die Anwendung strengeren nationalen Wettbewerbsrechts. Aufgrund der weiten Auslegung der Zwischenstaatlichkeitsklausel wird dieser erweiterte Vorrang der europäischen Kartellrechts langfristig zu einem großen Bedeutungsverlust für die nationalen Rechtsordnungen führen. Man kann davon ausgehen, daß es zu einer schleichenden Rechtsharmonisierung der nationalen Rechtsordnungen an das europäische Kartellrecht kommen wird[1052]. Allerdings bleibt es als eigenständiger Bereich den Mitgliedstaaten unbenommen, in ihrem Hoheitsgebiet strengere innerstaatliche Vorschriften zur Unterbindung oder Ahndung einseitiger Handlungen von Unternehmen[1053] bzw. Rechtsnormen mit anderen Zielrichtungen, wie z.B. zum Schutz der Lauterkeit des Wettbewerbs, zu erlassen und anzuwenden.[1054]

[1050] Verordnung (EG) Nr. 1/03 des Rates v. 16.12.2002 zur Durchführung der in den Art. 81 u. 82 niedergelegten Wettbewerbsregeln, ABl. 2003 Nr. L 1/1 = EuZW 2003, Beil. z. H. 3.

[1051] Vgl. Art. 3 Verordnung (EG) Nr. 1/03.

[1052] So auch Sura, Die Reform des EG-Kartellverfahrensrechts: VO 2/2003, Vortrag beim 42. FIW-Seminar am 7.10.2003.

[1053] Art. 3 Abs. 2 S. 2 Verordnung (EG) Nr. 1/03 a.a.O., ABl. 2003 Nr. L 1/1 (8).

[1054] Vgl. Erw. Gr. 9 und Art. 3 Abs. 3 Verordnung (EG) Nr. 1/03 a.a.O., ABl. 2003 Nr. L 1/1 (2 bzw. 8).

F. Vergleich deutscher und europäischer Strukturkrisenkartelle

Auch wenn die rechtlichen Rahmenbedingungen einer Freistellung von Strukturkrisenkartellen sich fundamental dadurch unterscheiden, daß das deutsche Recht für Strukturkrisenkartelle einen kasuistischen, d. h. einen auf eine gesetzlich spezifizierte Ausnahme angelegten Ansatz gewählt hat, wohingegen das Gemeinschaftsrecht keine explizite Sonderregelung, sondern lediglich eine Generalklausel vorsieht, hat die Ausgestaltung des Art. 81 Abs. 3 EG durch die Wettbewerbsregeln der Kommission einen durchaus vergleichbaren Rahmen zu § 6 GWB geschaffen.

I. Gemeinsamkeiten

Zunächst einmal beruhen beide Regelungen auf dem wettbewerbspolitischen Grundgedanken, daß Wirtschaftskrisen grundsätzlich über den Wettbewerb zu lösen sind und Strukturkrisenkartelle nur eine Ausnahme darstellen sollen. Dies wird in beiden Regelungen dadurch gewährleistet, daß betroffene Unternehmen nur im Rahmen einer strukturell und nicht lediglich konjunkturell bedingten Krise ein Strukturkrisenkartell beantragen können.

Weiter fordert die Kommission zur Erfüllung der Tatbestandsvoraussetzung der „Verbesserung der Warenerzeugung" des Art. 81 Abs. 3 EG, daß der Kapazitätsabbau eine Rentabilitätssteigerung erwarten läßt[1055]. Auch das Bundeskartellamt stellt in ständiger Praxis diese Anforderungen, indem es darauf abstellt, daß die befristeten Wettbewerbsbeschränkungen langfristig zu verbesserten Wettbewerbsbedingungen führen und dies im Rahmen eines Strukturkrisenkartells in erster Linie durch eine Rentabilitätssteigerung zu erreichen ist[1056].

Die nach Art. 81 Abs. 3 EG geforderte „angemessene Beteiligung" der Verbraucher ist erfüllt, wenn diese sich nach dem Kapazitätsabbau einer verbesserten und gesunden Angebotsstruktur gegenübersehen[1057]. Diesem Erfordernis wird die deutsche Regelung durch die „Berücksichtigung der Wettbewerbsbedingungen in den betroffenen Wirtschaftszweigen" gerecht[1058].

Weiterhin fordern sowohl die Kommission als auch das Bundeskartellamt „einen detaillierten und verbindlichen Betriebsschließungsplan"[1059]. Dabei hat die europäische Praxis allerdings noch nicht den Konkretisierungsgrad der deutschen Praxis erreicht[1060]. So reicht nach der Praxis der Kommission zum Zeit-

---

[1055] S. o. unter C.III.2(a), S. 103.

[1056] S. o. unter A.II.5, S. 20.

[1057] S. o. unter C.III.2(b), S. 103.

[1058] S. o. unter A.II.5, S. 20.

[1059] S. o. unter C.III.2(a), S. 103 bzw. unter A.II.3(a), S. 13.

[1060] So auch *Kirchhoff/Gerlach*, FS Benisch, 367 (378).

punkt der Antragstellung ein hinreichend konkretisiertes Gesamtkonzept aus, während das Bundeskartellamt zumindest für das erste Jahr für jedes Unternehmen im einzelnen festgelegte Abbauziele verlangt[1061]. Die Kommission scheint in ihrer Praxis den Unternehmen mithin von Anfang an etwas mehr Freiraum zu lassen. Flexible Anpassungen des Abbauplans während der Kartellaufzeit sind aber nach der Praxis beider Wettbewerbsbehörden möglich.

Als Abbaumaßnahmen werden sowohl von der Kommission als auch vom Bundeskartellamt die Vernichtung bzw. die Verschrottung zugelassen[1062]. Der Verkauf ins Ausland ist zulässig, wenn sichergestellt wird, daß von dort Lieferungen in den Kartellbereich ausgeschlossen sind. Ein Verkauf innerhalb des Kartellbereichs ist nur möglich, wenn gewährleistet werden kann, daß die festgeschriebenen Abbauziele weiter erreicht werden.

Als flankierende Maßnahmen zur Sicherung des Kartells haben sowohl die Kommission als auch das Bundeskartellamt in ihrer Freistellungspraxis die Kontrolle der Stillegung durch unabhängige Sachverständige bzw. Treuhänder, Ausgleichsfonds, über die die Stillegung bei den einzelnen Kartellmitgliedern finanziert werden, Kapazitätserweiterungsverbote während der Laufzeit des Kartells und Vertragsstrafen zur Einhaltung der Verpflichtungen aus dem Kartell freigestellt[1063]. Die Kommission hat jedoch im Gegensatz zum Bundeskartellamt keinen Informationsaustausch über Einzelheiten der Erzeugung und des Absatzes untereinander, über ein Vertrauensorgan oder über sonstige Dritte genehmigt[1064].

Schließlich kommt es sowohl der Kommission als auch dem Bundeskartellamt nicht auf ein „fehlendes" Verschulden der Situation durch die Unternehmer, sondern auf objektive Faktoren an[1065]. Nach beiden Regelungen zielen Strukturkrisenkartelle auf die Strukturanpassung in einer objektiv feststellbaren Situation.

II. Unterschiede

Allerdings bestehen bei der Freistellung von deutschen und europäischen Strukturkrisenkartellen auch erhebliche Unterschiede.

So geht die Kommission in ihren Grundsätzen von „strukturell bedingten Überkapazitäten" aus, wohingegen die deutsche Regelung von „einem auf Ände-

---

[1061] Vgl. die Freistellungspraxis der Kommission unter D, S. 115 bzw. die Freistellungspraxis des Bundeskartellamts unter B, S. 25.

[1062] Vgl. die Freistellungspraxis der Kommission unter D, S. 115 bzw. die Freistellungspraxis des Bundeskartellamts unter B, S. 25.

[1063] Vgl. die Freistellungspraxis der Kommission unter D, S. 115 bzw. die Freistellungspraxis des Bundeskartellamts unter B, S. 25.

[1064] Vgl. die Freistellungspraxis der Kommission unter D, S. 115.

[1065] S. o. unter A.II.2(b)(2), S. 12 bzw. unter C.III.1, S. 102.

rung der Nachfrage beruhenden nachhaltigen Absatzrückgang" spricht. Die Kommission setzt damit einen weiteren Krisenbegriff voraus und vermeidet damit eine Verengung auf eine besondere Form der Absatzkrise[1066]. Ein Strukturkrisenkartell ist nach der gemeinschaftsrechtlichen Praxis nicht nur bei einer rückläufigen Nachfrage möglich, sondern auch bei Überkapazitäten, die durch technologische Weiterentwicklung sowie nicht erfüllte Nachfrageerwartungen entstanden sind.

Weiter ist der Unternehmensbegriff des Art. 81 EG nicht wie in § 6 GWB auf Unternehmen der Erzeugerstufe beschränkt, sondern umfaßt jegliches wirtschaftliches Tätigwerden[1067]. Demnach sind auch Unternehmen des Dienstleistungssektors und des Handels mit einbezogen.

Die Kommission fordert zudem bei der Freistellung von Strukturkrisenkartellen, daß die mit den Betriebsschließungen verbundenen sozialen Auswirkungen gemildert werden[1068]. Eine solche vom EuGH als zulässig befundene Einbeziehung sozialer Belange findet in § 6 GWB keine Entsprechung. Eine Einbeziehung sozialer Belange ist insbesondere auch vom Wortlaut her nicht unter das Tatbestandsmerkmal „Berücksichtigung der Wettbewerbsbedingungen in den betroffenen Wirtschaftszweigen" möglich. Inwieweit eine Einbeziehung sozialer Aspekte nach § 4 GWB a. F. unter dem damals noch weiter gefaßten Tatbestandsmerkmal der „Berücksichtigung der Gesamtwirtschaft und des Gemeinwohls" möglich war, kann dahinstehen, da das Bundeskartellamt in seiner Fallpraxis solche Belange jedenfalls nicht mit einbezogen hat. Es hat zwar in diesem Zusammenhang die Prognose abgegeben, daß der planmäßige Kapazitätsabbau einerseits Arbeitskräfte freisetzte, andererseits eine überproportionale Belastung regionaler Arbeitsmärkte durch einen unkontrollierten Ausscheidungskampf verhindert würde[1069]. Besondere Maßnahmen sozialer Art, um die sozialen Auswirkungen auf die Arbeitnehmer abzumildern, wie sie von der Kommission gefordert wurden[1070], wurden den Kartellmitgliedern in der deutschen Praxis jedoch nicht auferlegt.

Ein wesentlicher Unterschied besteht zudem im Umfang der zulässigen Maßnahmen[1071]. Zwar ist der Ausgangspunkt identisch, wonach der Umfang der Maßnahmen zu prüfen ist. Allerdings unterscheidet sich die Freistellungspraxis

---

1066 So auch *Kirchhoff/Gerlach*, FS Benisch, 367 (377).

1067 *Brinker* in Schwarze, EUV, Art. 81, Rn. 23, *Weiß* in Calliess/Ruffert, Art. 81 Rn. 13.

1068 S. o. unter C.III.4, S. 105.

1069 BKartA, unveröffentlichter Beschluß v. 31.05.1983, S. 32, B. 4, a.a.O., Hefter II, lf. Nr. 8.

1070 S. o. unter C.III.4, S. 105.

1071 Vgl. unter C.III.2(c), S. 104 bzw. unter A.II.4, S. 15.

darin, daß nach europäischem Recht im Gegensatz zum deutschen Recht nur reine Kapazitätsabbaukartelle ohne flankierende Maßnahmen zulässig sind[1072].

Nach europäischem Recht darf eine Freistellung darüber hinaus nicht dazu führen, daß den Unternehmen „Möglichkeiten eröffnet werden, den Wettbewerb für einen wesentlichen Teil der betreffenden Waren auszuschalten“[1073]. Hier liegt der größte Unterschied zur deutschen Regelung. So sind nach deutschem Recht Preis- und Quotenabsprachen grundsätzlich zulässig, wenn sie zur Durchführung des Strukturkrisenkartells erforderlich sind[1074]. Nach europäischem Recht stellen solche Maßnahmen dagegen eine Ausschaltung des Wettbewerbs für einen wesentlichen Teil der betreffenden Waren dar und sind daher unzulässig[1075]. Die Voraussetzung des Bestehens eines Restwettbewerbs erfordert, daß neben dem internen Wettbewerb auch mit nicht am Kartell beteiligten dritten Unternehmen und durch Importe ein Außenwettbewerb besteht[1076]. Im deutschen Recht hingegen kann ein Außenwettbewerb mit dritten Unternehmen und durch Importe gerade dazu führen, daß es an der Voraussetzung der Notwendigkeit des § 6 GWB fehlt, da zur Erfüllung dieses Tatbestandmerkmals die Wahrscheinlichkeit gegeben sein muß, daß der Plan die weitere Entwicklung beeinflußt[1077]. Diese Wahrscheinlichkeit ist jedoch nicht gegeben, wenn wichtige Hersteller dem Kartell fernbleiben oder Importe den Kapazitätsabbau gefährden[1078].

Die Kommission legt weiter bei der Freistellung von Strukturkrisenkartellen ausdrücklich Wert auf die Sicherung der Beschäftigungslage in dem betroffenen Sektor[1079]. Diese Komponente findet in § 6 GWB keinen Niederschlag.

In Fällen einer Strukturkrise hat die Kommission schließlich sowohl sektorale als auch bilaterale und multilaterale Vereinbarungen freigestellt. Eine Freistellung von solchen Vereinbarungen ist nach § 6 GWB nicht möglich, da das Tatbestandsmerkmal der Notwendigkeit erfordert, daß zumindest die meisten Unternehmen der jeweiligen Branche an dem Kartell teilnehmen müssen[1080]. Letztlich ist aber dieser scheinbare Unterschied weitaus geringer, da das deutsche Recht in den §§ 2 – 8 GWB weitere Ausnahmetatbestände vorsieht. Solche bila-

---

[1072] Vgl. Kommission, Zwölfter WB (1982), Tz. 39.

[1073] S. o. unter C.III.2(d), S. 104.

[1074] S. o. unter A.II.4, S. 15.

[1075] S. o. unter C.III.2(d), S. 104.

[1076] S. o. unter C.III.2(d), S. 104.

[1077] S. o. unter A.II.4, S. 15.

[1078] Ebenda.

[1079] S. o. unter C.III.4, S. 105.

[1080] BKartA, Beschl. v. 14.12.1959, WuW/E BKartA, 114 (116) „Schuhbeschlag“; BKartA, TB 1959, S. 45; so auch *Veltins*, DB 1978, 969 (970); *Sölter*, DB 1955, 1157 (1158).

teralen und multilateralen Vereinbarungen könnten demnach auch nach deutschem Recht freigestellt werden, wenn beispielsweise die Voraussetzungen für Rationalisierungs- oder Spezialisierungskartelle gegeben sind.

III. Bewertung der Regelungen

Der kasuistische Ansatz des deutschen Rechts für Strukturkrisenkartelle hat für den von ihr erfaßten Sachverhalt sicherlich den Vorteil der Rechtssicherheit, da die Voraussetzungen einer Freistellung gesetzlich normiert sind und sich nicht aus rechtlich unverbindlichen Wettbewerbsberichten der Kommission zur Ausgestaltung der generellen Freistellungsklausel ergeben. Eine generelle Freistellungsklausel dagegen ist insgesamt geeigneter, auf die in komplexen Volkswirtschaften unterschiedlichen Sachverhaltskonstellationen angemessen reagieren zu können. Dies gilt insbesondere, weil dem Bundeskartellamt im Rahmen von Strukturkrisenkartellen ein Rückgriff auf die deutsche Generalklausel nicht möglich ist, da zum einen die Voraussetzungen des § 6 GWB so unterlaufen werden könnten und zum anderen die bei Strukturkrisenkartellen mögliche Legalisierung einer marktbeherrschenden Stellung nach § 7 GWB nicht zulässig ist.

Der Vergleich zeigt weiterhin, daß der Anwendungsbereich des durch die Grundsätze der Kommission ausgestalteten Art. 81 Abs. 3 EG abgesehen von der Zulässigkeit flankierender Maßnahmen wesentlich größer ist.

Der umfassende Unternehmensbegriff des Art. 81 EG ermöglicht im Gegensatz zu § 6 GWB auch Unternehmen der reinen Dienstleistungs- und der Handelsbranche Strukturkrisenkartelle anzumelden. Dies ist ein richtiger Ansatz, da insbesondere in der Dienstleistungsbranche Überkapazitäten denkbar sind, wie z.B. die Entstehung eines „Bettenberges“ im Beherbergungsgewerbe in einer bestimmten Region[1081]. Ein Grund für die Beschränkung auf Unternehmen der Erzeugung, Herstellung, Bearbeitung oder Verarbeitung ist nicht ersichtlich. Hohe Investitionskosten, auf die in der Gesetzesbegründung hingewiesen wurde[1082], fallen auch in der Dienstleistungsbranche an. Zumindest der Dienstleistungssektor sollte daher in den Anwendungsbereich des § 6 GWB aufgenommen werden.

Der im Vergleich zum GWB weitere Krisenbegriff der Kommission ermöglicht die Genehmigung von Strukturkrisenkartellen auch bei Überkapazitäten aufgrund technischen Fortschritts und bei nichterfüllten Nachfrageerwartungen. Aus Sicht der Unternehmer macht es keinen Unterschied, ob die Strukturkrise auf einem geänderten Nachfrageverhalten der Abnehmer oder einer Fehlein-

---

[1081] *Immenga* in Immenga/Mestmäcker, GWB, § 6 Rn. 39.

[1082] Amtl. Begr. BT-Drucks. 2/1158, S. 31.

schätzung des zukünftigen Bedarfs beruht[1083]. Gerade in Wirtschaftszweigen, bei denen zwischen Investition und Inbetriebnahme ein längerer Zeitraum verstreicht, können Kapazitätsausweitungen sich nicht am gegenwärtigen Absatz, sondern nur an einer zukünftigen Absatzentwicklung orientieren. Überkapazitäten entstehen in beiden Fällen. Die bisherige Praxis der Kommission zeigt auch, daß der Grundsatz, Krisen über den freien Wettbewerb zu lösen, durch die Einbeziehung dieser Form des Absatzrückgangs nicht ausgehöhlt wurde. Vielmehr wurden Strukturkrisen, in denen es zu einem Absatzrückgang aufgrund von Kapazitätsausweitung kam, erfolgreich bekämpft[1084]. Daher ist auch hier eine Änderung der deutschen Rechtslage wünschenswert[1085].

Bei der Zulassung von flankierenden Maßnahmen zur Sicherung des Abbaus ist dagegen das Bundeskartellamt in seiner Praxis wesentlich flexibler gewesen und hat den Unternehmen einen größeren Spielraum bei der Bewältigung von Strukturkrisen gelassen. Das Bundeskartellamt hat als flankierende Maßnahmen u. a. Preis- und Mengenabsprachen[1086] zugelassen, wogegen sich die Kommission gesträubt hat mit der Begründung, daß dies mit den Voraussetzungen des Art. 81 Abs. 3 EG nicht zu vereinbaren gewesen wäre[1087]. Allerdings hat die Praxis des Bundeskartellamts gezeigt, daß Preis- und Mengenabsprachen erhebliche Auswirkungen auf den Wettbewerb und damit auf den Verbraucher haben. Auch das Bundeskartellamt scheint daher, um dem Ausnahmecharakter von Strukturkrisenkartellen mit einem möglichst geringen Eingriffsgehalt gerecht zu werden, in seiner Verwaltungspraxis von der Genehmigung solcher Maßnahmen mehr und mehr Abstand genommen zu haben. So hat sich das Bundeskartellamt noch im Jahr 2000 bei Vorgesprächen mit der Transportbetonindustrie über die Genehmigung eines Strukturkrisenkartells für diese Branche gegen die Genehmigung von flankierenden Preis- und Quotenabsprachen ausgesprochen[1088]. Auch in Gesprächen mit Beamten des Bundeskartellamts betonten diese, daß die Erfahrungen mit Preis- und Quotenabsprachen keineswegs positiv gewesen seien. Strukturkrisenkartelle werden in Zukunft wohl auch in der Praxis des Bundeskartellamts nur noch als reine Abbaukartelle ohne flankierende Maßnahmen genehmigt werden.

Insgesamt läßt sich feststellen, daß trotz der aufgezeigten Unterschiede der gesetzlichen Regelungen im deutschen und europäischen Recht, die Freistel-

---

[1083] *Bunte* in FK, § 6 Rn. 27; *Immenga* in Immenga/Mestmäcker, GWB, § 6 Rn. 33.

[1084] So in Kommission, Entsch. v. 4.7.1984, ABl. 1984, L 207/17 „Kunstfasern".

[1085] Im Ergebnis ebenso: *Bunte* in FK, § 6 Rn. 27; *Kiecker* in Langen/Bunte, § 6 Rn. 10; *Immenga* in Immenga/Mestmäcker, GWB, § 6 Rn. 34; *Müller-Henneberg* in GK, § 4 Rn. 12.

[1086] So BKartA Beschl. v. 31.5.1983, WuW/E BKartA 2049 (2059) „Betonstahlmatten".

[1087] Vgl. XXIII. WB (1993), Tz. 84.

[1088] BKartA, TB 1999/2000, BT-Drucks. 14/6300, S. 109.

lungspraxis des Bundeskartellamts und der Kommission sich sehr angenähert hat. Auch das Bundeskartellamt scheint nach seinen Erfahrungen von der Genehmigung von flankierenden Preis- und Quotenabsprachen Abstand genommen zu haben. Beide Wettbewerbsbehörden scheinen Strukturkrisenkartelle, wenn überhaupt, dann nur als reine Abbaukartelle mit einigen wenigen Sicherungsmaßnahmen freizustellen. Die noch bestehenden Unterschiede in den gesetzlichen Regelungen werden demnächst hinfällig, wenn das GWB im Zuge der anstehenden Kartellrechtsreform an das europäische Recht angeglichen wird.

G. Strukturkrisenkartelle nach der Kartellrechtsreform

Sowohl das europäische als auch das deutsche Kartellrecht stehen vor einer grundlegenden Reform. Die neue Kartellverfahrensverordnung, Verordnung (EG) Nr. 1/03[1089], die der Rat am 16.12.2002 verabschiedet hat, ist bereits im Januar 2003 in Kraft getreten und gilt seit dem 1. 5.2004[1090]. Im Zuge dieser Reform der Kartellverfahrensverordnung soll auch das deutsche GWB an das europäische Recht angepaßt werden. Ein erster Referentenentwurf zur 7. GWB-Novelle liegt bereits vor. Eigentliches Ziel war es, daß die GWB-Novelle zeitgleich mit der europäischen Kartellverfahrensverordnung (EG) Nr. 1/03 am 1. 5.2004 in Kraft treten sollte. Aufgrund nach wie vor bestehender Differenzen auf Seiten des Gesetzgebers insbesondere bezüglich einer Lockerung der Regelungen der Pressefusionskontrolle ist jedoch erst im Laufe des Jahres 2005 mit dem Inkrafttreten der GWB-Novelle zu rechnen.

I. Europäische Kartellverfahrensverordnung (EG) Nr. 1/03

Die neue Verordnung (EG) Nr. 1/03 stellt die Durchsetzung der Art. 81 und 82 EG auf eine völlig neue Grundlage[1091]. Die neue Kartellverfahrensverordnung ersetzt die Verordnung (EG) Nr. 17/62[1092], die in den vergangenen vier Jahrzehnten das Wettbewerbsrecht der Gemeinschaft entscheidend geprägt hat, aber den stark veränderten wirtschaftlichen und institutionellen Rahmenbedingungen angepaßt werden mußte[1093].

Wesentliche Elemente der Reform sind ein Systemwechsel vom Anmeldesystem für horizontale und vertikale Vereinbarungen hin zu einem Legalausnahmesystem im Bereich des Art. 81 Abs. 3 EG. Weiter wurde, wie oben bereits dargestellt[1094], das Verhältnis zwischen den Wettbewerbsregeln der Gemeinschaft und den nationalen Kartellvorschriften zum Teil neu geregelt. Darüber hinaus enthält die Verordnung aufgrund der vorgesehenen Dezentralisierung des europäischen Rechts zahlreiche Regelungen für die zukünftige Zusammenarbeit der nationalen Wettbewerbsbehörden mit der Kommission in einem neu zu schaf-

---

[1089] Verordnung (EG) Nr. 1/03 des Rates v. 16.12.2002 zur Durchführung der in den Art. 81 u. 82 niedergelegten Wettbewerbsregeln, ABl. 2003 Nr. L 1/1 = EuZW 2003, Beil. z. H. 3.

[1090] Art. 45 Verordnung (EG) Nr. 1/03 a.a.O., ABl. 2003 Nr. L 1/1 (25).

[1091] *Weitbrecht*, EuZW 2003, 69.

[1092] Verordnung (EWG) Nr. 17/62: Erste Durchführungsverordnung zu den Art. 85 u. 86 EGV, ABl. 1962 Nr. 13/204, zuletzt geändert durch Verordnung (EG) Nr. 1216/99, ABl. 1999 Nr. L 148/5.

[1093] Kommission, Pressemitteilung IP/00/1064 v. 27. 9.2000.

[1094] S. o. unter E.VI, S. 156.

fenden Netzwerk. Die einzelnen Veränderungen werden im folgenden näher erläutert:

Zentrales Element der neuen Kartellverfahrensverordnung ist die Abschaffung des bislang geltenden Anmelde- und Genehmigungssystems durch das System der sog. Legalausnahme mit der Folge, daß eine Vereinbarung, welche die Voraussetzungen des Art. 81 Abs. 3 EG erfüllt, nicht nach Art. 81 Abs. 2 EG verboten ist[1095]. Nach Auffassung der Kommission hindert das durch die Verordnung Nr. 17 geschaffene zentralisierte Anmeldesystem für horizontale und vertikale Vereinbarungen die Kommission daran, sich auf die Verfolgung der schwerwiegendsten Verstöße zu konzentrieren[1096]. Darüber hinaus seien den Unternehmen durch dieses System erhebliche Kosten entstanden[1097]. Während nach dem bisherigen Anmelde- und Genehmigungssystem Vereinbarungen zwischen Unternehmen, Beschlüsse von Unternehmensvereinigungen und abgestimmte Verhaltensweisen, die die Voraussetzungen des Art. 81 Abs. 1 EG erfüllten, nur praktiziert werden durften, wenn sie von der Kommission zuvor nach Art. 81 Abs. 3 EG im Wege einer Einzelfreistellung oder aufgrund einer Gruppenfreistellung freigestellt wurden, gelten eben diese Vereinbarungen, Beschlüsse von Unternehmensvereinigungen und abgestimmte Verhaltensweisen nach der neuen Kartellverfahrensverordnung gemäß Art. 1 Abs. 2 zukünftig per se als freigestellt, wenn sie die Voraussetzungen des Art. 81 Abs. 3 EG erfüllen. Das bisherige Freistellungsmonopol der Kommission entfällt somit[1098]. Die Unternehmen müssen - oder dürfen - nun selbst entscheiden, ob ihre Vereinbarungen die Voraussetzungen des Art. 81 Abs. 3 EG erfüllen. Art. 81 Abs. 3 EG ist nach der neuen Verordnung, wie bisher schon Art. 81 Abs. 1 und Abs. 2, unmittelbar anwendbar[1099]. Art. 81 Abs. 3 EG erhält durch Art. 1 Abs. 2 Verordnung (EG) 1/03 die gleiche Vorrangwirkung wie Art. 81 Abs. 1 EG und Art. 82 EG. Ein sog. „positiver" Akt zur Auslösung des Vorrangs ist nicht mehr erforderlich. Für den mit der Abschaffung der Anmeldepflicht einhergehenden Verlust an Transparenz über wettbewerbsbeschränkende Absprachen für die Kartellbehörden gibt es in der neuen Verordnung keine Kompensation. Ursprünglich war zwar die Einführung eines Informationssystems geplant, das die obligatorische Meldung bestimmter Vereinbarungen, Beschlüsse und abgestimmter Verhaltensweisen nach Art. 81 Abs. 1 EG vorsah, ohne jedoch eine Prüfungspflicht zu begrün-

---

1095 Vgl. Art. 1 Abs. 2 Verordnung (EG) Nr. 1/03 a.a.O., ABl. 2003 Nr. L 1/1 (7).

1096 Verordnung (EG) Nr. 1/03 a.a.O., ABl. 2003 Nr. L 1/1 Erw.Gr. 3.

1097 Ebenda.

1098 Art. 4 Abs. 1 Verordnung (EWG) Nr. 17/62: Erste Durchführungsverordnung zu den Art. 85 u. 86 EGV, ABl. 1962 Nr. 13/204 (207).

1099 Vgl. Erw.gr. 4 Verordnung (EG) Nr. 1/03 a.a.O., ABl. 2003 Nr. L 1/1.

den[1100]. Diese - insbesondere von deutscher Seite unterstützte - Lösung konnte sich jedoch im Rat nicht durchsetzen[1101].

Weiter sieht die neue Kartellverfahrensverordnung eine Dezentralisierung des europäischen Kartellrechts vor. Eine Anwendung der europäischen Wettbewerbsregeln war den nationalen Wettbewerbsbehörden zwar auch bislang schon möglich, jedoch lag in dem bislang bestehenden Freistellungsmonopol der Europäischen Kommission das Haupthindernis einer verstärkten dezentralen Anwendung des EG-Rechts[1102]. Neu ist auch, daß ab Geltung der neuen Verordnung am 1. 5.2004 die nationalen Gerichte befugt sind, die Art. 81 und 82 EG in vollem Umfang anzuwenden[1103]. Weiter sieht die Verordnung vor, daß die Kommission und die Wettbewerbsbehörden die EG-Wettbewerbsregeln in enger Zusammenarbeit anwenden und ein Netzwerk der Wettbewerbsbehörden unter dem Namen ECN – European Competition Network errichten sollen[1104].

Um eine einheitliche Anwendung der Wettbewerbsregeln und gleichzeitig ein optimales Funktionieren des Netzwerks zu gewährleisten, sieht die Verordnung vor, daß die nationalen Wettbewerbsbehörden ihre Zuständigkeit verlieren, sobald die Kommission ein Verfahren einleitet[1105]. Die Kommission kann also jederzeit den nationalen Wettbewerbsbehörden ihre Zuständigkeit entziehen, wenn sie die einheitliche Anwendung des Wettbewerbsrechts gefährdet sieht. Die Verordnung enthält jedoch keine Regelung bezüglich einer Fallverteilung, d.h. welche Kartellbehörde für welche Fälle zuständig ist. In einer Gemeinsamen Erklärung des Rates und der Kommission zur Funktionsweise des Netzwerkes der Kartellbehörden, die jedoch rein politischer Natur ist und keine (von Dritten) durchsetzbaren rechtliche Wirkungen entfaltet, ist grundsätzlich vorgesehen, daß die Kommission nach Ablauf einer sog. Fallallokationsphase, die bis zu drei Monaten dauern kann, nur in Ausnahmefällen einen Fall an sich zieht, wenn beispielsweise die Gefahr sich widersprechender Entscheidungen durch nationale Wettbewerbsbehörden droht. Weiter gilt das Konzept der besonders geeigneten Behörde, d. h., daß diejenige Behörde sich mit dem jeweiligen Fall befassen soll, die besonders für die Bearbeitung geeignet ist[1106]. Kriterien für eine beson-

---

[1100] BKartA, TB 2001/2002, BT-Drucks. 15/1226, S. 63.

[1101] Ebenda.

[1102] BKartA, TB 2001/2002, BT-Drucks. 15/1226, S. 65.

[1103] Erw.gr. 7 und Art. 6 Verordnung (EG) Nr. 1/03 a.a.O., ABl. 2003 Nr. L 1/1 (2 bzw. 9).

[1104] Vgl. Erw.gr. 15 und Art. 11f. Verordnung (EG) Nr. 1/03 a.a.O., ABl. 2003 Nr. L 1/1 (4 bzw. 10f.); siehe ausführlich zum Netzwerk der Wettbewerbsbehörden, *Böge/Scheidgen*, EWS 2002, 201.

[1105] Erw.gr. 17 Verordnung (EG) Nr. 1/03 a.a.O., ABl. 2003 Nr. L 1/1 (4).

[1106] So Hossenfelder, Netzwerk der Kartellbehörden zur Anwendung der Art. 81, 82 EG, Vortrag am Bonner Forum des FIW am 4. 6.2003.

ders geeignete Behörde werden aller Voraussicht nach sein, daß die jeweilige Behörde alle erforderlichen Beweise sammeln, Verstöße wirksam unterbinden und gegebenenfalls ahnden kann. Wenn mehr als drei Mitgliedstaaten wesentlich betroffen sind oder der Fall aus anderen Gründen besser mit einer gemeinschaftsweit geltenden Entscheidung abgeschlossen wird, gilt die Kommission als am besten für die Fallbearbeitung geeignet. Grundsätzlich haben jedoch alle Behörden die Möglichkeit, tätig zu werden, wenn eine andere Behörde einen Fall entgegen dieser allgemeinen Regeln nicht aufgreift. Diese Regelung soll eine größtmögliche Flexibilität der Zuständigkeit gewähren. Es soll aber möglichst weitgehend das Prinzip des sog. „one-stop-shop" angestrebt werden, d. h., daß nur jeweils eine Wettbewerbsbehörde sich mit dem jeweiligen Fall befaßt. Die anderen Wettbewerbsbehörden können dann ein bereits eingeleitetes Verfahren aussetzen oder einstellen.

Zur Ergänzung des neuen Regelwerks hat die Kommission Anfang Oktober 2003 ein „Modernisierungspaket" mit weiteren Regelungen und Bekanntmachungen vorgelegt. Dieses Paket soll weitere Orientierungshilfen zu wichtigen Aspekten der neuen Kartellverfahrensverordnung geben. Unter anderem wird hier die Möglichkeit für Unternehmen vorgestellt, sich informell an die Wettbewerbsbehörden zu wenden, um Informationen über mutmaßliche Wettbewerbsverstöße zu erhalten.

II. 7. GWB Novelle

Die neue Verordnung (EG) Nr. 1/03 selbst erfordert nur geringe Anpassungen des nationalen Rechts. So müßte vom Gesetzgeber im GWB lediglich eine Befugnis des Bundeskartellamts zur unmittelbaren Sanktionierung von Verstößen gegen Art. 81 und 82 EG und verschiedene verfahrensrechtliche Regelungen eingeführt werden, wie etwa die Einführung der in Art. 5 Verordnung (EG) Nr. 1/03 vorgesehenen Verpflichtungszusagen, die Einräumung eines (eingeschränkten) Enqueterechts sowie die Einführung einer Befugnis zur unmittelbaren Unternehmensbebußung[1107]. Es ist jedoch wenig sinnvoll, angesichts der Wirkungen des neu eingeführten Systems der Legalausnahme sowie der Verpflichtung zur Anwendung des EG-Rechts in allen Fällen, in denen die Zwischenstaatlichkeitsklausel erfüllt ist, die abweichenden Regelungen im GWB beizubehalten. Dies betrifft insbesondere die speziellen Freistellungstatbestände der §§ 2-8 GWB sowie das Anmelde- und Genehmigungssystem der §§ 9-13 GWB.

So sieht auch der vorläufige Gesetzentwurf der Bundesregierung zur 7. GWB-Novelle die Abschaffung der speziellen deutschen Regelungen über Kartelle und die Übernahme des Systems der Legalausnahme vor. Die bisherigen Anmelde-

---

1107 Siehe hierzu ausführlich BKartA, TB 2001/2002, BT-Drucks. 15/1226, S. 70.

vorschriften für Kartelle, §§ 9-11 GWB, werden aufgehoben. Die speziellen Ausnahmevorschriften vom Kartellverbot, §§ 2-8 GWB, werden fast alle gestrichen und durch eine generelle Ausnahmeklausel ersetzt, die praktisch identisch ist mit der entsprechenden Regelung des Art. 81 Abs. 3 EG. Es erfolgt also insoweit eine Anpassung an das europäische Recht. Für die bisherigen Kartelle wird eine Bestandsschutzregelung eingeführt, nach der sie noch für ein Jahr ab Inkrafttreten der materiellen Änderungen weiter gelten dürfen, vgl. § 131 des vorläufigen Gesetzentwurfs. Die meisten bisherigen Ausnahmen können jedoch auch unter Art. 81 Abs. 3 EG und damit auch unter den neuen § 2 des vorläufigen Gesetzentwurfs subsumiert werden. Hinsichtlich der Mittelstandskartelle, die in erster Linie nationales Recht betreffen, sieht § 3 des vorläufigen Gesetzentwurfs eine Sonderregelung vor, um die Wettbewerbsfähigkeit mittelständischer Unternehmen zu erhalten.

Über den § 2 Abs. 2 des vorläufigen Gesetzentwurfs finden die Verordnungen des Rates und der Kommission der Europäischen Gemeinschaft über die Anwendung von Art. 81 Abs. 3 EG auf bestimmte Gruppen von Vereinbarungen, Beschlüsse von Unternehmensvereinbarungen und aufeinander abgestimmte Verhaltensweisen entsprechend Anwendung.

Weiter sieht der Gesetzentwurf die Aufhebung der im deutschen Kartellrecht traditionellen Trennung von horizontalen und vertikalen Wettbewerbsbeschränkungen vor. Der neue § 1 GWB enthält ein allgemeines Verbot wettbewerbsbeschränkender Vereinbarungen. Vertikalvereinbarungen werden dann, wie im Europäischen Recht, den Horizontalvereinbarungen gleichgestellt. Die speziellen Vorschriften über die Mißbrauchsaufsicht über vertikale Wettbewerbsbeschränkungen werden deshalb gestrichen. Schließlich sieht der Gesetzentwurf noch eine wesentliche Verschärfung der Sanktionsmöglichkeiten der Kartellbehörden vor.

Da der Vorrang des EG-Rechts nicht für einseitiges wettbewerbsbeschränkendes Verhalten gilt, werden die Vorschriften zur Mißbrauchsaufsicht über marktbeherrschende und marktstarke Unternehmen in den §§ 19, 20 GWB beibehalten.

III. Folgen für Strukturkrisenkartelle

Nach der neuen Verordnung (EG) Nr. 1/03 ändert sich im europäischen Recht nichts an den materiellen Freistellungsvoraussetzungen für Strukturkrisenkartelle. Sobald Strukturkrisenkartelle die Voraussetzungen des Art. 81 Abs. 3 EG erfüllen, sind sie zulässig. Die sog. Wettbewerbsregeln der Kommission zur Freistellung von Strukturkrisenkartellen werden die Kommission weiterhin in ihrer Verwaltungspraxis binden, soweit sie nicht im Rahmen der umfassenden Kartellrechtsreform durch eine neue Ausrichtung der Wettbewerbspolitik oder auch eine Gruppenfreistellungsverordnung ersetzt werden. Mit der Einführung der Legalausnahme ändern sich jedoch die formellen Voraussetzungen erheblich. Strukturkrisenkartelle sind nunmehr per se freigestellt, wenn sie die Voraussetzungen des Art. 81 Abs. 3 EG erfüllen. Unternehmen brauchen Strukturkrisenkartelle nicht mehr vorab in Ermangelung einer Gruppenfreistellungsverordnung von der Kommission nach Art. 81 Abs. 3 EG freistellen zu lassen, sondern können bzw. müssen selbst entscheiden, ob die vereinbarten Strukturkrisenkartelle die Voraussetzungen des Art. 81 Abs. 3 EG erfüllen. Zwar hat dies für die Unternehmen den Vorteil, daß ihnen der Verwaltungsaufwand der Anmeldung der Vereinbarung bei der Kommission erspart bleibt. Zugleich besteht aber der große Nachteil, daß die Unternehmen nun selbst einschätzen müssen, ob ihre Vereinbarung die Voraussetzungen des Art. 81 Abs. 3 EG erfüllt. Die Einführung der Legalausnahme führt somit zu einem großen Verlust an Rechtssicherheit für die Unternehmen. Darüber hinaus gab es nach der Verordnung Nr. 17 gemäß Art. 15 Abs. 5[1108] für die Unternehmen nach einer Anmeldung der Vereinbarung Rechtssicherheit dahingehend, daß ab dem Zeitpunkt der Anmeldung keine Geldbußen für Handlungen im Rahmen der angemeldeten Vereinbarung verhängt werden durften. Diese Möglichkeit besteht für die Unternehmen nun nicht mehr. Da Strukturkrisenkartelle je nach den konkret vereinbarten Maßnahmen schwerwiegende Wettbewerbsbeschränkungen darstellen und Verstöße gegen das europäische Wettbewerbsrecht hohe Geldbußen für die Kartellmitglieder nach sich ziehen können, ist es empfehlenswert, vor einer solchen Vereinbarung den informellen Kontakt zu den Wettbewerbsbehörden zu suchen, um im Rahmen eines informellen Gesprächs mit der Wettbewerbsbehörde sich über die Zulässigkeit der jeweiligen Vereinbarung zu vergewissern. Diese Möglichkeit hat die Kommission in ihrem Modernisierungspaket auch zugestanden. Die Erfahrungen von Unternehmen und Kartellanwälten in der Vergangenheit haben gezeigt, daß die Kommission und insbesondere die Beamten des Bundeskartellamts sich für informelle Anfragen sehr zugänglich gezeigt haben.

Größer sind die Auswirkungen für die Zulässigkeit von Strukturkrisenkartelle nach deutschem Recht. Wie oben dargestellt, sieht die 7. GWB-Novelle eine Angleichung des deutschen GWB an das europäische Recht vor. Der spezielle Freistellungstatbestand für Strukturkrisenkartellen, § 6 GWB, wird nach der 7. GWB-Novelle gestrichen. An die Stelle der speziellen Regelungen wird eine Generalklausel nach dem Vorbild des Art. 81 Abs. 3 EG treten. Strukturkrisenkartelle müssen nun, wenn sie die Zwischenstaatlichkeitsklausel nicht erfüllen und daher nach deutschem Recht zu beurteilen sind, dieselben Voraussetzungen erfüllen, wie vormals schon nach europäischem Recht. Die Wettbewerbsregeln der Kommission bezüglich der Zulässigkeit von Strukturkrisenkartellen entfalten zwar keine Bindungswirkung für die nationalen Kartellbehörden, jedoch stellen sie, wie oben dargelegt, mit den Voraussetzungen des Art. 81 Abs. 3 EG

[1108] Verordnung (EWG) Nr. 17/62, ABl.1962 Nr. P 13/204ff.

zu vereinbarende Ausgestaltungsmöglichkeiten für Strukturkrisenkartelle dar. Insofern bieten die Wettbewerbsregeln der Kommission auch für Strukturkrisenkartelle, die nach deutschem Recht zu beurteilen sind, eine wertvolle Hilfestellung. Auch für die Vereinbarung von Strukturkrisenkartellen nach deutschem Recht gilt, daß vor der Vereinbarung eines solchen Kartells im Vorfeld der Kontakt zum Bundeskartellamt gesucht werden sollte.

Die Reform des Kartellrechts bringt für die Vereinbarung von Strukturkrisenkartellen sicherlich verfahrenstechnisch gesehen eine Vereinfachung mit sich. Die Prüfung, ob ein solches Kartell sich nach europäischem oder nationalem Recht richtet, entfällt, da das nationale Recht in Bezug auf Strukturkrisenkartell vollständig ans europäische angeglichen wurde.

Schwieriger wird es allerdings für die Unternehmen selber, die ein Strukturkrisenkartellkartell praktizieren möchten. Sie müssen nun selbst entscheiden, ob ihre Vereinbarung die Voraussetzungen des europäischen bzw. deutschen Rechts erfüllt. Hier kann nur angeraten werden, in einem solchen Fall den Kontakt zu den Wettbewerbsbehörden zu suchen.

H. Zusammenfassung

Die Untersuchung der bislang genehmigten Strukturkrisenkartelle zeigt, daß sich das Erfordernis der Planmäßigkeit des Kapazitätsabbaus in der Praxis als hohe Hürde erwiesen hat. Es hat sich als ungemein schwierig herausgestellt, Wettbewerber an einen Tisch zu bekommen und einen gemeinsamen Kapazitätsabbauplan zu erstellen. Oftmals ist es den beteiligten Unternehmen erst nach jahrelangen Verhandlungen und zahlreichen vergeblichen Anläufen gelungen, ein Strukturkrisenkartell zur Bewältigung ihrer Überkapazitäten zu organisieren.

Sämtliche durchgeführten Strukturkrisenkartelle führten jedoch zum Erfolg, so daß sich die Branchen auf diese Weise von erheblichen Überkapazitäten befreien konnten. Dies zeigt, daß sich der immense Aufwand für die Organisation eines solchen Kartells in der Tat für die beteiligten Unternehmen lohnen kann. Nicht vergessen werden darf zudem, daß schon allein die Bemühungen im Vorfeld in einigen Bereichen eine erhebliche Entlastung gebracht haben. Nicht nur die Freistellung an sich, sondern auch schon der Weg dahin kann mithin dazu beitragen, daß eine strukturelle Krise überwunden wird.

Die Praxis hat gezeigt, daß insbesondere reine Abbaukartelle ohne flankierende Maßnahmen wie Preis- und Quotenabsprachen genehmigt wurden. Wenn sich Unternehmen einer durch Überkapazitäten belasteten Branche auf ein solches Kartell einigen können, kann auch bei einer Beurteilung nach der derzeit noch geltenden Fassung des GWB davon ausgegangen werden, daß einer zügigen Genehmigung durch das Bundeskartellamt nichts entgegensteht. Auch reine Abbaukartelle können zum Erfolg führen, insbesondere, wenn der Abbau in einem kurzen Zeitraum erfolgt, da dann die Gefahr von äußeren Einflüssen durch Importe oder erhöhte Lieferungen von Außenseitern möglichst gering gehalten werden kann.

Nach der neuen Verordnung (EG) Nr. 1/03 müssen Strukturkrisenkartelle, die nach europäischem Recht zu beurteilen sind, nicht mehr vorab bei der Kommission angemeldet werden. Zwar entfällt dadurch für die Unternehmen der Verwaltungsaufwand der Anmeldung, jedoch entsteht hierdurch auch eine große Rechtsunsicherheit für die Unternehmen. Aufgrund der Gefahr hoher Bußgelder im Fall einer Wettbewerbsbeschränkung durch die Praktizierung eines Strukturkrisenkartells kann den Unternehmen nur nahegelegt werden, sich anwaltlich beraten zu lassen und im vorhinein mit den Wettbewerbsbehörden in Verbindung zu setzen.

Durch die Angleichung des deutschen GWB an das europäische Recht wird die europäische Freistellungspraxis auch für deutsche Strukturkrisenkartelle gelten. Abgesehen von dem Wegfall der Anmeldepflicht und der dadurch entstehenden Rechtsunsicherheit hat dies für die Unternehmen zur Folge, daß für Strukturkrisenkartelle der Anwendungsbereich vergrößert wird. Zum einen ermöglicht der umfassendere Unternehmensbegriff der europäischen Freistellungspraxis auch Unternehmen der Dienstleistungs- und Handelsbranche Strukturkrisenkartelle zu praktizieren. Zum anderen ermöglicht der weitere Krisenbegriff Strukturkrisenkartelle auch bei Überkapazitäten, die aufgrund technischen Fortschritts und bei nicht erfüllten Nachfrageerwartungen entstanden sind, durchzuführen.

Literaturverzeichnis

Bache, Wolfgang — **Regionales Strukturkrisenkartell?**
in: Wirtschaft und Wettbewerb 1990, S. 823-828
(zit.: Bache, WuW 1990)

Bael, van Ivo/ Bellis, Jean – François — **EC Competition Law Reporter**
Bicester (England) 1999
(zit.: Bael/Bellis)

Becher, Axel — **Regionale Strukturkrisenkartelle als Folge der deutschen Vereinigung – ein Argument für Strukturkrisenkartelle?**
in: Wirtschaftsrecht, 1992, 129-133
(zit.: Becher, WiR 1992)

Bechtold, Rainer — **Kartellgesetz: Gesetz gegen Wettbewerbsbeschränkungen Kommentar**
3. Auflage
München 2002
(zit.: Bechtold)

Benisch, Werner — **Mühlenkartell und Kapazitätsabbau**
in: Wirtschaft und Wettbewerb 1956, S. 141-143
(zit.: Benisch, WuW 1956)

Benisch, Werner — **Wege des Abbaus von Branchenüberkapazitäten**
in: Zeitschrift für Unternehmens- und Gesellschaftsrecht, 1978, S. 197-206
(zit.: Benisch, ZGR 1978)

Bierling, W./ Christl, A. — **Der Erlaubnisvorbehalt für Strukturkrisenkartelle**
in: Der Betriebs-Berater 1960, S. 844-848
(zit.: Bierling/Christl, BB 1960)

Bleckmann, Albert [Hrsg.] — **Europarecht Das Recht der Europäischen Union und der Europäischen Gemeinschaften**
6. Auflage
Köln, Berlin, Bonn, München 1997
(zit.: Bleckmann)

Blöße, Jochen	**Die Behandlung von Strukturkrisen im Europäischen Wettbewerbsrecht** Dissertation Bonn 1996 (zit.: Blöße)
Böge, Ulf/ Scheidgen, Anja	**Das neue Netzwerk der Wettbewerbsbehörden in der Europäischen Union** in: Europäisches Wirtschafts- & Steuerrecht 2002, S. 201-206 (zit.: Böge/Scheidgen, EWS 2002)
Böhm, Franz	**Kartelle und Krise** in: Wirtschaft und Wettbewerb 1954, S. 367-387 (zit.: Böhm, WuW 1954)
Bunte, Hermann-Josef	**Das Verhältnis von deutschem zu europäischem Kartellrecht** in: Wirtschaft und Wettbewerb 1989, S. 7-21 (zit.: Bunte, WuW 1989)
Buxbaum, Richard M.	**Alternativen zum freien Wettbewerb? Der Fall des Mühlenkartells** in: Zeitschrift für das gesamte Handelsrecht und Wirtschaftsrecht 131 (1968), S. 97-126 (zit.: Buxbaum, ZHR 131)
Callies, Christian/ Ruffert, Matthias [Hrsg.]	**Kommentar des Vertrages über die Europäische Union und des Vertrages zur Gründung der Europäischen Gemeinschaft** 2. Auflage Neuwied, Kriftel 2002 (zit.: *Bearbeiter* in Calliess/Ruffert)
Coate, Malcolm B./ Kleit, Andrew N.	**Antitrust Policy for Delining Industries** in: Journal of Institutional and Theoretical Economics 147 (1991), S. 477-498 (zit: Coate/Kleit, JITE 147)
Dryander, Christof von/ Hehn, Paul-Adolf/ Lohmann, Ulrich	**Entwicklungen im EWG-Kartellrecht im Jahre 1984** in: Recht der Internationalen Wirtschaft 1985, S. 352-363 (zit.: Dryander/Hehn/Lohmann, RIW 1985)

Ebel, Hans-Rudolf **Kartellrecht**
GWB und EG-Vertrag
Loseblattsammlung
Stand: Nov. 2003
München
(zit.: Ebel)

Eickhoff, Norbert **Ansätze zur Theorie und Bekämpfung von Strukturkrisen**
Schriften zur Kooperationsforschung
Band 7
Tübingen 1976
(zit.: Eickhoff)

Emmerich, Volker **Kartellrecht**
9. Auflage
München 2001
(zit.: Emmerich)

Faull, Jonathan **Note on Commission Decision of July 4, 1984, Re Synthetic Fibres O.J. 1984 L 207/17**
in: European Market Law Review, (1986), Vol. 11, S. 64-66
(zit.: Faull, (1986) ELRev)

Gamm, Otto Friedrich von **Kartellrecht**
Kommentar zum Gesetz gegen Wettbewerbsbeschränkungen und zu Art. 85, 86 EWBV
2. Auflage
Köln, Berlin, Bonn, München
1990
(zit.: v. Gamm)

Geiger, Rudolf **EUV, EGV: Vertrag über die Europäische Union und Vertrag zur Gründung der Europäischen Gemeinschaft Kommentar**
4. Auflage
München 2004
(zit.: Geiger, EGV)

Glassen, Helmut [Hrsg.] **Frankfurter Kommentar zum Kartellrecht**
Band II
Loseblattsammlung
Köln
(zit.: *Bearbeiter* in FK)

Gleiss, Alfred/ Hirsch, Martin | **Kommentar zum EG-Kartellrecht**
Band I
4.Auflage
Heidelberg 1993
(zit.: Gleiss/Hirsch)

Grabitz, Eberhard/ Hilf, Meinhard [Hrsg.] | **Das Recht der Europäischen Union**
Band II
Loseblatt
Stand: Aug. 2003
München
(zit.: Grabitz/Hilf)

Grauel, Holger | **Entwicklungstendenzen im EG-Kartellrecht**
in: Markenartikel 1979, S. 82-86
(zit.: Grauel, Markenartikel 1979)

Grevenstein, van P.V.U. | **Restructuring Arrangements under EEC Competition Law**
in: European Competition Law Review 1985, S. 56 -72
(zit.: Grevenstein, [1985] ECLR)

Groeben, Hans von der/ Schwarze, Jürgen [Hrsg.] | **Kommentar zum EU-/EG-Vertrag**
Band II
6. Auflage
Baden-Baden 2003
(zit.: *Bearbeiter* in Groeben, EUV/EGV)

Günther, Eberhard | **Das neue Kartellgesetz und seine Auswirkungen auf die Unternehmen**
in: Wirtschaft und Wettbewerb 1957, S. 677-695
(zit.: Günther, WuW 1957)

Hassel, Hermann | **Zulassungshindernisse bei Strukturkrisenkartellen**
in: 10 Jahre Kartellgesetz, S. 349-354
1958-1968
Hsrg. vom Arbeitskreis Kartellgesetz
Bergisch Gladbach 1968
(zit.: Hassel)

Haussmann, Helmut | **Verstaatlichen als Ultima ratio?**
in: Managermagazin (12) 1978, S. 26-28
(zit.: Haussmann, MM 1978)

Heitmann, Andreas | **Das Strukturkrisenkartell – ein taugliches Instrument zur Krisenbewältigung**
Dissertation
Göttingen 1989
(zit.: Heitmann, Diss.)

Herdegen, Matthias
Europarecht
5. Auflage
München 2003
(zit.: Herdegen)

Immenga, Ulrich
Internationale Selbstbeschränkungsabkommen zwischen staatlicher Handelspolitik und privater Wettbewerbsbeschränkung
in: Zeitschrift für ausländisches und internationales Privatrecht, begründet von Rabel, 1985, 303–327
(zit.: Immenga, RabelsZ 1985)

Immenga, Ulrich/ Mestmäcker, Ernst Joachim [Hrsg.]
EG-Wettbewerbsrecht Kommentar
Band I
München 1997
(zit.: *Bearbeiter* in Immenga/Mestmäcker, EG-WbR I)

Immenga, Ulrich/ Mestmäcker, Ernst Joachim [Hrsg.]
Gesetz gegen Wettbewerbsbeschränkungen: GWB Kommentar
3. Auflage
München 2001
(zit.: *Bearbeiter* in Immenga/Mestmäcker, GWB)

Joliet, René
Cartelisation, Dirigism and Crisis in the European Community
in: World Economy 3 (1981), S. 403-445
(zit.: Joliet, (1981) WO)

Kartte, Wolfgang
Sektorale Strukturprobleme und Wettbewerbspolitik
in: Schwerpunkte des Kartellrechts 1977/78, S. 13-19
FIW Schriftenreihe Heft 86
Köln [u.a.] 1979
(zit.: Kartte)

Kirchhoff, Jochen F./ Gerlach, Ekkehard
Bewältigung von wirtschaftlichen Krisen mit Hilfe des Strukturkrisenkartells
in: Festschrift für Werner Benisch, S. 367-380
Hrsg. von Clemens-August Andreae
Köln, Berlin, Bonn, München 1989
(zit.: Kirchhoff/Gerlach, FS Benisch)

Kirschstein, Friedrich/ Hohls, Jörg-Wilhelm
Strukturkrisenkartelle und das Gesetz gegen Wettbewerbsbeschränkungen
in: Wirtschaft und Wettbewerb 1983, S. 933-945
(zit.: Kirschstein/Hohls, WuW 1983)

Koch, N.
Das Verhältnis der Kartellvorschriften des EWG-Vertrages zum Gesetz gegen Wettbewerbsbeschränkungen
in: Der Betriebs-Berater 1959, 241-248
(zit.: Koch, BB 1959)

Krägenau, Henry
Stahlpolitik und Strukturanpassung in der EG-Stahlindustrie
Hamburg 1986
(zit.: Krägenau)

Lange, Knut Werner
Handbuch zum deutschen und europäischen Kartellrecht
Heidelberg 2001
(zit.: Lange)

Langen, Eugen
Kommentar zum Kartellgesetz
3. Auflage
Berlin-Spandau, Darmstadt 1958
(zit.: Langen)

Langen, Eugen/ Bunte, Hermann-Josef [Hrsg.]
Kommentar zum deutschen und europäischen Kartellrecht
9.Auflage
Neuwied 2001
(zit.: *Bearbeiter* in Langen/Bunte)

Langen, Eugen/ Niederleithinger, Ernst/ Schmidt, Ulrich
Gesetz gegen Wettbewerbsbeschränkungen Kommentar zum Kartellgesetz
6. Auflage
Neuwied, Darmstadt 1982
(zit.: Langen/Niederleithinger/Schmidt)

Langen, Eugen/ Niederleithinger, Ernst/ Schmidt, Ulrich/
Gesetz gegen Wettbewerbsbeschränkungen mit Erl. für d. Praxis Kommentar zum Kartellgesetz
5. Auflage
Neuwied, Darmstadt 1977
(zit.: Langen/Niederleithinger/Schmidt)

Lenel, Hans Otto
Das Bundeskartellamt als strukturpolitische Instanz
in: Wirtschaft und Wettbewerb 1984, S. 773-780
(zit.: Lenel, WuW 1984)

Lenz, Otto [Hrsg.]
EU- und EG-Vertrag: Kommentar
3. Auflage
Köln [u.a.] 2003
(zit.: *Bearbeiter* in Lenz, EGV)

Loewenheim, Ulrich/ Belke, Rolf [Hrsg.]
Gesetz gegen Wettbewerbsbeschränkungen Kommentar
Loseblattsammlung
Stand 1.3.1993 (eingestellt)
Herne/Berlin
(zit.: *Bearbeiter* in Loewenheim/Belke)

Mann, Siegfried
Krisenüberwindung und Wettbewerbsrecht
in: Schwerpunkte des Kartellrechts 1977/78, S. 83-95
FIW Schriftenreihe Heft 86
Köln [u.a.] 1979
(zit.: Mann)

Mestmäcker, Ernst-Joachim
Europäisches Wettbewerbsrecht
München 1974
(zit.: Mestmäcker)

Müller, Heinz/ Giessler, Peter/ Scholz, Ulrich
Kommentar zum Gesetz gegen Wettbewerbsbeschränkungen, Kartellgesetz
Band I
4. Auflage
Frankfurt a. M. 1981
(zit.: Müller/Giessler/Scholz)

Müller-Graff, Peter-Christian
Die Freistellung vom Kartellverbot
in: Europarecht 1992, S. 1-40
(zit.: Müller-Graff, EuR 1992)

Müller-Henneberg, Hans/ Schwarz, Gustav [Hrsg.]
Gesetz gegen Wettbewerbsbeschränkungen und europäisches Kartellrecht Gemeinschaftskommentar
2. Auflage
Köln, Berlin, Bonn, München 1963
(zit.: Müller-Henneberg, Gem.)

Müller-Henneberg, Hans/ Schwarz, Gustav [Hrsg.]
Gesetz gegen Wettbewerbsbeschränkungen und europäisches Kartellrecht Gemeinschaftskommentar
3. Auflage 11. Lieferung
Köln, Berlin, Bonn, München 1978
(zit.: Müller-Henneberg, Gem.)

Müller-Henneberg, Hans/ Benisch, Werner [Hrsg.] Axter, Oliver [Mitverf.]
Gesetz gegen Wettbewerbsbeschränkungen und europäisches Kartellrecht Gemeinschaftskommentar
4. Auflage
Köln, Berlin, Bonn, München 1980
(zit.: *Bearbeiter* in GK)

Nagel, Bernhard — **Wirtschaftsrecht der Europäischen Union**
3. Auflage
Baden-Baden 2003
(zit.: Nagel)

Rasch, Harold — **Überkapazitäten im Wettbewerb**
in: Wirtschaft und Wettbewerb 1972, S. 630-636
(zit.: Rasch, WuW 1972)

Ritter, Lennart/ Braun, W. David/ Rawlinson, Francis — **EC Competition Law**
A Practitioner`s Guide
Second Edition
The Hague [u.a.] 2000
(zit.: Ritter/Braun/Rawlinson)

Rogge, Peter — **Grenzen des Wachstums – Grenzen des Wettbewerbs?**
in: Wirtschaft und Wettbewerb 1976, S. 413-427
(zit.: Rogge, WuW 1976)

Schmidt, Karsten — **Umdenken im Kartellverfahrensrecht**
Gedanken zur Europäischen VO Nr. 1/2003
in: Der Betriebs-Berater 2003, 1237-1245
(zit.: Schmidt, BB 2003)

Schröter, Helmuth/ Jacob, Thinam/ Mederer, Wolfgang [Hrsg.] — **Kommentar zum Europäischen Wettbewerbsrecht**
Baden-Baden
2003
(zit.: *Bearbeiter* in Schröter/Jacob/Mederer)

Schwarze, Jürgen [Hrsg.] — **EU-Kommentar**
Baden-Baden 2000
(zit.: *Bearbeiter* in Schwarze, EUV)

Schweitzer, Michael/ Hummer, Waldemar — **Europarecht**
5. Auflage
Neuwied; Kriftel; Berlin 1996
(zit.: Schweitzer/Hummer)

Sharpe, Thomas — **The Commission`s proposals on crisis cartels**
in: Common Market Law Review 17 (1980), S. 75-90
(zit.: Sharpe, [1980] CMLR)

Sölter, Arno — **Die Ausnahmevorschrift des Art. 85 Abs. 3 EWG-Vertrag**
in: Wirtschaft und Wettbewerb 1961, S. 665-693
(zit. Sölter, WuW 1961)

Sölter, Arno — **Überkapazitäten in der Marktwirtschaft**
in: Schwerpunkte des Kartellrechts 1978/79, S. 151-173
FIW Schriftenreihe Heft 91
Köln [u.a.]
(zit.: Sölter)

Sölter, Arno — **Konjunktur- und Strukturkrisenkartelle**
in: Der Betrieb 1955, S. 1157-1158
(zit.: Sölter, DB 1955)

Sölter, Arno — **Möglichkeiten kooperativer Investitionsabstimmung**
in: Der Betrieb 1974, S. 173-176
(zit.: Sölter, DB 1974)

Veltins, Michael Alexander — **Beurteilung von Strukturkrisen- und Rationalisierungskartellen**
in: Der Betrieb 1978, S. 969-971
(zit.: Veltins, DB 1978)

Vogelaar, Floris O.W. — **The Impact of the Economic Recession on EEC Competition Policy**
Part Two: Crisis and Export Cartels
in: (1985) Swiss Review of International Competition Law, S. 35 – 52
(zit.: Vogelaar, (1985) SRICL)

Wallenberg, Gabriela von — **Das Krisenkartell europäischer Chemiefaserhersteller**
in: Recht der Internationalen Wirtschaft 1986, S. 753-759
(zit.: Wallenberg, RIW 1986)

Weitbrecht, Andreas — **Das neue EG-Kartellverfahrensrecht**
in: Europäische Zeitschrift für Wirtschaftsrecht 2003, S. 69-73
(zit.: Weitbrecht, EuZW 2003)

Weyer, Theodor — **Kartellrecht und Konjunktur**
in: 10 Jahre Kartellgesetz, S. 194-217
1958-1968
Hrsg. vom Arbeitskreis Kartellgesetz
Bergisch Gladbach 1968
(zit.: Weyer)

Wiedemann, Gerhard [Hrsg.] — **Handbuch des Kartellrechts**
München 1999
(*Bearbeiter* in Wiedemann)

Wiemann, Jürgen

Selektiver Protektionismus und aktive Strukturanpassung
dargestellt am Beispiel der Textilpolitik der EG
Dissertation
Berlin 1983
(Wiemann, Diss. 1983)

Wienert, Helmut

Qualvolle Enge
in: Managermagazin (12) 1980, S. 149-154
(zit.: Wienert, MM 1980)

Winzer, Fritz

Überkapazitäten in wettbewerbsrechtlicher Sicht
Ein Beitrag insbesondere zu § 4 GWB
Dissertation
Göttingen 1977
(zit.: Winzer, Diss.)

Würtz, Wolfgang

Wettbewerbspolitik muß sich anpassen
in: Bauwirtschaft, Heft 7, 1985, S. 193-195
(zit.: Würtz, Bauwirtschaft 1985)

Deutsches und Europäisches Wirtschaftsrecht

Herausgegeben von Jürgen F. Baur

Band 1 Matthias Wolter: Das Tatbestandsmerkmal der Lückenlosigkeit qualitativer Selektivvertriebssysteme im Spannungsverhältnis zwischen Wettbewerbs- und Kartellrecht. 2001.

Band 2 Nicole Hagemann: Rechtsschutz gegen Kennzeichenmissbrauch unter Berücksichtigung der Internet-Domain-Name-Problematik. 2001.

Band 3 Bernd Nelißen: Die Abgrenzung "horizontaler" und "vertikaler" Wettbewerbsbeschränkungen nach der 6. GWB-Novelle. 2001.

Band 4 Silke Rütters: Die neue *Schirm-* Gruppenfreistellungsverordnung (EG) Nr. 2790/1999 der Kommission. Zu den Ursachen der weitreichenden Reform der EG-Wettbewerbspolitik gegenüber vertikalen Wettbewerbsbeschränkungen und deren materiellrechtlichen Grenzen. 2002.

Band 5 Dirk Strohe: Demarkationen und Bezugsbindungen in gewerblichen Energielieferverträgen. 2003.

Band 6 Cyrille de Crozals: Die Anwendung der Artikel 81 und 82 EGV durch die französischen Behörden und Gerichte. 2003.

Band 7 Daniela Seeliger: Geltungsbereich der Zusammenschlusskontrolle und Grundsätze für die Beurteilung von Zusammenschlüssen nach der 6. Novelle des Gesetzes gegen Wettbewerbsbeschränkungen. Ausgewählte Anwendungsprobleme aus der Praxis zu §§ 35 und 36 GWB. 2003.

Band 8 Till Schreiber: Das argentinische Gesetz 25.156 zum Schutz des Wettbewerbs. Eine rechtsvergleichende Darstellung unter besonderer Berücksichtigung des Protokolls zum Schutz des Wettbewerbs im MERCOSUR und der Rechtsprechung der Comisión Nacional de Defensa de la Competencia. 2003.

Band 9 Mathias Mantler: Der GMP-Vertrag aus bauvergaberechtlicher Sicht. 2004.

Band 10 Christoph Renard: Das französische Fusionskontrollrecht. 2004.

Band 11 Anika Gerken: Rechtsschutzmöglichkeiten europäischer Wirtschaftsteilnehmer gegen GATT-widrige Wirtschaftshemmnisse. 2004.

Band 12 Markus Röhrig: Schadensersatzansprüche im deutschen Kartellrecht nach der 6. GWB-Novelle. Eine ökonomische Betrachtung privater Wettbewerbsaufsicht am Beispiel des neuen Mißbrauchsverbots gemäß § 19 GWB. 2004.

Band 13 Christopher Quandt: Squeeze-out in Deutschland. Eine Diskussion der §§ 327a-f AktG unter besonderer Berücksichtigung der Barabfindung ausgeschlossener Minderheitsaktionäre. 2004.

Band 14 Thomas Brunn: Die EG-Kartellverfahrensverordnung 1/2003 und ihre Auswirkungen auf die Gruppenfreistellungsverordnungen und die Entzugsverfahren der Vertikal-GVO. 2004.

Band 15 Beatrix Besche: Wasser und Wettbewerb. Möglichkeiten und Grenzen einer Öffnung des Wassermarktes. 2004.

Band 16 Astrid Örtel: Die Oligopolproblematik in Wettbewerbstheorie und europäischer Fusionskontrollpraxis. 2005.

Band 17 Anne Jakob: Die Assoziation zwischen der Europäischen Gemeinschaft und ihren Mitgliedstaaten sowie Tunesien, Marokko und Algerien. Eine Überprüfung der Europa-Mittelmeer-Abkommen anhand Gemeinschafts- und internationalem Wirtschaftsrecht. 2006.

Band 18 Iris Vasbender: Das europäische Konzept der Nebenabreden im europäischen und deutschen Kartellrecht. Eine rechtsübergreifende Gesamtdarstellung anhand von Wettbewerbsverboten zu Unternehmenskaufverträgen. 2006.

Band 19 Robert Jürgens: Strukturkrisenkartelle im deutschen und europäischen Kartellrecht. 2007.

Band 20 Michael Dietrich: Wettbewerb in Gegenwart von Netzwerkeffekten. Eine kartellrechtliche Untersuchung des Wettbewerbs zwischen inkompatiblen proprietären Systemen. 2006.

Band 21 Rita Simon: Wettbewerbsunterstützende Regulierung bei der Liberalisierung des deutschen Telekommunikationsmarktes. Unzureichender Infrastrukturwettbewerb. Nationale Gesetzgestaltung nach europäischen Vorgaben. 2007.

www.peterlang.de

Peter Lang · Europäischer Verlag der Wissenschaften

Iris Vasbender

Das europäische Konzept der Nebenabreden im europäischen und deutschen Kartellrecht

Eine rechtsübergreifende Gesamtdarstellung anhand von Wettbewerbsverboten zu Unternehmenskaufverträgen

Frankfurt am Main, Berlin, Bern, Bruxelles, New York, Oxford, Wien, 2006.
XVIII, 263 S.
Deutsches und europäisches Wirtschaftsrecht.
Herausgegeben von Jürgen F. Baur. Bd. 18
ISBN 978-3-631-55175-2 · br. € 51.50*

Diese Arbeit untersucht, ob eine einheitliche Behandlung von Nebenabreden im europäischen und deutschen Kartellrecht anhand des europäischen Konzepts der Nebenabreden im Sinne der Zielsetzung einer weitestgehenden Rechtsharmonisierung des europäischen und deutschen Rechts möglich ist. Dazu wird, ausgehend von der Behandlung der Nebenabreden in der europäischen Fusionskontrollverordnung, die Übertragung dieser Beurteilungsgrundsätze in den Anwendungsbereich des Art. 81 EG sowie in die Vorschriften der §§ 1, 35 ff. GWB des deutschen Kartellrechts vorgenommen. Die Autorin beschäftigt sich dabei auch mit dem Verhältnis der Rechtssysteme zueinander sowie den Einschränkungsmöglichkeiten der Kartellverbote. Begrenzt ist die Untersuchung auf die wirtschaftlich wichtigste Fallgruppe der Wettbewerbsverbote bei Unternehmensveräußerungen. Insbesondere aufgrund der neuen verfahrensrechtlichen Behandlung von Nebenabreden in der FKVO sowie der durch die neue VO (EG) 1/2003 geforderten Selbstveranlagung der Unternehmen und des mit der 7. GWB-Novelle einhergehenden Systemwechsels ist eine einheitliche Behandlung von Nebenabreden erforderlich geworden.